Salazar e o Saneamento Financeiro

Salazar e o Saneamento Financeiro

2019

João de Sousa da Câmara

ALMEDINA

Salazar e o Saneamento Financeiro
AUTOR
João de Sousa da Câmara

EDITOR
EDIÇÕES ALMEDINA, S.A.
Rua Fernandes Tomás, nºs 76-80
3000-167 Coimbra
Tel.: 239 851 904 · Fax: 239 851 901
www.almedina.net · editora@almedina.net
REVISÃO
António Barrancos
DESIGN DE CAPA
FBA.
Imagem de capa: Salazar em 1941
© ullstein bild Dtl. / Getty Images
PAGINAÇÃO
Aresta Criativa – Artes Gráficas
IMPRESSÃO E ACABAMENTO
DPS - DIGITAL PRINTING SERVICES, LDA
1.ª edição: setembro, 2019
DEPÓSITO LEGAL
46084019

ALMEDINA | GRUPOALMEDINA

BIBLIOTECA NACIONAL DE PORTUGAL – CATALOGAÇÃO NA PUBLICAÇÃO
CÂMARA, João de Sousa da

Salazar e o saneamento financeiro
ISBN 978-972-40-8055-0

CDU 94(469)"1928/1930"

SINOPSE ILUSTRATIVA

No início de 1928 Portugal está à beira da bancarrota. Quando António de Oliveira Salazar é convidado para assumir a pasta de ministro das Finanças, o Governo encontrava-se sem disponibilidades quer em escudos quer em divisas estrangeiras. O governo militar e o regime iniciado dois anos antes, a 28 de Maio de 1926, mostrava-se totalmente incapaz de pôr ordem nas finanças públicas. Salazar, Professor catedrático da Universidade de Coimbra, é chamado para resolver o que nem Sinel de Cordes, o anterior ministro das Finanças, nem os seus predecessores, conseguiram no domínio financeiro. Era um homem sem experiência política, mas profundo estudioso dos instrumentos de política fiscal e financeira e com fortes convicções pessoais, decidido a «regularizar por uma vez a nossa vida financeira e com ela a vida económica nacional», tal como afirmou no discurso da tomada de posse como ministro das Finanças, em 27 de Abril de 1928.

Nesse curto discurso revela publicamente o seu carácter e, para além de enunciar um método de trabalho draconiano para limitar e reduzir a despesa pública, limitando as despesas dos demais ministérios e auto-atribuindo-se um direito de veto a todos os aumentos de despesas dos mesmos, afirma peremptoriamente: «sei muito bem o que quero e para onde vou, mas não se exija que chegue ao fim em poucos meses. No mais, que o País estude, represente, reclame, discuta, mas que obedeça quando se chegar à altura de mandar».

A resolução do problema financeiro — o primeiro a que se lança por ser imperioso tratá-lo antes de qualquer outro — decorre essencialmente do *deficit* crónico, de uma dívida avultada e de uma má arrecadação de receitas. Para pôr cobro a esta situação dramática, da qual derivavam graves perturbações sociais, e porque rejeitou liminarmente o empréstimo financeiro que a Sociedade das Nações (SdN) se prestava a conceder, por o mesmo estar associado a um controlo financeiro internacional que lhe parecia inaceitável para uma nação soberana, Salazar viu-se confrontado com a necessidade de procurar de imediato um financiamento externo alternativo que permitisse resolver o problema.

A presente obra revela, em primeira mão, através de variadíssimas epístolas e telegramas, as tentativas para assegurar esse financiamento externo alternativo. Simultaneamente, deixa entrever a figura de Salazar, precisamente enquanto prestava as primeiras provas como ministro das Finanças. Através da cuidada selecção de documentos inéditos do Fonsecas, Santos & Vianna e do arquivo Salazar que se encontra na Torre do Tombo, sem grande divulgação pública, o autor deixa o palco aos protagonistas, evidenciando as esperanças, as dificuldades e os obstáculos na obtenção desses fundos num período especialmente conturbado. Entre Salazar e os banqueiros nacionais (Mário Luís de Souza e Álvaro Pedro de Souza — os irmãos que conduziam os destinos do Fonsecas, Santos & Vianna) e entre estes e os banqueiros internacionais (essencialmente, o Baring Brothers, o tradicional banqueiro do Estado Português em Londres, o National City Bank de Nova Iorque, e o seu congénere Dillon, Read Corporation) trava-se uma complexa e intensíssima negociação. Ou, como veremos, negociações sucessivas e em diversos *rounds*, terminando com uns e recomeçando com outros. Numa luta contra o tempo e as circunstâncias da época, pressente-se que o ministro das Finanças procura, em grande velocidade e com envolvimento quase diário, obter capitais que lhe permitissem assegurar o cumprimento da sua tarefa.

Entretanto, os oposicionistas ao regime militar saído do 28 de Maio continuavam a defender e apregoar a ilegitimidade do Governo e a sua incapacidade para resolver os problemas nacionais, procurando minar e impedir o êxito desse financiamento; os jornais ainda davam conta de movimentos populares revoltosos e, numa primeira fase, os rumores postos a circular sobre a constitucionalidade do regime aumentavam a percepção de risco dos bancos estrangeiros e atrasavam a sua negociação. Passados os primeiros meses do início das negociações, em que os banqueiros internacionais do City e do Baring Brothers se disponibilizaram para servir de alternativa à SdN, "a questão legal" passou a ser crucial e uma questão prévia à negociação do financiamento. Mário Figueiredo, outro eminente catedrático de Coimbra, é enviado a Londres com a especial missão de tranquilizar e convencer os jurisconsultos britânicos de que o Governo tinha legitimidade para contratar o empréstimo, na ausência de parlamento. O folhetim é quase vivido ao dia e, apesar do êxito da argumentação jurídica, em Londres, permaneceram escolhos que não foram possíveis remover, como o leitor verá.

Quase no final de 1928, Salazar tem de prosseguir do outro lado do Atlântico. Todavia, o colapso financeiro vivido na Alemanha e noutros países europeus, com dívidas muito avultadas ainda decorrentes do esforço da guerra (1914–1918) e das indemnizações impostas pelo Tratado de Versalhes (1919), o *volte-face* dos banqueiros ingleses do Baring Brothers e o avultadíssimo crédito externo já concedido pelos EUA, que à época eram os credores do mundo, associados à crise que acabou por rebentar em Wall Street em Outubro de 1929 e que arrastou toda a economia norte-americana, acabaram por ditar também a sorte do destino. A fonte do crédito internacional esgotava-se ou dificultava-se significativamente, alterando também as economias e as políticas domésticas que se viraram para dentro e se tornaram mais proteccionistas.

É neste quadro que decorre a narrativa. Essencialmente, entre o início de Junho de 1928, data em que Salazar, simultaneamente, rejeita o empréstimo da SdN e abre negociações com o Citi de Nova Iorque tendentes à celebração de um empréstimo externo alternativo, e 1929/1930, quando o mundo português e o ambiente internacional mostram que, se por um lado, esse empréstimo externo se afigura impossível de realizar, por outro lado, as políticas internas adoptadas nesse vertiginoso espaço de tempo o tornaram desnecessário para o saneamento financeiro português. E, neste contexto, nos hiatos da história, vive-se a *petite histoire*, incluindo o curioso episódio do "artigo que o não foi", mas em cujo texto inédito Salazar revela como queria ver reconhecido o seu trabalho internacionalmente. Para além desse texto, anexo à obra, o autor ilustra bem a quantidade de medidas legislativas adoptadas pelo executivo e que, em grande parte, provieram também do próprio punho do ministro, nos diferentes segmentos que permitiram equilibrar o orçamento e recuperar as finanças.

Seja a documentação política encriptada, sejam os demais documentos secretos da Banca internacional, todos são desvendados com extractos significativos que permitem ao leitor não só apreciar como julgar de perto os comportamentos, as opções e as decisões que Salazar tomou nos primeiros dois anos que acabaram por marcar inelutavelmente todo o seu consulado.

Prefácio por Jorge Braga de Macedo

As lições para o crédito externo português que se retiram deste inédito dos anos 1980 tornaram-se mais relevantes com a surpresa de uma crise financeira comparável à dos anos 1930. Dividido em três secções (introdução, arquivo, vinganças), o prefácio usa elementos sobre o início dos anos 1960 e 1990 para interpretar um espólio documental que agora pertence ao grupo CaixaBank. Felizmente para o leitor, a versão agora dada a lume beneficia de mais alguns documentos encontrados na Torre do Tombo (TT). Infelizmente para o prefaciador, menos de metade dos documentos são numerados e as notas deixaram de ser corridas! Houve assim que transformar dois quadros anexos nos três reproduzidos adiante no texto, juntando aos 140 mais 2 que estavam na TT. O arquivo ignorado explica como as ligações a três bancos estrangeiros permitiram afirmar o crédito do soberano e submeter a narrativa à *Foreign Affairs*. O apoio de dois daqueles bancos às operações de crédito externo da República durante os anos 1960 continua a ser evocado em anexo, mas passaram para o texto as principais consequências da mudança de regime exigida pelo Tratado de Maastricht. Ao evocar os custos de termos adiado mudanças no processo orçamental e na constituição financeira até à crise do euro, sobreponho a inevitáveis comparações conjunturais o farol da história, indispensável para realçar a complementaridade entre organizações e mercados financeiros internacionais.

1. Introdução em jeito de prefácio, com dois outros em mente[1]

Filho e neto de agrónomos e neto de financeiro, João de Sousa da Câmara cedo se dedicou à história pátria e financeira, retirando lições do crédito externo português. Na sua primorosa *História do Banco Fonsecas & Burnay*, já insinuara o inédito de quase 60 mil palavras que viria a apresentar com subtileza na homenagem a seu avô dez anos depois: «[s]e quisermos ajuizar agora pelo convite que recebeu a 6 de Junho de 1928 do governo português para servir de intermediário numa grande operação externa destinada ao saneamento financeiro do País, teremos de concluir que a casa bancária Fonsecas, Santos & Vianna já nesse tempo gozava do maior crédito quer no plano nacional quer no internacional»[2]. O capítulo I, que cobre o período até 1920, terminara aludindo a novos protagonistas do célebre empréstimo da Sociedade das Nações em termos que lembram tanto a interdependência dos sectores de atividade económica como a sucessão das gerações: «[q]uando a lei dos cereais interessava os moageiros na alta dos câmbios, a Sociedade (FS&V) passava para a direcção inteligente e dinâmica de dois

[1] Esta é a versão revista e abreviada de um documento destinado a *Nova School of Business and Economics Working Paper* nas vésperas da mudança para Carcavelos cujas provas chegavam às 60 páginas incluindo quatro anexos! Justifico as modificações em revisões do autor ao próprio manuscrito, desde melhor legibilidade dos documentos referidos a acrescentos motivados pela versão de 1 de Maio de 2018 ou a maior cuidado com as fontes, que me levou a incluir três anexos no texto principal, sinalizando o interesse antigo pelo crédito externo no remanescente, que precede as reproduções do que a sinopse chama «o artigo que o não foi» (p. 7). Agradeço a ajuda essencial de Juan Flores da Universidade de Genebra, que me enviou documentos do *League of Nations Archive* referentes ao empréstimo português (os quais incluem trocas de correspondência em holandês vetusto que o meu colega Martijn Boons conseguiu traduzir na hora...) e da Biblioteca Almada Negreiros, agora Teresa e Alexandra Soares dos Santos Library, bem como esclarecimentos de Barry Eichengreen (*Berkeley*), Marc Flandreau (*Penn*) e Eugene White (*Rutgers*). Erros e omissões são da minha responsabilidade.

[2] *História*, p. 64. Lê-se na segunda página em maiúsculas que o livro é «o testemunho da história duma herança para preservar o traço de união entre o passado e o futuro». Publica-se antes de 1986 para "anunciar condignamente" o 125º aniversário do banco que viria a ser adquirido em 1991 pelo Banco Português de Investimento, naquilo que foi considerado o "negócio do século" (http://bancario.pt/banco-fonsecas-burnay/#ixzz5777WteIZ): abriu caminho para a entrada de parceiros externos de grande dimensão em 1995 e a aquisição do Banco de Fomento e Exterior e do Banco Borges & Irmão em 1996, criando-se a marca em 1998: «[a] laranja e a flor de laranjeira simbolizam o acolhimento, a dedicação e o sentido de serviço, evocando, numa inesperada ligação, a história dos Descobrimentos Portugueses» lê-se em http://www.bancobpi.pt/grupo-bpi/a-marca/.

jovens, filhos de um grande industrial de moagem!»[3]. Ora a questão cerealífera e a convertibilidade cambial são dois temas tratados na década anterior pelo lente de Coimbra que, enquanto Ministro das Finanças, teve de lidar com a SdN.

No magnífico volume de 300 páginas dedicado a *Inocêncio Camacho Governador do Banco de Portugal (1911-1936) Estudos Históricos*, 1998, o autor foi mais explícito quanto ao inédito e FS&V, pela ordem inversa. O capítulo XI, comunicação à Academia Portuguesa de História a propósito do 150º aniversário do Banco de Portugal, ao contrastar a agudização do conflito entre «efebocracia e gerontocracia» que aí se verificou nos anos 1920, identificou Rui Ennes Ulrich como «chefe da facção inovadora» acrescentando que, com seu irmão João, «pensaram tomar conta dum antigo e prestigiado estabelecimento de crédito na rua do Comércio: o Fonsecas, Santos e Vianna. Só que a este grupo se anteciparam dois irmãos, Álvaro e Mário de Souza, filhos de um industrial de moagem, muito mais afortunados para administrar tão apetecido fundo de negócios"[4]. Mais, na pluma de Fernando Emídio da Silva (1886-1972), vice-governador do Banco de Portugal que prefaciou *A Missão Pedagógica da Banca*, 1968, obra de juventude do autor, a Rua do Comércio aparecia com o nome antigo: «vetustas instalações nas imediações dos tempos da primeira grande guerra [...] contrastavam com o dinamismo e alvoroço que passara a reinar na Rua dos Capelistas»[5]. Quanto

[3] *História*, p. 46. A nota 132 referente à lei dos cereais cita uma obra póstuma de Anselmo de Andrade. Em *O ágio do ouro e outros textos económicos (1916-1918)*, introdução e direcção de Nuno Valério; Banco de Portugal, 1997 este afirma que «Salazar conseguiu obter, enquanto político, a estabilidade cambial pela qual ansiava enquanto professor» (p. XVIII). Ver ainda a análise minuciosa de Jaime Reis, "A 'Lei da Fome': as origens do protecionismo cerealífero (1899-1914)", *Análise Social*, 1979, pp. 745-793.

[4] *Camacho*, cit. p. 118. A dedicatória com que João me brindou lembra o «gosto especial que sempre evidenciaste pela História da Banca e o mundo das finanças» depois de evocar a relação de meu pai com a Academia Portuguesa de História – da qual foi nomeado sócio correspondente em 1969 e ocupou a cadeira nº 19 em 1972, conforme consta de *Elogio do Professor Doutor Jorge Borges de Macedo (1921-1996)*, que a sua sucessora Maria do Rosário Themudo Barata publicou em 2004, p. 46. Além de mais duas comunicações incluídas neste volume, o autor também publicou nos *Anais* (II Série, Volume 37, pp. 209-29, do mesmo ano) uma comunicação de 1991, intitulada "A Genealogia da Banca em Portugal", que reflete trabalhos citados nas notas 16, 20 e 21.

[5] Op.cit., p. 46, "palavras textuais de Fernando Emygdio da Silva" no elogio fúnebre que faz ao irmão mais velho, decerto o banqueiro menor neste relato. Atente-se ainda que, em 5 de Novembro de 1910, o primeiro edital da vereação republicana da edilidade lisboeta denominou Rua do Comércio a Rua Nova d'El Rei, vulgo dos Capelistas. Volto ao vice-governador do Banco de Portugal na nota 24).

ao inédito agora dado a lume, é objecto de alusão no capítulo anterior, intitulado "A alternativa ao empréstimo da Sociedade das Nações", onde elenca seis capítulos (dos quais II, III, IV e V mantiveram os títulos) bem como um elegante resumo do argumento. A propósito do convite que recebeu em 1982 para «escrever a história de um estabelecimento de crédito», leia-se BF&B, declara: «tive a ousadia de realizar um estudo não pequeno com o seguinte título: *A Banca e o Saneamento Financeiro*, a fim de preservar essa história de qualquer destruição. A obra fez-se [...] aguardando apenas que seja oportuno publicá-la»[6].

O prefácio do Presidente da Academia de História (p. 14) proclama que *Camacho* tem como alicerce a comunicação a que se refere o capítulo XI, à qual assistiram, "entre outras figuras", dois Governadores do Banco de Portugal, António de Sousa e António Manuel Pinto Barbosa (1917-2006), este último identificado como antigo Ministro das Finanças[7]. Daí o interesse que estes trabalhos de João de Sousa da Câmara me suscitam, ao ponto de me terem ocorrido títulos alternativos, conotando, além do Ministro das Finanças por antonomásia, a singularidade do Banqueiro, escolhido para negociar nos mercados internacionais, sem comprometer a reputação financeira do soberano no exterior nem reconstituir monopólios fiscais, como o dos fósforos. Ora, Mário Luís de Souza assegurou em exclusivo a articulação com o *National City Bank of New York* – valendo-se talvez da "amizade sincera"[8] com

[6] *Camacho*, p. 105 *in fine*; a nota 6, capítulo I, referente ao convite cita o documento não numerado nº 61 do quadro 1, p. 19 adiante – o qual remete para pp. 57-59.

[7] No mesmo cargo, coube-me superintender a negociação de empréstimos externos depois de restaurada a convertibilidade plena do escudo em Dezembro de 1992, tema abordado na secção 3. Mais, na Academia das Ciências de Lisboa, ocupo a cadeira nº 18L do titular que elogio em "António Manuel Pinto Barbosa, Economista e Governante", *NSBE Working Paper* nº 577, 2013. Além da "comunicação televisada do Ministro das Finanças sobre crédito externo de 23 de Maio de 1962" para salientar a "projecção pública do problema", cito o parecer da Câmara Corporativa sobre a Lei de Meios para 1969 de que foi relator «em que aparecem de maneira bastante completa as disponibilidades em ouro e divisas» em *A Dívida Externa Portuguesa* (DEP), 1970, pp. 33-34 e 443 respectivamente. Ver nota 25 adiante.

[8] Assim referida (p. 103), poderá explicar o seu papel na questão do artigo que Salazar escreveu para *Foreign Affairs* (p. 220), ao qual se voltará mais de uma vez, desde logo na nota 11. Sobre *Citi*, Harold van B. Cleveland e Thomas F. Huertas, *Citibank, 1812-1970*, Harvard Studies in Business History, 1985 está focado no mercado americano e não tanto no internacional que perdeu peso a partir de 1928; ver nota 28, p. 30 e anexo ao prefácio. Note-se que o autor oferece títulos alternativos, com Ministro no prólogo e Banqueiro na conclusão, assim: "Salazar e a alternativa ao empréstimo da SdN" (p. 47) e "FS&V e a alternativa ao empréstimo da SdN" (p. 207).

Albert M. Travers, sobre o qual nada consegui apurar junto da arquivista do Citi.

Mais do que prodigalizar títulos à cabeça, é costume num prefácio resumir o argumento antes de avaliar a sua contribuição na obra do autor e, se calhar, do próprio prefaciador. Neste caso, as três partes refletem a curiosa articulação desse argumento com trabalhos que precedem a minha afinidade com a família do autor e a subsequente amizade com um dos filhos - mas certamente ecoam um interesse comum aos quatro pela história financeira. Assim, respigo trabalhos nossos para motivar a narrativa de como um ministro das finanças e um banqueiro portugueses interagiram com os mercados financeiros internacionais para negociar um empréstimo multilateral, a ser gerido pela Organização Económica e Financeira (OEF) da SdN, sendo que para Portugal o crédito externo permitiria restaurar a convertibilidade-ouro da moeda, como veio a acontecer *in extremis* em Julho de 1931[9].

Adiantei a inesperada tarefa de repristinar estes temas durante uma estadia em San Francisco pois (graças ao BART) num instante atravessei a baía para debater os documentos inéditos de FS&V com o velho colega que, como outros amigos e discípulos nas duas costas do Atlântico norte, acharam que era preciso investigar mais[10]. Feito o desafio, quero resumir o argumento tendo em mente os prefácios de duas publicações que o autor

[9] Para além de notar que OEF e SdN são os precursores do FMI e Nações Unidas respetivamente, recordo que comparei o padrão-ouro ao padrão-euro na conferência comemorativa do 140º aniversário da nossa adesão, organizada com apoio do Banco de Portugal e da Fundação Luso-Americana. Daí saiu *Convertibilidade Cambial* (prefaciado pelo meu sucessor no Terreiro do Paço, quando era Governador António de Sousa) organizado com Barry Eichengreen e Jaime Reis. A versão inglesa, de 1996, intitula-se *Currency Convertibility: The Gold Standard and Beyond.* O processo da segunda adesão é detalhado por Fernando Teixeira dos Santos (que também viria a presidir ao Ecofin em 2007).

[10] Agradeci-lhes, sem os comprometer, na nota 1. Além das cartas do Ministro das Finanças de 6 de Junho, 18 de Julho e 27 de Agosto (citadas nas notas 6, 15 e 55, capítulo I, e reproduzidas em *BF&B*, cit., p. 65, 66 e 68, respetivamente), na revisão agora publicada, usam-se documentos novos «que permanecem no arquivo Salazar na Torre do Tombo, sem grande divulgação pública» (p. 6). Note-se que as notas 27 e 30 do capítulo VI repetem os documentos 57 e 140 do quadro 3 seguindo-se na nota 28 o documento 141 referente a uma carta de FSV a Citi datada de 29 de Novembro a revelar desconhecimento da troca de cartas com o redactor da *Foreign Affairs* que constam do Arquivo Salazar, conforme as notas 32 e 35 do capítulo VI. Optou-se por não numerar esses dois documentos, tal como três repetidos, denotados por r a seguir ao número original.

amavelmente me dedicou[11]. Quando o seu filho Francisco, querido amigo, ligou a testar a minha disponibilidade para prefaciar um inédito que o pai queria dar à estampa, pedi para ver e pensar. Logo me chegaram por mão própria o inédito e publicações anteriores que li no Entrudo de 2018. Sem curar de prazos nem de páginas, meti mãos à obra. A hesitação converteu-se em entusiasmo porque venho escrevendo há meio século sobre crédito externo e este episódio continua a parecer-me relevante. Tornou-se assim mais difícil evitar um prefácio maçudo, contra o exemplo desafiante dos dois eminentes prefaciadores da Academia das Ciências.

Começo por evocar o historiador, que conheci no funeral da minha avó paterna em 1973 e associo a inesquecíveis homenagens na Academia de História[12]. A ele meu pai dedicou "Portugal um Destino Histórico", que a sucessora chamaria «uma das suas comunicações mais emblemáticas, símbolo de toda a sua obra e da própria missão pessoal que recebeu como destino»[13]. Aí encontrei a citação que descreve as iniciativas levadas a cabo pelo Centro de História da Faculdade de Letras e o IICT entre 2004 e 2009: «[n]ós sabemos que os valores se perdem, quando se esbate a dignidade com que são defendidos e se plastifica o contexto em que são vividos ou com que se defendem. Torna-se indispensável restaurá-los para cada contexto. Saber continuar»[14]. Mais próximo ainda estará o exórdio *ex abrupto* aplicado

[11] Nos documentos n.os 57, 34, 44 e 49 do quadro 3, menciona-se o artigo de Salazar destinado à *Foreign Affairs*, já aflorado na nota 8 acima. Mais, é citado em *Camacho*, cit. p. 83 (em português) como tendo sido publicado (nota 62 *ibid.*) e a tradução inglesa faz parte da *Documentação 1928-1929* (nota 279, p. 148, agora nota 26, p. 222), tendo-me sido facultada uma cópia dactilografada. Apesar do mau estado de conservação, felicito-me pela publicação em anexo de duas versões desta consequência tangível do esforço dos banqueiros, à qual volto na nota 35 abaixo.

[12] O eminentíssimo confrade presidiu à sessão de 1 de Março de 2000, na qual foi pronunciado o *Elogio*. No discurso de encerramento, aludiu de modo vernáculo e emotivo às diferenças relativas à «concepção da obra histórica» (p. 148), concluindo com a convicção de que «a cultura portuguesa do nosso tempo (o) há-de sempre relembrar [...] como um dos mais dignos e prestantes servidores que teve no século XX» (p. 150).

[13] *Elogio*, cit., p. 49.

[14] *Jorge Borges de Macedo: Saber Continuar*, Instituto Diplomático, 2005, p. 253; *História Diplomática Portuguesa Constantes e Linhas de Força: Estudo de geopolítica*, Lisboa: Tribuna da História e Instituto de Defesa Nacional, 2ª edição ilustrada, 2006; "Jorge Borges de Macedo dez anos depois (1996--2006)", número especial de *Negócios Estrangeiros*, nº 11.3, 2007; *Nove Ensaios na tradição de Jorge Borges de Macedo*, Lisboa: Tribuna da História em colaboração do CG&G e IICT, 2009; A lista dos eventos vem anexa a Ana Macedo, *Jorge Borges de Macedo Privado e Publicado*, IICT, 2010.

a José de Azeredo Perdigão por ocasião do seu doutoramento *honoris causa* na Faculdade de Letras em Fevereiro de 1974: «[t]radição universitária e seu fundamento, ao mesmo tempo que expressão profunda de humanismo, esta certeza de que as habilitações por grau académico não moldam o homem. É este – quando superior – que nelas se exprime»[15].

Acredito que ambas as citações são congruentes com a abordagem deste livro, no qual a complementaridade entre a banca nacional e internacional beneficia reformas estruturais e reputação financeira da República, como já se verificou outra vez neste século. Volto pois a mencionar, desta feita no texto, confrades da Academia das Ciências, desde logo Fernando Emídio[16]. Não cheguei a conhecer pessoalmente o professor de finanças que precedeu o meu, Pedro Martínez, atual decano da secção de direito e da própria Academia. Começando pelas descendências depois de Abril, académicas e não só, temos José da Silva Lopes (1932-2015), que chamou o grupo do MIT em 1976 e sucedeu a Jacinto Nunes (1926-2014) enquanto Governador, e depois enquanto académico efectivo[17]. Ora Jacinto, a quem se deve a singular renovação da secção de economia e finanças nos últimos dez anos[18],

[15] *Saber Continuar*, cit., p. 243.

[16] O singular prefácio ao elegante livrinho dedicado à memória do avô materno no 25º aniversário de sua morte recorda também a ascendência paterna, que inclui dois outros confrades: evoca «uma réplica decisiva de Manuel de Sousa da Câmara a um argumentador menos paciente; foi um primor de argumentação e cortesia» (p. XVII), citando a seguir ao avô um elogio académico ao pai. E acrescenta: «[h]á vinte e cinco anos, por sinal, António de Sousa da Câmara publicou o seu segundo livro. Intitulava-se *No Caminho* – e versava, magno problema, a organização científica do trabalho. Prefaciou esse livro o Doutor Marcello Caetano...» (p. XVIII). No mesmo formato, publicou em 1973 *A Banca em Contestação*, onde a onze capítulos em português junta quatro artigos em inglês, publicados no *Times*, *New York Times*, e *World Banking*. Perpassa a preocupação demonstrada no livro anterior com o que se poderiam chamar "raízes sociais da reputação financeira" ou só "liberdade financeira", como defendo adiante p. 41 e ss.

[17] Silva Lopes não chegou a elogiar o seu predecessor na cadeira nº 28, entretanto renumerada nº 8L. A 26 de Abril de 2018, foi elogiado por Jaime Reis – que cumpriu a praxe ao referir Jacinto Nunes.

[18] Além de breve menção por ocasião do elogio ao seu sucessor, mencionado na nota anterior, lembrei Jacinto em várias ocasiões e dois confrades seus co-autores, José Luís Cardoso e Manuel Porto, publicaram postumamente uma obra comum. *Macro de Economia Aberta: Ensino e Prática depois de Abril*, ACL, 2018, comemora os 40 anos do *Simpósio de Estudos Keynesianos* realizado na Academia das Ciências e considera ele um de "quatro ases". Por sinal, o livro foi patrocinado pelo BFA, parte do Banco de Fomento e Exterior, dirigido por Miguel Cadilhe a partir de 1992 e que se fundiu depois no BPI.

ocupara em 1976 a cadeira de Fernando Emídio. Este impôs ao seu prefácio a forma de carta ao autor, e o teste severíssimo da brevidade - a que chamou de escrever "ao de leve" (*Missão*, cit., p. XV). Fui, confesso, tentado a seguir o exemplo daquele a quem associei a imediata estabilização do escudo com o esterlino inconvertível[19]. Porém, usando uma expressão da época (que entretanto caiu em desuso no hexágono), escolhi de "m'apesantir", consultando outras obras que pai e filho me iam facultando.

2. Arquivo ignorado de história bancária exemplar

Muito antes de a moda da história empresarial ter chegado às nossas escolas de economia, já o João, formado em histórico-filosóficas na Faculdade de Letras da Universidade de Lisboa, neto de ministro e governador que adorou a Praia das Maçãs muito antes de mim, alargara um interesse precoce pela história familiar à de seis empresas, entre as quais cinco instituições bancárias existentes (e suas antecessoras), começando por comemorar o 125º aniversário da que Salazar escolheu[20]. Entre várias outras obras, destaco um inédito de 1992, *História da União de Bancos Portugueses,* referente ao sucessor de FS&V[21], além dos artigos, já citados, sobre banca publicados na imprensa reunidos em livros e comunicações à Academia Portuguesa de História apresentadas na já citada publicação patrocinada pelo Banco de Portugal por ocasião do seu 150º aniversário[22]. O estimado amigo e querido afim escreveu muitos outros livros de história com títulos provocativos, mas este, inédito durante longos anos, acaba por ser o único em que o título

[19] "La politique monétaire du Portugal", *Revue de Science et Législation Financière,* Jan-Mar 1937 citado em *Portuguese Currency Experience*, separata do 3º ensaio da minha tese de doutoramento (citada na nota 29), p. 15 nota 8. No mesmo sentido, Teixeira dos Santos, *Convertibilidade Cambial,* cit. p. 246 salienta a boa aceitação na comunidade empresarial. Curiosamente esta saída não é registada em Mika Arola, *Foreign capital and Finland: Central government's first period of reliance on international financial markets, 1862-1938*, Banco da Finlândia, 2006, p. 178. Ver correspondência entre o Ministro das Finanças Risto Rivy (1889-1956) e G. K. Weeks, o banqueiro americano mencionado na nota 9, pp. 155 e nota 324, p. 169-170.

[20] *História do Banco Totta-Aliança 1843-1968,* 1968 antes de *O Banco Lisboa & Açores 1875-1969,* 1972.

[21] *BF&B,* cit.; *História do Banco Pinto e Sotto Mayor 1914-1989,* 1989; *História da Tabaqueira,* 1995; *UBP,* cit. (incluindo História do Banco da Agricultura 1918-1977; História do Banco de Angola 1926-1977; História do Banco Pinto de Magalhães 1952-1977), s.d.

[22] Ver notas 4, 5, 10 e 11.

junta um apelido politicamente sonoro ao crédito externo ou reputação do soberano, condição perene do interesse nacional, e até da "liberdade financeira" dos cidadãos, incluindo os emigrantes. Percebe-se pelo contexto que se trata de tarefa específica do ministro das Finanças nomeado em Abril de 1928, conforme publicação bem conhecida *Dois anos no Ministério das Finanças 1928-30*, cujo título mais neutro parece querer esconder termos como "reorganização financeira" ou "saneamento"[23].

Como disse, este acervo documental foi usado nos seus livros sobre o banco sucessor e o avô governador. Neste encontra-se o capítulo XI já citado sobre a alternativa ao empréstimo da SdN (pp. 101-110). Aquele realça a circunstância de a instituição que recebeu do Ministro das Finanças mandato para negociar um empréstimo externo na sequência da recusa das condições impostas pela SdN em 9 de Março de 1928 haver sido comprada em 1920 por dois irmãos educados em Inglaterra, Álvaro Pedro e Mário Luiz de Souza, quiçá gorando os planos dos manos Ulrich...[24]. Os documentos arrumados

[23] Datadas de Abril de 1930, as "Duas palavras a servir de prefácio" terminam sugerindo que o livro «deveria mesmo intitular-se: ELOGIO DO PATRIOTISMO DO POVO PORTUGUÊS» (maiúsculas no original). Com 560 páginas, organizado em 60 capítulos (distribuídos por 7 partes e um apêndice), o volume é citado p. 81 (sendo elencados por ordem cronológica 17 capítulos referentes a medidas tomadas em 1928), p. 149 (sendo elencadas e numeradas 26 medidas de 1929) e p. 152. Nesta repete-se a rubrica 15 da lista (corresponde ao capítulo V da parte II) que contém o *Relatório do orçamento para 1929-1930*, decreto nº 17047 de 29 de Junho de 1929, intitulado "A consolidação do equilíbrio orçamental, o saneamento financeiro e as bases da reorganização económica", para salientar que «o período mórbido das finanças portuguesas terá definitivamente passado» depois da «estabilização legal da moeda e a regularização da dívida do Estado», como se detalha também em *Camacho*, cit. p. 110. Note-se ainda que, a despeito do título ser *A reorganização financeira*, o relatório fala de «saneamento financeiro» e «bases da reorganização económica». Como o livro não existisse na BAN (hoje TASSL), soube que havia dois exemplares em Lisboa, no espólio de meu pai na Faculdade de Letras e numa das bibliotecas da Faculdade de Ciências Sociais e Humanas, onde Hermínia Martins fez o seu mestrado. De lá veio, pasme-se, uma cópia dedicada «[a]o Doutor F. Emídio da Silva, of.» com a assinatura que se encontra nos documentos reproduzidos em *Camacho*, p. 303 (um elenco de dados para a Citi que curiosamente não é citado em lado algum) e p. 324 (uma carta pessoal de agradecimento ao governador, citada *ibid.* p. 126 nota 88).

[24] O livro comemorativo do 125º aniversário do BF&B, com o qual abrimos este texto, é citado na nota 2, capítulo I, remetendo as notas 62 e 65, capítulo VI, para cartas de Salazar reproduzidas nas pp. 99 e 100 do mesmo. Também aí é várias vezes citado Fernando Emídio, prefaciador do livro de 1968 que conhecia bem os sócios originais da FS&V e sugere que, depois da morte de Izidoro Vianna (que «tornou possível o Convénio de 1902 que desafrontou Portugal perante o crédito externo», p. 37) e antes da chegada dos Souza, havia «um sinal de cansaço» (p. 45), ausente da Rua do Comércio. Por seu lado, João nota que os dois filhos do segundo casamento de João Pedro

por capítulos estão listados nos quadros 1 a 3, sendo que apenas 140 estão numerados.

Quadro 1. Lista dos 50 Documentos citados na Introdução e no Capítulo I.

nº	nota	cap	data	de	para	nome
1	4	Intr.	5-jun-28	MF	FSV	telegrama
58	5	Intr.	5-jun-28			dívida pública
2	7	I	7-jun-28	FSV	Weeks	cópia carta
3	8	I	7-jun-28	Weeks	FSV	carta
4	16	I	16-jul-28	Weeks	FSV	carta
5	17	I	17-jul-28	Pictet	FSV	carta
6	19	I	19-jul-28	Pictet	FSV	carta
7	23	I	25-jul-28	Weeks	FSV	carta
8	24	I	26-jul-28	Pictet	FSV	carta
9	25	I	28-jul-28	Travers	FSV	carta
10	34	I	3-ago-28	Weeks	FSV	carta
11	40	I	2-ago-28	Pictet	MFvia FSV	questões
12	43-46	I	16-ago-28	Weeks	Mário	carta
13	51	I	22-ago-28	Travers	Weeks	cópia telegrama
14	53	I	22-ago-28	Weeks	Citi NY	cópia telegrama
15	54	I	23-ago-28	FSV	Travers	cópia estudo

de Souza «no alvorecer das suas carreiras não participaram dos alvoroços, das lutas e dos embates do pai e sobretudo do avô para ascender na escala social, mas simplesmente associaram-se á sua sensata inquietação de que é preciso trabalhar sempre, sempre muito mais para poder conservar e fazer prosperar a herança da família». Fica-se a saber que terão frequentado a escola de comércio da recém-fundada universidade de Liverpool (pp. 50-51) e que o mais velho cursou engenharia ao mesmo tempo que o heterónimo Álvaro de Campos o fazia em Glasgow. O mais novo e criativo, eleito director-geral do Banco FS&V, morreu aos 61 anos de idade (p. 94), levando ao relativo declínio do Banco (p. 98). O mais velho, nomeado vice-governador do Banco de Portugal após a celebração do contrato com o Estado em 1931, seria exonerado a seu pedido em 1960 (p. 102) morrendo aos 76. O mesmo Fernando Emídio enalteceu os seus dotes de negociador num elogio fúnebre publicado no *Diário de Notícias*, citado logo na nota 5 acima.

nº	nota	cap	data	de	para	nome
16	58	I	28-ago-28	Citi LON	FSV	carta
59	3	I	6-jun-28	FSV	MF	cópia carta
60	5	I	15-nov-28	MF	Bancos	resposta
61	6	I	6-jun-28	MF	FSV	carta
62	9	I	8-jun-28	FSV	MF	carta
63	10	I	30-jun-28	Pictet	FSV	carta
64	11	I	6-jul-28	FSV	Citi PAR	cópia carta
65	12	I	11-jul-28	FSV	Citi PAR	cópia telegrama
66	13	I	12-jul-28	Citi PAR	FSV	telegrama
67	14	I	18-jul-28	FSV	MF	cópia carta
68	15	I	18-jul-28	MF	FSV	carta
69	18	I	18-jul-28	Travers?	Mário	telegrama cifra
70	20	I	20-jul-28	FSV	Citi	cópia carta
71	21	I	20-jul-28	FSV	Citi	cópia 2ª carta
72	22	I	23-jul-28	FSV	Citi PAR	cópia carta
73	26	I	28-jul-28	FSV	Citi PAR	cópia telegrama
74	27	I	30-jul-28	Mário	Pictet	cópia carta
75	28-30	I	31-jul-28	FSV	Citi PAR	cópia carta
76	31	I	3-ago-28	Mário	Weeks	cópia carta
77	32	I	3-ago-28	FSV	Citi LON	cópia telegrama
78	33	I	3-ago-28	Weeks	FSV	telegrama
79	35	I	6-ago-28	Mário	Weeks	cópia teleg cifra
80	36	I	6-ago-28	Weeks	FSV	telegrama
81	37	I	9-ago-28	Mário	Travers	telegrama
82	38	I	10-ago-28	Travers	Mário	telegrama
83	39	I	10-ago-28	Mário	Pictet	cópia carta
84	41	I	16-ago-28	FSV	Citi	cópia carta
85	42	I	10-ago-28	Weeks	FSV	carta
86	47	I	17-ago-28	Citi PAR	FSV	carta
87	48-50	I	17-ago-28	Mário	Citi LON	cópia carta

nº	nota	cap	data	de	para	nome
88	52	I	22-ago-28	Weeks	FSV	carta
89	55	I	27-ago-28	MF	FSV	carta
90	56	I	29 ago 28	FSV	Weeks	cópia carta
91	57	I	28-ago-28	MF	FSV	carta
r75	61	I	31-jul-28	FSV	Citi (PAR)	cópia carta

Quadro 2. Lista dos 37 Documentos citados nos Capítulos II e III.

nº	nota	cap	data	de	para	nome
17	5-6	II	6-set-28	Weeks	FSV	carta
18	7	II	6 set 28	Weeks	Travers	telegrama
19	8-9	II	6-set-28	BB	FSV	carta
20	16	II	18-set-28	Citi LON	FSV	carta
21	18	II	19-set-28	BB	FSV	carta
22	19	II	24-set-28	Citi	FSV	carta
23	21	II	8-out-28	Citi	FSV	carta
24	40-44	II	9-nov-28	BB	FSV	carta
92	5	II	6-set-28	BB	FSV	carta
93	13	II	11-set-28	MF	FSV	carta
94	14	II	14-set-28	Mário	Weeks	cópia carta
95	15	II	14-set-28	BB	FSV	telegrama
96	17	II	20-set-28	Mário	Travers	cópia carta
97	20	II	5-out-28	MF	M Figº	telegrama
98	27	II	21-set-28	MF	FSV	telegrama
99	28	II	22-set-28	MF	FSV	telegrama
100	29	II	23-set-28	MF	FSV	telegrama
101	30	II	24-set-28	MF	FSV	telegrama
102	31	II	25-set-28	MF	FSV	telegrama
103	32	II	15-out-28	Weeks	Mário	telegrama
104	33	II	15-out-28	Mário	Travers	cópia telegr

nº	nota	cap	data	de	para	nome
105	34	II	17-out-28	M Figrº	MF	cópia telegrama
106	35	II	18-out-28	MF	M Figº	cópia telegrama
107	36	II	20-out-28	MF	M Figº	cópia telegrama
108	37	II	29-out-28	Travers	Mário	telegrama
109	38	II	30-out-28	Mário	Travers	cópia telegrama
110	39	II	1-nov-28	Mário	Travers	cópia telegrama
111	45	II	12-nov-28	FSV	MF	carta
112	47	II	28-nov-28	MF	FSV	carta
25	1	III	14-nov-28	Citi	FSV/MF	aide-mémoire
26	7	III	19-nov-28	Citi	FSV	carta
27	8	III	19-nov-28	DR	FSV	carta
28	9	III	23-nov-28	Weeks	FSV	carta
29	10-33	III	23-nov-28	Citi	FSV	carta
r60	2-5	III	15-nov-28	MF	C, D, B	resposta
113	6	III	19-nov-28	FSV	MF	cópia carta
114	34	III	30-nov-28	FSV	Citi	cópia carta
115	35-36	III	30-nov-28	FSV	Citi	cópia carta

Quadro 3. Lista dos 55 Documentos citados nos Capítulos IV a VI.

nº	nota	cap	data	de	para	nome
30	37	IV	23-nov-28	Times		resposta
31	28-32	IV	3-dez-28	MF	FSV	carta
32	34-39	IV	3-dez-28	MF	FSV	carta
33	40	IV	4-dez-28	FSV	Citi	cópia da carta
34	41	IV	5-dez-28	FSV	Citi	cópia da carta
35	42	IV	5-dez-28	FSV	DR	cópia da carta
36	43	IV	6-dez-28	FSV	Citi	cópia da carta
37	44	IV	6-dez-28	FSV	DR	cópia da carta
38	48	IV	8-dez-28	FSV	Citi	cópia da carta

nº	nota	cap	data	de	para	nome
39	49	IV	8-dez-28	FSV	DR	cópia da carta
40	65	IV	18-dez-28	FSV	Weeks	cópia da carta
41	66	IV	19-dez-28	FSV	Weeks	cópia da carta
116	17-27	IV	2-dez-28	MF	FSV	carta
117	45-46	IV	6-dez-28	MF	FSV	carta
118	50-64	IV	10-dez-28	MF	FSV	carta
119	67	IV	20-dez-28	MF	FSV	carta
120	68-71	IV	21-dez-28	MF	FSV	carta
121	72-77	IV	27-dez-28	MF	FSV	carta
122	78	IV	28-dez-28	MF	FSV	carta
42	1-2	V	10-dez-28	Citi	FSV	carta
43	4-10	V	14-dez-28	Citi	FSV	carta
44	11	V	19-dez-28	Citi	FSV	carta
45	12-13	V	20-dez-28	Citi	FSV	carta
46	14	V	20-dez-28	Citi	FSV	memorandum
47	15-17	V	20-dez-28	FSV	DR	cópia da carta
48	20-23	V	28-dez-28	Citi	FSV	carta
49	24	V	28-dez-28	FSV	Citi	cópia da carta
50	25-27	V	1-jan-29	Citi	FSV	carta
51	30	V	16-jan-29	Citi	FSV	carta
52	31	V	18-jan-29	DR	FSV	carta
123	3	V	10-dez-28	DR	FSV	carta
124	18	V	24-dez-28	FSV	Citi	cópia carta
125	19	V	24-dez-28	FSV	DR	cópia carta
126	28	V	2-jan-29	Weeks	FSV	telegrama
127	29	V	3-jan-29	FSV	MF	cópia carta
128	32	V	21-jan-29	FSV	MF	cópia carta
129	33	V	2-fev-29	MF	FSV	carta
53	3-4	VI	6-fev-29	Citi	FSV	carta
54	11	VI	17-mai-29	Citi	FSV	carta

nº	nota	cap	data	de	para	nome
55	12	VI	5-jun-29	DR	FSV	carta
56	20-21	VI	20-set-29	Citi	FSV	carta
57	27	VI	15-out-29	Citi	FSV/MF	carta
130	5	VI	7-fev-29	FSV	DR	cópia carta
131	6	VI	7-fev-29	FSV	Citi	cópia carta
132	7	VI	7-fev-29	FSV	Citi	cópia carta
133	8	VI	12-fev-29	Citi	FSV	carta
134	9	VI	13-fev-29	FSV	Citi	telegrama
135	10	VI	18-fev-29	FSV	Citi	cópia carta
136	13	VI	17-jun-29	FSV	Citi	cópia carta
137	15-16	VI	21-ago-29	Citi	FSV	carta
138	17-19	VI	9-set-29	FSV	Citi	cópia carta
139	22	VI	8-out-29	FSV	Citi	cópia carta
57r	29-30	VI	15-out-29	Weeks	FSV/MF	carta
140	28	VI	29-nov-29	FSV	Citi	cópia carta
TT	32	VI	27-nov-29	Armstrong	Salazar	carta
TT	35	VI	03-fev-30	Salazar	Armstrong	carta

As negociações deviam durar 60 dias, mas, logo a 18 de Julho, foram prolongadas até 30 de Setembro (pp. 60-61). Afinal iriam terminar em 2 de Fevereiro de 1929 sem que tivesse sido possível chegar a acordo com os bancos escolhidos para substituir Lazard Brothers[25], a saber Citi[26], Dillon Read e depois Baring Brothers[27]. Confirma-se assim que o fracasso não impediu que se completasse o saneamento financeiro nem que se adiantasse a estabilização cambial que permitiria restaurar a convertibilidade-ouro em Julho de 1931 – embora, poucos meses depois, a própria libra esterlina abandonasse

[25] O documento 109 no Quadro 2 alude a este grupo, mais franco-americano do que parecia, ver nota 46, p. 114 e DEP (cit. nota 7 acima), p. 261 nota 446.

[26] Conforme se nota em *Arola*, cit., p. 179 a Finlândia conseguiu créditos de curto prazo do *Citi* e do *New York Trust Co.* em 1929.

[27] No anexo refere-se a origem de ambas as firmas e sua evolução subsequente. Sobre a compra de Dillon por Baring em 1991 (ano em que BPI comprou BF&B), ver adiante pp. 30-31.

o padrão-ouro, logo seguida pelo escudo. Talvez por causa da boa articulação entre o Ministro das Finanças e Mário Luiz de Souza, que o aconselhava no processo, o seu irmão, presidente de FS&V, já era vice-governador do Banco de Portugal.

Ressalta ainda que os bancos estrangeiros não foram capazes de superar a necessidade de autorização da SdN nem a necessidade de reconstituir o monopólio dos fósforos, ambas condições impostas pelo emitente. Deduz-se dos documentos que *BB*, uma vez selecionado, mostrou relutância em trabalhar o mercado de Londres, deixando os americanos de *Citi* e *DR*, ainda presos à experiência da França com Poincaré, sem capacidade para tomar firme o montante necessário, que baixou de 12 para 8 milhões de libras[28]. Essa incapacidade deixaria o governo sem almofada para combinar a estabilização cambial com as obras de fomento? Parece que não mas os banqueiros estrangeiros foram os últimos a saber!

Ao ler esta fascinante narrativa, convenci-me de que, ainda antes da chegada da *BB* (os quais, ao contrário dos americanos, permaneceram anónimos na correspondência com FS&V), houve má vontade da parte do representante do *Citi* em Paris. Talvez desse mais ouvidos do que os seus chefes americanos à "Liga dos emigrantes" que queria torpedear o empréstimo da SdN, tendo chegado a fazer-se eco das críticas do lente de Coimbra a Sinel de Cordes. Refiro adiante um trabalho, inserido na minha tese de doutoramento, onde cito documentos sobre a Liga de Paris[29]. Nas pp. 5-180 estão as

[28] Ao contrário do esterlino que voltou a paridade-ouro em 1925, seguida pelas divisas escandinavas, a estabilização do franco teve lugar em meados de 1928 a uma taxa muito inferior, a que é por vezes atribuída o bom desempenho da França durante os governos de Poincaré embora a importância da política orçamental no sucesso da experiência tenha sido injustamente ignorada, como demontram Barry Eichengreen e Charles Wyplosz em "Economic Consequences of the Franc Poincare", *Economic Effects of the Government Budget*, organizado por Elhanan Helpman, Assaf Razin e Efraim Sadka, MIT Press, 1988, pp. 257-286. Por seu lado, João compara Salazar aos seus homólogos Winston Churchill e Henry Chéron (*Camacho*, cit., p. 106), tendo este último sido nomeado no último governo Poincaré, conforme NYT de 12 de Novembro: «*POINCARE FORMS HIS FIFTH CABINET, DEFYING RADICALS; The French Premier Gives Up Finance Portfolio, Leaving Him Free for Reparations. CHERON SUCCEEDS HIM IN IT New Ministry Recruited Mainly From Opponents Heretofore of American Debt Settlement. STORMY COURSE LIES AHEAD With Nationalist Right Dominant and Old Feuds With Left Resumed, Lively Sessions Loom in Chamber. Solution Causes Satisfaction. Andre Tardieu's New Post*».

[29] *Portfolio Diversification and Currency Inconvertibility*, Universidade de Yale, 1979 publicada pela Nova, 1982, p. 81 nota 7 onde se remete para a longuíssima nota 7 (pp. 12-14) de "Portuguese Currency Experience" (separata do *Boletim da Faculdade de Direito de Coimbra*, 1979, já citada na nota 19

actas, doadas pelo filho de Afonso Costa; os manifestos e seus antecedentes; os manifestos individuais de membros da Liga, dos quais são de salientar as escritas em francês: duas exposições ao presidente do conselho da SdN, uma de 3 de Dezembro de 1927 assinada por Afonso Costa, Domingues dos Santos, António Sérgio e Jaime Cortesão pp. 89-97; outra de 20 de Fevereiro de 1928, assinado por Bernardino Machado; e uma terceira, sobre o alcance universal da luta pela liberdade em Portugal, com um anexo sobre as finanças da ditadura, datada de 5 de Outubro de 1928). Seguem-se, nas pp. 181-278, 43 relatos da imprensa, especialmente o *Diário de Notícias*, onde se destacam as referências à composição do comité financeiro (p. 184), da secção económica e financeira (p. 213, tendo destacado Alexander Loveday e Jacques Rueff na minha tese, nota 7, cit. p. 13), além de J. van Walré de Bordes, holandês, do Secretariado da secção (p. 214), seu chefe Arthur Salter (p. 215, ao qual se volta adiante), Henry Strakosh da África do Sul (cuja carta a Inocêncio Camacho é reproduzida pelo autor, pp. 284-5); o relato da visita do Ministro das Colónias e Finanças ao Hotel Avenida Palace em 19 de Fevereiro de 1928 e da reunião de 21 a que assistiu também o Governador do Banco (p. 218-9) tendo-se seguido um almoço no Tavares; homenagens de várias delegações diplomáticas e uma visita ao Porto (p. 222) e até manifestações de associações empresariais e de autarquias. Voltaremos, na nota 43 adiante, ao titular da pasta das finanças, até por nos terem chegado às mãos as suas memórias, significativamente intituladas *A ascensão de Salazar*...

Para salientar esta dimensão pessoal, que a riqueza do Arquivo permite, cheguei a pensar sugerir um quinto título que juntasse um técnico de nome Richard Pictet (1887-1975), suíço casado em segundas núpcias com uma francesa, como símbolo daquele grupo variado de banqueiros, excluindo o citado amigo Travers: "Salazar, Souza, Pictet & Cia". Nessa companhia poderiam estar incluídos o seu chefe G.K. Weeks[30] e o homólogo deste na *DR*, W.M.L. Fiske[31], os quais foram recebidos pelo Ministro das Finanças

acima) que cita o documento reproduzido na p. 94 de *A Liga de Paris e a Ditadura Militar (1927-28) A Questão do Empréstimo Externo*, organização e notas de A. H. de Oliveira Marques (1933-2007), nº 118 da série "Estudos e Documentos" das Publicações Europa-América, sumariado no texto, até por ser hoje difícil de encontrar. Texto e índice têm gralhas como Bahring (Baring), Lozard (Lazard), Mildey, Mildmoy (Mildmay), etc.

[30] SAYS INVESTOR FAILS TO PROFIT BY HISTORY; G.K. Weeks, in London Address, Sees Little Attention Paid to Past Business Cycles. NYT 13 de Maio de 1931, p. 11.

[31] W. M. L. Fiske, vice-presidente de *DR*, geriu o escritório de Paris desde 1924 e teve problemas com as autoridades fiscais. Morreu em New York em 5 de Outubro de 1940, no mesmo dia em

(pp. 124, 125). Pictet (que, segundo Salazar, «se mostrara satisfeito», p. 79) consegue levantar dúvidas acerca da constitucionalidade do empréstimo ser aprovado pelo governo quando, não havendo parlamento em sessão, o Presidente da República eleito pudesse delegar essa competência no executivo (*ibid.*). A dúvida constitucional obrigou à visita de Mário de Figueiredo, perito em direito internacional da Universidade de Coimbra, à sede de *BB* (p. 103) assegurando-se de que a visita era curta: «[c]ompreendemos a necessidade de tirar ao Dr. Figueiredo o menor tempo possível» (p. 104), o que o autor achou «muito inglês» (p. 104). A ironia já vem da p. 90 onde discorda da interpretação de Franco Nogueira segundo a qual Mário de Figueiredo foi encarregado de negociar um empréstimo e passou por Paris antes de ir a Londres a pedido de Citi[32]. A visita revelou-se inútil porque William Leese, a despeito dos argumentos jurídicos, receou a «atmosfera» (p. 110): jurista muito inglês, na verdade!

Saltou-me à vista esta interpretação do comportamento de Pictet, mas não a consigo provar[33]. Em todo o caso, revejo-me inteiramente na importância que João dá à reputação internacional, sabendo que ela foi reconhecida pelos soberanos ainda antes da bula *Manifestis Probatum* mas esquecida neste século[34]. Na primeira das oito cartas que Salazar envia a FS&V para esclarecimento destas dúvidas, encontra-se esta admirável formulação: «[o] país precisa, para ter confiança em si mesmo, que o estrangeiro a tenha nele» (p. 146).

que seu filho, piloto da *Royal Air Force*, fui mortalmente atingido. A coincidência deu lugar a uma notícia na p. 52 do NYT do dia seguinte intitulado: W.M.L. FISKE IS DEAD; IN BANKING FIRM HERE; Dillon, Read Partner Father of 'Billy,' Killed Flying for R.A.F.

32 Mais do que de BB: "entrava finalmente nesse debate o doutor Mário de Figueiredo não para negociar em segredo qualquer empréstimo externo..., mas simplesmente para proferir o seu parecer... sobre a questão da constitucionalidade do governo" (p. 90). Ver nota 60, capítulo I, abaixo.

33 O autor não cura das sensibilidades particulares de Pictet relativamente a franceses, britânicos e americanos, atribuindo a Salazar uma recusa do Plano Marshall (pp. 121, 144) e preferência pelo entesouramento em vez do fomento (pp. 139-143). Também louva o regresso da velha democracia (p. 230) mas usa (ironicamente?) o termo "Movimento das Forças Armadas" para o 28 de Maio em vez do 25 de Abril (p. 51) e pergunta se Salazar de 1928 é o mesmo de 1968 (p. 153). A comparação mais relevante seria com 1961, como resulta do anexo.

34 Assim, em *Portugal um Estado de Direito com Oitocentos Anos*, que a Academia das Ciências publicou em 1979, meu pai mostra como o reforço da tradição ultramontana permitiu sustentar a descoberta do mar oceano, enquanto prioridade nacional: "os portugueses, entre outras características de persistência e trabalho, sempre tiveram a capacidade, que a bula papal reconheceu, de usar a independência política em defesa do bem comum".

Assim se compreende a vontade do ministro dar a conhecer o "saneamento financeiro" operado junto da opinião internacional, o que explica a mensagem de Weeks em 15 de Outubro de 1929 (último documento numerado a negrito no quadro 3) alude a "Since Versailles", *Foreign Affairs*, Julho de 1929 ao referir «que o Sr. Poincaré colaborou com um artigo no último número, determinando de forma autorizada o ponto de vista francês sobre certas questões de interesse internacional» (p.148) e continua: «[p]enso que esta advertência do Chefe de redacção agradará ao Ministro das Finanças pois calculo que ele deseja preparar uma declaração positiva estabelecendo a política do Governo, os progressos realizados na realização desta política e os elementos financeiros e económicos de força detidos por Portugal na metrópole e nas suas importantes colónias».

Quanto «ao artigo de Salazar para a *Foreign Affairs*, Weeks aconselhava para a tradução alguém qualificado» no documento nº 44. O vice-presidente do *Citi* revela que Hamilton Fish Armstrong (1893-1973, redactor da revista durante meio século) mostrou interesse nesse mesmo artigo, sendo que «os artigos não podem ser controversos e devem ser aprovados pelo Conselho Editorial. Penso que esta advertência do Chefe de redacção quer significar o seu desejo em que nenhuma referência seja feita no artigo em questão a um artigo anterior elaborado por certa individualidade espanhola» [35]. Também aparece na p. 121 uma comparação com Poincaré, a cujo conflito com o seu Ministro das Finanças alude Salazar, conforme citação do jornal *As Novidades*, de 3 de Janeiro de 1928, que faz no texto: «Poincaré fez uma ditadura financeira com as câmaras abertas, á volta dum equilíbrio orçamental em que não deixa tocar, obtido com algumas economias e com um esforço fiscal que demonstra coragem no público e firmeza no ministro» (p. 223)[36].

[35] Tratava-se do socialista histórico Luis Araquistaín Quevedo (1886-1959) que publicou no número de Outubro de 1928 "Dictatorship in Portugal", no qual descrevia Portugal como tutelada pela Inglaterra desde o século XIV, alinhando quanto ao resto com as teses da Liga de Paris (ver nota 29). Franco Nogueira, no volume II da sua biografia *Salazar*, p. 21 cita o artigo do «jornalista espanhol» e refere que, para Mário de Figueiredo, terá sido escrito por «alguém da Seara Nova, talvez António Sérgio». Como se referiu na nota 11 acima, esta prova do interesse de Salazar pela comunicação externa acompanha todo o processo. Aliás Weeks sugeriu confiar a tradução para inglês a Travers (nota 8).

[36] Na resposta de FS&V, datada de 29 de Novembro, refere-se que o convite do redactor tinha sido aceite e o artigo enviado para publicação, «em tradução inglesa devidamente revista» (p. 223). Franco Nogueira, cit., p. 60 escreve apenas que, em finais de 1929, «*Foreign Affairs* publica um artigo de elogio à reconstrução económica e financeira de Portugal» esclarecendo em nota que

Em *Camacho*, p. 106, o autor reitera o interesse da documentação agora divulgada: «[f]alar de Finanças Públicas não é certamente aliciante. A matéria não pode deixar de ser árida. Em todo o caso, talvez se salve o presente estudo por discorrer sobre o empréstimo externo e pela documentação inédita da Sociedade das Nações do espólio do governador do Banco de Portugal».

3. Vinganças da finança internacional e da resistência doméstica

Além dos laços pessoais e familiares, apurados pela ligação do autor à Academia favorita de meu pai, outras razões houve para prolongar o longuíssimo texto com mais uma secção que começa por explicitar um obstinado interesse pela complementaridade entre organizações e mercados financeiros internacionais ao longo de cem anos de crédito externo da República para depois se subdividir em três subsecções que explicitam as vinganças anunciadas. Juntar "escudo forte" e "depois de Abril" é talvez a mais saborosa para quem estava a cumprir o serviço militar obrigatório, se apresentou no Estado-Maior do Exército no dia 25 daquele mês e cumpridos catorze inesquecíveis meses na Região Militar de Angola em finais de Outubro, entregou o espólio no Caçadores 5. Talvez por vingança, aí viria a trabalhar como civil quando a Faculdade de Economia migrou do Campo Grande para Campolide. Quiçá mais intuitiva, a «resistência às reformas decorrentes da mudança de regime» é reflexo directo da minha experiência governativa e parlamentar em 1991/95 durante a qual foi restaurada a convertibilidade cambial do escudo, durante a primeira fase da transição para a moeda única. As características dessa mudança de regime, das reformas precedentes e decorrentes já me tinham interessado enquanto director das economias nacionais nos serviços da Comissão Europeia, hoje chamados ECFIN, e sobre eles muito escrevi a título pessoal e institucional.

Por fim, a pergunta elíptica sobre se, ao participar na *troika* ao lado da Comissão e do BCE, o Fundo Monetário Internacional tinha vingado a Organização Económica e Financeira da SdN pode não ter resposta outra que «depende»...

se trata de «prestigiosa revista americana». O artigo é citado na nota 279 p. 148 do documento original como fazendo parte do Arquivo cit arquivo BF&B, com o título "The Economical (sic) and Financial Reconstruction of Portugal", e foi-me facultada uma cópia (agora em anexo, na versão portuguesa e inglesa, pp. 261 e ss. e 285 e ss.). No mesmo documento nº 57, Weeks chama a atenção para o artigo de Poincaré, como se disse acima. Os interesses franceses não eram indiferentes, até por causa da Lazard, referida na nota 25.

Já confessei que a dívida externa portuguesa me fascina mas antes de aflorar o tema, então esotérico, num trabalho para a cadeira de finanças tinha descoberto a economia monetária internacional, área na qual me doutorei. Ainda assim, aludi ao empréstimo da SdN no último dos *Three Essays in International Monetary Economics*, logo publicado no livro de homenagem a outro saudoso confrade, José Joaquim Teixeira Ribeiro (1908-97), com um título inspirado no famoso *International Currency Experience* de Ragnar Nurkse (1907-1959), economista que migrou da Sociedade das Nações para os EUA (via Lisboa) quando a sua Estónia natal foi invadida pela União Soviética – e ao qual volto adiante.

Há cinquenta anos, contrastei pois um recurso tímido à dívida externa, que olhava a más recordações, com as operações em condições de mercado ao longo dos anos 1960 que usaram duas das instituições bancárias envolvidas na negociação anterior, conforme trabalho para a cadeira de finanças, de que era titular Pedro Martínez, que completei com entrevistas em Nova Iorque e Washington, no verão de 1969. Graças aos bons ofícios de minha mãe, que era bancária, consegui obter dólares e descobri a costa leste dos Estados Unidos para onde iria voltar. O anexo reproduz extractos da mais longa separata dos *Cadernos de Ciência e Técnica Fiscal* nº 132 a 137, salientando Dillon, Read e Baring Brothers, os dois operadores que já existiam nos anos 1920 e vêm mencionados na Sinopse, onde aliás se chama aquele "congénere" de Citi (p. 6).

Vale a pena listar as referências em DEP à Citi (p. 210-211 descrição; p. 314 acordo de pagamento com Dillon, Read para o empréstimo de 1965; p. 394 Quadro A.3-a empréstimo da TAP 23-4-69) bem como aos outros oito membros do "consórcio de bancos americanos" (p. 202 ss: Bank of America, Bankers Trust, Chemical Bank, Continental Illinois, Irving Trust, Manufacturers Hanover, Morgan Guaranty e J.H. Schroder). Nenhum subsiste embora Chemical, MH e MG sejam predecessores de Chase, rival tradicional que o Tesouro nomeou agente autenticador do empréstimo de 1965 (p. 314) e se adivinha terá desistido de participar no empréstimo de 1962 (p. 202, nota 335, esclarecendo que a matéria era considerada confidencial por Dillon, Read).

A reputação financeira adquirida com as negociações de 1928/29 não foi afectada pela crise do esterlino em 1931, embora o escudo também se tenha tornado inconvertível. Durante as hostilidades, a taxa bilateral do escudo manteve-se constante e Portugal concedeu crédito ao Reino Unido desde 1940, tendo-se acordado em Agosto de 1945 (antes portanto do acordo anglo-americano de Dezembro) num plano de pagamento até 1973. Como explicou Marcelo de Paiva Abreu num seminário em Campolide, publicado em 2014 na *Economic History Review* com o significativo título de "Um cheque em branco?", a sensibilidade política mútua manteve-se ao longo do conflito, independentemente da neutralidade portuguesa, o que mostra os reflexos financeiros da "mais velha aliança", que não escaparam ao embaixador japonês em Lisboa, cuja tradução portuguesa das memórias prefaciei[37].

Em 1993, conheci um Baring em casa de Manuel Pereira Coutinho, amigo e familiar que lhe teria falado da minha paixão pela história financeira e quiçá visita às instalações (onde o arquivista Ingram me tratou muito bem, DEP p. 278 nota 497). Seja como for, Peter [?] tinha um exemplar de Philip Ziegler, *The Sixth Great Power: Barings 1762-1929*, London, Collins, 1988, para mim. Embora a história acabe bem antes das operações analisadas em DEP, começa com uma frase bombástica «*[t]he Barings were not Jews*» (p. 13), ilustrada na primeira operação com Portugal, iniciada em 1797 envolvendo o Brasil e Moçambique mas que, mau grado a rivalidade tremenda que havia entre banqueiros (especialmente «*some Jews, which is formidable from the powers they possess as they have Money*», p. 56) só teve seguimento no empréstimo dos diamantes em 1802. Este passou de 6,5 milhões de florins para o dobro, dos quais 5 para *BB* que só conseguiram colocar 1,5 em Inglaterra (*ibid.*). A singularidade do nome é ilustrada através das dúvidas constitucionais relativas ao empréstimo de 1928. Alfred Mildmay (1871-1944, director 1897-1940) escreve a Evelyn Bingham Baring (1893-1966, director 1923-66): «*[w]e must remember that in American as well as British opinion, The Baring Brothers and Co. Trade-mark will be regarded as sufficient evidence of legality, as good or better than the League of Nations*» (p. 354). Embora o lindo livro contenha um epílogo de 1929 a 1987, no qual se mencionam algumas operações em esterlino, ignora euro-emissões.

As oito rubricas reproduzidas no anexo pedem mais uma atualização: BB comprou DR em 1991, tendo a *boutique* sido recomprada depois da falência de Barings em 1995, passado sem nome para Swiss Banking Corporation e depois Union Bank of Switzerland, até voltar em 2005, como Dillon Read Capital Management. No capítulo 3 de *The Silo Effect: The Peril of Expertise and the Promise of Breaking Down Barriers*, 2015, Gillian Tett conta a história da compra de SBC por UBS em 1999 e da queda de UBS em 2007, onde

[37] "Sabre, silêncio e saudades" *in* Morishima Morito, *Pearl Harbor Lisboa Tóquio*, Lisboa: Ad Litteram, 2017, pp. 9-17

estima a perda das hipotecas *subprime* da DRCM a $300 milhões nessa primavera (p. 95) quando as obrigações colateralizadas do banco ultrapassavam $20 biliões em 2008 (p. 103, nota 66). Myret Zaki, em *UBS: les dessous d'un scandale*, 2008, chega a afirmar que UBS poderia ter limitado as perdas a $500 milhões em vez de $40 biliões se tivesse ouvido DRCM!

Voltando a Nurkse, a parte I de *The Course and Control of Inflation*, Princeton, 1946, foi escrita na vila onde passaria parte dos anos 1980... Encontra-se na parte II uma descrição anónima de programas de estabilização cambial, entre os quais o português, resumido nos seguintes termos: «[a]s negociações para um empréstimo internacional sob os auspícios da SdN...começaram em Janeiro de 1928, mas abortaram porque o Governo não aceitou os esquemas de supervisão que eram condição necessária...Obtiveram-se, contudo, créditos externos de estabilização temporária enquanto o Governo sabiamente adiantou as necessárias reformas sem a ajuda de um empréstimo a longo prazo. A acção foi coroada de notável sucesso...»[38].

Recentemente Juan Flores e Yann Decorzant voltam ao caso português, que consideram "interessante"[39]. Além de citar a "constitucionalidade duvidosa do governo" como impedimento para o empréstimo BB do início de 1928, alvitram que, esperando tal reacção negativa, o governo fizera em Novembro de 1927 um pedido formal à SdN para apoiar a emissão de um empréstimo externo e resumem o ambiente na OEF através de uma notícia no *Times*: «*[i]t may be noted that in some quarters doubts are entertained as to the advisability of extending too readily the facilities of the League to States in financial*

[38] Separata, p. 13, nota 7. Apesar dos esforços da BAN, não foi possível consultar o documento em tempo útil para corrigir a gralha.

[39] "Going multilateral? Financial markets' access and the League of Nations loans, 1923–8", *The Economic History Review*, 2016, pp. 653–678 (que resume o *Working Paper* 12091 da Faculdade de Ciências Económicas e Sociais da Universidade de Genebra, "Public borrowing in harsh times: The League of Nations Loans revisited", Setembro 2012). Entre as referências saliento um manuscrito de 2001 da autoria de Vasco Marques Carvalho, da Universidade de Cambridge: "Answers to a Puzzle: Monetary Regimes and Macroeconomic. Performance in the Portuguese 1920s" por questionar a ligação do «*credible nominal anchor period to a superior growth performance*» com base nas novas estimativas do PIB português publicadas pelo Banco de Portugal em 1997, que considera «*unexplored*». Em conversa privada, Jaime Reis (um dos autores dessas estimativas, a quem Carvalho agradece) minimizou a diferença com as anteriores, incluindo o contributo de Maria Eugénia Mata e Nuno Valério para *Convertibilidade Cambial*, cit. Fica a conclusão que existe um único ciclo de inflação e crescimento depois da guerra, como se verificou noutros países europeus como França, Bélgica e Finlândia.

difficulties. It is pointed out that application to the League enables a State to get better terms than it could on its own merits, and that puts the states which stand on their own financial merits at a disadvantage in the credit market. The League may legitimately help a country that is palpably on the verge of ruin and if it be almost a case of propping up a tottering Government».

Concluem que o pedido acabou por ser aceite pela OEF mas que as negociações falharam porque o governo recusou a presença de um representante permanente da SdN[40]. Como referido acima, o responsável pelo Comité Económico e Financeiro Arthur Salter (1881-1975) ao Ministro das Colónias e das Finanças Artur Ivens Ferraz (1870-1933) em 22 de Fevereiro de 1928 (dois dias antes de ser substituído em ambas as pastas, vindo contudo a reocupar a das Finanças até 7 de Abril, quando foi substituído por Sinel de Cordes até à Ditadura Nacional em 18 de Abril, altura em que José Vicente de Freitas foi nomeado interinamente durante 9 dias) e ressalta a recusa persistente de aceitar um agente estrangeiro da SdN em Portugal. Na mesma caixa encontra-se correspondência do funcionário J. van Walré de Bordes (citado na nota 29 acima) com o diplomata holandês em Lisboa van Haersma de With onde lamentam que o nosso "brio nacional" impeça a conclusão das negociações[41]. As notas no *Working Paper* citado na nota anterior, pp. 23-24 especificam o programa de medidas acordadas: «*a fiscal reform, the use of the loan's proceeds (consolidation of the floating debt and funding of a country's program for infrastructure improvements). Other measures remained open – though no major dispute was foreseen-, such as the modifications to be introduced to the central bank status and the reorganization of the colonial banks' system*».

Como se refere no Anexo ao Prefácio, depois da recusa do empréstimo da SdN, a República teve apenas uma aparência fugaz na conversão semi--forçada de 1939, que, por efeito da guerra e da "nacionalização" dos títulos de 1902 teve reduzido impacto num mercado internacional profundamente destroçado pela Grande Depressão. A partir do regresso dos principais países europeus à convertibilidade externa das suas moedas, em 1958, desenvolveram-se as emissões internacionais, com particular realce para as emitidas

[40] Este aspeto é claro no documento citado na nota 73 do artigo e gentilmente cedido por Juan Flores ("Summary of the conversations held by Arthur Salter and the Portuguese Ministers of the Colonies and Finance, 22.2.1928", LoNA, Box S57, 4, redigido em francês), que se comenta a seguir.

[41] Esta expressão é retirada da entrevista de Sinel de Cordes ao *Diário de Notícias* de 21 de Dezembro de 1927, reproduzida em *A Liga*, cit., p. 197.

no mercado de capitais americano. É aí que Portugal reaparece, 60 anos depois do último acto importante praticado como devedor internacional.

3.1. O escudo forte depois de Abril

Paradoxalmente, os capitães de Abril restauraram o que o autor chama a «velha democracia» (nota 33 acima) mas mantiveram o apego ao escudo forte em detrimento das ideias monetárias subsequentes: quando, no Verão quente, Serge Christophe Kolm lhes disse que, se o governo estiver suficientemente à esquerda, «*une dévaluation peut sauver la révolution*», eles responderam «aqui não se desvaloriza»[42]! Por isso, naquela homenagem ao mestre de Coimbra, afirmei peremptóriamente: «*Salazar in the 1930s and the Revolutionary central bankers of 1974-75 are closer to each other than they are to contemporary monetary authorities in Mediterranean and Latin American countries*»[43]. De facto, ao justificar a preferência pela «*crawling peg*» em Agosto de 1977 em vez das «desvalorizações heroicas» propostas pelo FMI, Rudiger Dornbusch (1942-2002), responsável pelo grupo do MIT, escreveu: «*[u]nder his (Salazar) able leadership Portugal maintained a healthy financial economy and made economic progress without the aid of any further external loans*»[44].

[42] *La transition socialiste la politique* économique *de gauche*, Editions du Cerf, 1977, p. 55 cita um memorando entregue ao governo português em Agosto de 1975 com a conclusão do texto. Tal como no caso do livro de Ziegler evocado no anexo, não conseguia encontrar o livro. Por acaso, outro amigo da Faculdade restitui-me um exemplar que disse ter-lhe emprestado... Por via de um descendente, também associado à NBSE, chegaram-me às mãos as memórias de Ivens Ferraz, intituladas *A ascensão de Salazar*, publicadas por o jornal em 1988 com prefácio de César Oliveira (1941-98).

[43] "Economic Advice and Regime Change in Portugal", Francesco Franco, org. *Challenges Ahead for the Portuguese Economy*, Imprensa de Ciências Sociais, 2008, p. 204, nota 7, citando "Portuguese Currency Experience". Talvez sem querer, juntei assim Jacinto Nunes, governador interino até ao 11 de Março, e seu sucessor Silva Lopes (que fora Ministro das Finanças no II e III Governo Provisório, embora conste que, qual o heterónimo citado na nota 24, não participasse nas decisões). Além do breve testemunho de Teodora Cardoso (que vai na linha do contributo a *Macro de Economia Aberta*, cit.) esta dimensão é ignorada na homenagem a Silva Lopes publicada pelo ISEG em Janeiro de 2018. Quanto aos antecedentes, "Echoes from the past: Portuguese adjustment in the 1890s and 1920s" por Amélia Branco *et al.* subtrai valor ao chamar "miragem" ao empréstimo da SdN, citando ainda Teixeira dos Santos, cit. ao contrário para concluir: "although completely false, the propaganda worked" (p. 43).

[44] W. H. Wynne, *State Insolvency and Foreign Bondholders* (Yale, 1951), no qual se louva Rudi, afirma "no League report on Portugal was ever printed", nota 7 da separata, cit. e Franco, cit., pp. 201-3.

Já aludi ao fascínio primeiro pela economia monetária internacional. Mais do que pensar em Jacinto Nunes, governador interino até ao 11 de Março e seu sucessor Silva Lopes, é de evocar a MFI (macro e finanças internacionais) que se praticava em Chicago, no MIT e no FMI. De lá vinham não só os consultores do Banco de Portugal mas também dois saudosos orientadores da minha tese de doutoramento, Carlos Diaz (1927-85) e Pentti Kouri (1949-2009): à margem da conferência que organizei em Helsínquia com o segundo em memória do primeiro, ouvi Jacob Frenkel, ex-Chicago e ex-FMI, depois governador do Banco de Israel, louvar a reputação financeira da Finlândia depois da Grande Guerra[45].

3.2. Resistência às reformas decorrentes da mudança de regime

Além de gradual, a mudança do regime cambial pareceu "indolor" aos que aproveitaram a "boleia de juros" mas não ao sistema financeiro e ao próprio banco central: as resistências e suas consequências estão detalhadas num livro intitulado *Para onde vai a banca em Portugal?*, no prelo, escrito em co-autoria com Nuno Cassola e Samuel da Rocha Lopes. Relevante aqui é que aquela boleia atenuou o papel da Europa como um "seguro contra a voracidade", levando as empresas portuguesas a sofrer o "estição do euro" bem antes da crise internacional[46]. A queda em 2011 obrigou a um programa de ajustamento económico-financeiro (PAEF) brutal. Terminado com sucesso em 2014, permitiu sair do procedimento de défices excessivos (PDE) em 2017 e levar as taxas de juro a longo prazo para níveis intermédios entre as italianas e espanholas. Esta secção

[45] Três precisões: a preciosa fonte sobre a Finlândia citada na nota 19 chegou-me graças a Eugene White; *Diaz Festschrift*, intitulado *Debt, Stabilization and Development*, foi co-organizado com Guillermo Calvo e Ronald Findlay; evoquei Silva Lopes, "confrade relutante", Kouri e Diaz em "Elogios e Memórias de economistas – e não só", *NSBEWP*, 2017, este "antes da crise", nº 613 (p. 24) aqueles depois, nº 613 (pp. 38-43, 50-53, respetivamente).

[46] Ver ainda "Europa seguro contra a voracidade", M. M. Tavares Ribeiro, Barbosa de Melo e Manuel Porto (orgs), *Portugal e a construção europeia*, Coimbra: Livraria Almedina, 2003, pp. 217-234. Adaptaram-se partes de "A mudança do regime cambial português: Um balanço 15 anos depois de Maastricht", Vinte *anos de integração europeia (1986-2006) - o testemunho português*, organizado por Nicolau Andersen Leitão, Lisboa: Edições Cosmos, pp. 114-123. Sobre gradualismo, José Braz, "From P1 to Q2: A strategy of gradual regime change", *A Single Currency for Europe: Monetary and Real Aspects*, Londres: CEPR, 1992; Francisco Torres e Francesco Giavazzi (orgs), *Adjustment and Growth in the European Monetary Union*, Cambridge: Cambridge University Press, 1993.

mostra como as reformas da década de Cavaco Silva, posto que insuficientes, foram interrompidas em função das entradas e saídas do PAEF e do PDE.

A reputação financeira que a mudança de regime revelou nos anos 1990 esteve associada à queda das taxas de juro relativas às obrigações denominadas em marcos, sendo o seu efeito mais evidente avaliado através da queda na volatilidade da taxa de variação da taxa de câmbio do escudo com o marco alemão - incluindo ainda intervenções do Banco de Portugal e outros determinantes da pressão cambial. Assim, a análise do contágio da instabilidade da peseta durante a crise do Sistema Monetério Europeu justificava o receio dos ditos "fundamentais geográficos" quando se pretendia dar provas da aceitação pelos mercados e pelos eleitores do que seria "viver com o euro". Ao reconstituir a mudança passo a passo até à crise do mesmo, já sabemos como o contágio regressou então com muito mais violência do que em 1993!

O compromisso pela estabilidade veio de cima nos dois principais partidos e projectou-se em sucessivos responsáveis monetários, mas nem por isso a interiorização foi súbita, antes reflectiu aquele gradualismo. A natureza da delegação dos Primeiros-ministros aos seus Ministros das Finanças, atentos os Governadores do Banco de Portugal, também ajuda a equilibrar condicionantes internas e externas ao longo de mais de 25 anos de câmbios fixos. Seis publicações do Ministério das Finanças descrevem o programa de convergência em Dezembro, o acordo de concertação social em Fevereiro e a entrada no SME em Abril, além da negociação de empréstimos externos depois de restaurada a convertibilidade plena do escudo em Dezembro de 1992[47]. A demonstração de que a liberalização financeira pode responder eficazmente a ataques especulativos é dessa altura mas, mais uma vez, as lições dos anos 1920 e 1960 vão no mesmo sentido[48].

[47] *Assegurar a Convergencia com a Comunidade Europeia: um Objectivo da Política Económica do XII Governo*, Dezembro 1991; *Orçamento do Estado para 1992: Apresentação Publica, Relatório e Proposta de Lei*, Fevereiro 1992; *Política económica global: os primeiros seis meses*, Lisboa, Maio 1992; *Orçamento do Estado para 1993: Apresentação Publica, Relatório e Proposta de Lei*, Outubro 1992; *A Política Económica Global em 1993*, Janeiro 1993; *Orçamento do Estado para 1994*, Outubro 1993.

[48] Linha que Leonardo Bartolini e Alan Drazen viriam a racionalizar em "Capital Account Liberalization as a Signal", *American Economic Review* 1997. Citei a versão mimeografada do FMI de Novembro 1994 na contribuição em Francisco Torres, organizador, *Monetary Reform in Europa*, Lisboa: Universidade Católica Portuguesa, p. 32 (do qual havia uma versão anterior como *Nova Economics Working Paper* nº 259, Outubro 1995 e uma tradução portuguesa em *Análise Social*, 138, vol. XXI. 1996, pp. 895-924). Tendo obtido dados sobre intervenções cambiais, confirmei a credibilidade da mudança de regime em Stephany Griffith-Jones, Manuel Montes e Anwar Nasution,

Por outro lado, o centro criado na Faculdade de Economia por acordo do Ministério das Finanças com a Reitoria da UNL em 1992 (enquanto presidia ao Ecofin, no quadro da primeira presidência portuguesa) tinha como objectivo melhorar o conhecimento do nosso contributo para a convergência europeia. Ora, em Abril de 2008, persuadi o director da Faculdade a mudar o nome do centro e chamar-lhe *Centro Globalização & Governação*. Foi assim natural que, através da parceria logo firmada com o Instituto de Investigação Científica Tropical e a Academia das Ciências de Lisboa, as actividades do CG&G refletissem os efeitos da crise global na liberdade financeira e na lusofonia[49].

Não cabe voltar aos dez passos da mudança de regime[50]. Basta recordar que o rápido declínio da inflação em 1986/87 foi acompanhado pelo primeiro programa de ajustamento plurianual (dito PCEDED) que visava o equilíbrio externo e não o ajustamento orçamental. Além disso, o enquadramento constitucional continuava a proibir as privatizações e o acordo de rendimentos e preços de 1988 colapsou devido ao aumento da inflação. A recusa em liberalizar as saídas de capitais coincidiu com o aumento da grelha salarial da função pública em 1991, levando a severa imoderação salarial e ao aumento das taxas de juro a longo prazo apesar da entrada em vigor da revisão constitucional de 1989. Os paradoxos da mudança de regime são que esse primeiro passo não foi financeiro e os dois seguintes não foram públicos, tendo chegado ao meu conhecimento em virtude das funções que ocupava na Comissão Europeia. Assim, a dita "surpresa portuguesa" não

organizadores, *Short-Term Capital Flows and Economic Crises*, Oxford University Press, 2001, p. 254. Aliás, em contribuições para homenagens a Francisco Pereira de Moura (1994), Manuel Jacinto Nunes (1996), João Lumbrales (2000) e Pedro Soares Martínez (2000) bem como num livro em co-autoria, *Bem Comum dos Portugueses*, 1999 (cujo título ainda devo a meu Pai), salientei a dimensão social e política subjacente à "liberdade financeira" que sustenta a reputação do soberano.

[49] *Ética, Crise e Sociedade* (Michel Renaud e Gonçalo Marcelo, orgs.), 2011, pp. 91-159; *Writing to Queens while Crises Proceed In memory of Manuel Jacinto Nunes*, IICT e CG&G, 2015, 2ª edição; contribuições a homenagens aos confrades Paulo de Pitta e Cunha (2010) e António Dias Farinha (2014).

[50] Cavaco Silva salienta os passos restantes em entrevista ao *Expresso*, 1 de Maio 1998. Um dos entrevistadores, em editorial, reconhece que a entrada no mecanismo cambial ocorreu no "último momento em que isso era possível" – esquecendo que não podia ter sido tomada antes. As reformas estruturais elencadas como condição do sucesso da adesão da Grécia ao SME em 18 de Março de 1998 no comunicado do Comité Monetário confirmam isso mesmo - e no processo de liberalização dos controles cambiais a Grécia beneficiou da experiência portuguesa pois também não esgotou a derrogação que negociara.

surpreendeu os membros do Comité Monetário (ou Económico e Financeiro): sabiam que o escudo estava no cabaz de divisas desde 1989, com uma paridade virtual, e notaram quer a apresentação pública do Quadro Nacional de Transição para a União Monetária (dito Q1) no início da 1ª fase em Julho 1990 quer a nova lei orgânica do Banco de Portugal, em Novembro. Ainda assim, o desvio relativamente à paridade virtual do escudo permite explicar a volatilidade cambial antes de ter sido assumido, mesmo confidencialmente, o fim da desvalorização deslizantes, o que só ocorreu por altura da apresentação do Q1. Do mesmo modo, seguiram-se um conjunto de restrições às entradas de capitais cuja administração era levada a cabo pelo Banco de Portugal (tendo as suas competências sido reforçadas por decreto lei do Verão de 1991). Assim, antes da aprovação pelo Ecofin do programa de convergência Q2, a apresentação do orçamento e a assinatura do acordo de concertação social entre Dezembro de 1991 e Fevereiro de 1992, os mercados não teriam dado credibilidade à adesão ao mecanismo cambial em Abril.

Como se disse, os membros do Comité Monetário, ajudados pelos representantes da Comissão Europeia, entenderam melhor a mudança gradual de regime que os observadores domésticos. Por extensão, os operadores nos mercados financeiros internacionais também entenderam melhor do que os cidadãos e empresas o compromisso constante do programa do XII governo relativamente a reformas estruturais como a concretização, em 16 de Dezembro 1992, da eliminação dos controles cambiais anunciada pelo Banco de Portugal em Agosto (prescindindo da derrogação até 1995), concluindo assim reformas estruturais e financeiras complementares constantes da legislação seguinte: regime de administração financeira do Estado; racionalização do emprego dos recursos humanos da administração pública; normas relativas aos fundos de investimento e reestruturação e internacionalização empresarial, incluindo os respectivos benefícios fiscais; regime geral das instituições de crédito e sociedades financeiras. A segunda, dita lei dos disponíveis, foi contrariada pelo Presidente da República; a terceira não foi aproveitada pela banca só a última, muito modificada, se mantém em vigor[51]. Conhecendo-se embora o seguimento da mudança por parte das autoridades monetárias no sentido da sua aceitação pelos mercados, exige pesquisa sistemática a questão

[51] Ver *Para onde vai a banca em Portugal?*, cit., e lista dos 23 passos em "Economic Advice and Regime Change in Portugal", cit. nota 43, acima, p. 221.

de saber em que medida a mesma foi entendida pelas forças políticas antes das eleições de Outubro de 1995[52].

O certo é que o compromisso dos dirigentes dos dois principais partidos no Verão de 1989 foi tão excepcional que não foi seguido por um debate entre economistas que permitisse aos eleitores aferir dos custos e benefícios da aposta no euro, incluindo a necessidade de aproveitar a "boleia de juros" para realizar as reformas complementares. Esta situação perpetuou-se até à crise orçamental de 2001 e foi sobretudo a divergência subsequente que deu lugar a tal debate, na perspectiva de encontrar um "bode expiatório". Por outras palavras, a desinflação escondida de 1989-91 obnubilou a mudança de regime até à entrada em circulação do euro. Depois, a instabilidade política (quatro Primeiros Ministros e cinco Ministros das Finanças em cinco anos) afunilou o debate para o défice orçamental e interrompeu as reformas exigidas para "viver com o euro".

Mau grado a indiferença parlamentar ao regime cambial, viveu-se entre 1985 e 1995 um período de reformas muito ligadas à integração económica europeia. Começou com a introdução do IVA em 1986, continuou com o imposto sobre o rendimento em 1989 e levou ainda à harmonização do IVA em 1992. A maneira como interpreto a política económica dessa altura é consistente com o poder orçamental do Ministro das Finanças analisado a seguir. O Primeiro-ministro, que tinha sido Ministro das Finanças, acompanhava de perto o processo orçamental e esperava dos Ministros não só que liderassem as reformas mas também que permitissem sustentar o processo

[52] Ao contrário do que acontecera com a adesão ao padrão ouro, referida na nota 9 acima, o papel do parlamento em matéria monetária limitou-se à aprovação quase unânime de princípios gerais na resolução nº 19/XI de 21 de Abril (Assembleia da República, Acompanhamento parlamentar da revisão do Tratado da União Europeia na Conferência Intergovernamental de 1996, 2 vols., Lisboa: Comissão dos Assuntos Europeus, 1995). Ocorre porém salientar dois acontecimentos quase simultâneos no início do ano. Primeiro, a intervenção de abertura do 17º Congresso do PSD no Coliseu dos Recreios, na qual Cavaco Silva, presidente demissionário, salientou a importância da adesão do escudo ao mecanismo cambial entre as suas dez Reformas da Década, Verbo, 1995. Segundo, a entrevista concedida por António Guterres à revista Valor, onde, na sequência dos Estados Gerais para a Nova Maioria, aceita a estabilidade cambial e a independência do banco central. Parece claro que a educação monetária do engenheiro beneficiou dos seus almoços no palácio Ventura Terra da FEUNL com alguns membros do corpo docente, designadamente Luís Campos e Cunha, que viria a participar nos EG, ser nomeado vice-governador do Banco de Portugal e preparar o programa de estabilidade e crescimento de 2005, enquanto primeiro Ministro das Finanças de José Sócrates.

de convergência dos níveis de vida dos portugueses com a média europeia. A importância relativa dos dois aspectos alterava-se ao longo da legislatura, ao ponto de, em 1987 e 1993, se ter mudado o titular a meio da legislatura com um padrão semelhante posto que com resultados diversos. Assim o Ministro que participava na preparação do programa de governo devia "ganhar credibilidade externa" para a economia nacional: devia ser alguém que percebesse o que era o *rating* e os mercados financeiros internacionais, além das instituições nacionais.

A importância para a referida credibilidade de adquirir um código de conduta, desde logo em matéria monetária, que é relativamente simples, pois o banco central tinha de ser independente - de acordo com o relatório Delors de 1989[53]. Além disso, como referido, o processo orçamental ainda era muito pouco conhecido em termos comparativos. Portanto, ganhar credibilidade externa é saber respeitar um código de conduta informal, que inclui não só o que vem nos tratados e pactos, mas o modo como essas leis se aplicam de facto. Na segunda metade da legislatura, o peso ia para "vender a estabilidade internamente", ou seja mostrar os benefícios da estabilidade macroeconómica para ganhar as eleições seguintes. O Ministro das Finanças, que deve liderar a elaboração das regras do processo orçamental, porquanto é responsável pelo recurso comum dos impostos, não pode ser alheio à obrigação de "vender a estabilidade" ao eleitorado, o que vai bem para além da notória convergência nominal atingida durante a década de Cavaco Silva[54]. Só que essa alteração funcionou em 1991 mas falhou em 1995 – porque mudou a maioria.

Haverá sem dúvida várias razões para a derrota da oposição, mas uma delas é a interacção diferente entre os dois papéis a que levou a aposta explícita na

[53] Expressão política dos conhecidos relatórios de Tommaso Padoa-Schioppa *et al.*, *Efficiency, Stability and Equity: A strategy for the evolution of the economic system of the European Community*, Oxford University Press, 1987 e Michael Emerson *et al.*, *One Market One Money, An Evaluation of the Potential Benefits and Costs of Forming an Economic and Monetary Union* Oxford: Oxford University Press, 1992 (originalmente publicado em *European Economy*, 1990). Implicações para Espanha, Grécia e Portugal encontram-se no livro que organizei com Christopher Bliss, *Unity with Diversity in the European Economy The Community's southern frontier*, Cambridge: Cambridge University Press, 1990.

[54] "Balanço" citado na nota 46 acima, p. 121, mostra as médias da década e a sua decomposição pelos quatro titulares: a desvalorização do escudo relativamente ao euro foi de 5%, a dívida pública estável em relação ao PIB, o défice orçamental em de 5% do PIB, a inflação superior em 7% à média europeia (que foi decrescendo de Miguel Cadilhe com 10% para Eduardo Catroga com 2%) e uma convergência real à taxa média anual de 1% (que decresceu de 2% para −0,7%, entre aquele e este).

desinflação, constante do programa de governo de 1991[55]. Depois de vencer as eleições de 1995, o partido que tinha criticado a mudança de regime abraçou o projecto da moeda única, com a divulgação mediática de que o chanceler alemão Helmut Kohl (1930-2017) acreditava que Portugal podia aspirar à moeda única, baptizada euro no Conselho Europeu de Madrid em que se estreou António Guterres. Os mercados acreditaram na mudança de regime antes dos eleitores! Porém, como o processo orçamental não escorou essa mudança, os eleitores habituaram-se logo à "boleia dos juros" que o novo regime permitiu e não perceberam que os mercados poderiam mudar de opinião.

O gradualismo, eventualmente excessivo, teve a ver com o facto de a revisão constitucional ter sido adiada tanto tempo: as primeiras eleições na Polónia e na Hungria tiveram tido lugar antes da conclusão do texto resultante do já enaltecido acordo Cavaco/Constâncio sobre a revisão da Constituição de 1976[56]. Logo a seguir à revisão, o governo começou a trabalhar na lei do sistema financeiro e noutras decorrências legislativas da mudança de regime, o que ainda demorou três anos. Mas ninguém associou a mudança ao regime cambial. Estava-se mais à espera dos efeitos directos nas privatizações decididas após o 25 de Abril.

Verifica-se em Portugal este caso único de que os mercados acreditaram antes dos eleitores que a inflação iria baixar para um só dígito em 1992, porque a adesão ao mecanismo cambial culminava a mudança de regime iniciada em 1989. Esta alteração de expectativas é uma das características originais da nossa mudança de regime porque resistiu à turbulência de toda a grelha de paridades que só terminou em Agosto de 1993. Para ilustrar a nossa reputação financeira, recorde-se um caso extraordinário, em 1994:

[55] Como indicam as fontes citadas na nota 47 acima, a aposta deu lugar a uma série de iniciativas no início da legislatura, nomeadamente no programa de convergência Q2 (aprovado pelo ECOFIN em 16 de Dezembro de 1991, a meta de inflação de 8% para 1992 e políticas estruturais e financeiras complementares) que suportou os orçamentos para 1992, 1993 e 1994 (este último com as adaptações do programa de convergência revisto aprovado em fins de 1993).

[56] Num livro em co-autoria com Nuno Cassola e Samuel da Rocha Lopes, *Para onde vai a banca em Portugal?*, no prelo, aprofunda-se o tema da constituição financeira portuguesa, decorrente do que vem no texto. Apercebi-me desta idiossincracia da nossa cultura cívica (também abordada em "Balanço", cit.) quando colegas da Europa central e oriental que encontrava nas missões da Comissão Europeia por altura da queda do muro de Berlim me diziam que a nossa Constituição Política era "estalinista". Como lá não havia liberdade política nem financeira não se punha o problema concreto da tensão entre elas e a tensão abstracta imposta pela ideologia dominante desaparecera no Verão de 1989, com as eleições livres na Polónia e na Hungria.

à conta da substituição de um alto funcionário dos serviços de informação (voltamos a Schengen, outra área em que Portugal se conseguiu colocar no pelotão da frente), a agência *Bloomberg* deu eco a uma suspeita austríaca de que tinha havido um golpe de Estado em Portugal, o que perturbou os mercados umas horas até se restabelecer a reputação de que o código de conduta do novo regime cambial era praticado pelas autoridades portuguesas.

A desconexão entre mercados financeiros e actores políticos não resulta só do carácter gradual da mudança de regime, com avanços e recuos, incluindo a reversão da tendência para a igualização dos juros em resultado da introdução de controlos cambiais em 1990/91. Também radica na cultura cívica que opõe liberdade política e financeira, democracia e rigor orçamental: depois das oscilações sobre o papel do ministro das Finanças em 1985-95, enfraqueceu claramente a delegação para o ministro das Finanças. Deixou de controlar a administração pública entre 1996 e 1999. Passou a ser ministro gastador entre 2000 e 2002 – por também tutelar a economia. Acicatada a cultura cívica, seguiu-se o desaire das eleições municipais em fins de 2001 e ficou aparente a crise orçamental. A demissão do Primeiro-ministro deu lugar a eleições antecipadas e a um ajustamento pró-cíclico. A redução do défice agravou a recessão e induziu um processo de divergência que reflecte a paragem das reformas após a qualificação para o euro. A instabilidade governativa entre 2004 e 2005 afectou igualmente os Ministros das Finanças, sobretudo Luís Cunha, querido amigo, que participou na elaboração do programa do primeiro governo de maioria socialista, mas foi logo substituído.

3.3. FMI vinga OEF?

Já notei que a Organização Económica e Financeira da SdN deu lugar a duas instituições, FMI e Nações Unidas respetivamente; até comparei o padrão-ouro ao padrão-euro, o que equivale a envolver BCE e Comissão Europeia em qualquer resgate de um membro da Zona Euro excessivamente endividado. O regresso do FMI em 2011, pela primeira vez desde a adesão de Portugal à Comunidade Europeia, não se compara com a negociação de 1928/29, interrompida pela recusa em haver um representante dos credores residente, como aconteceu durante a *troika*. Ao contrário do que pretendia o responsável de Baring (citado na p. 30 acima, retratado numa das ilustrações e reconhecido na nota 29 *in fine*), as instituições europeias e internacionais colaboravam entre si frente aos mercados...

Às preocupações constitucionais de antanho sucediam as dúvidas quanto ao processo orçamental português, considerado o mais "fragmentado" num relatório do FMI ("Euroarea policies: selected issues", *Country Report* nº 235, Agosto 2004) no qual se divulga a literatura da constituição fiscal, que interpreta o orçamento como um «contrato de colaboração" com os contribuintes, termo usado nas apresentações públicas de três orçamentos[57].

Embora o PDE tivesse sido acionado em 2002, os Programas de Estabilidade e Crescimento para 2002/05 (Dezembro de 2001), 2003/06 (Janeiro de 2003) e 2005/09 (Dezembro de 2005), disponíveis na página do Ministério, fazem apenas alusão à reforma da administração pública. Só em Dezembro 2006 é que, na parte IV, intitulada "Instituições, processos e regras orçamentais", com duas secções, "Processo e Elaboração do Orçamento do Estado" e "Regras Orçamentais de Tipo Numérico", o *PEC 2006-2010*, publicado pelo Ministério das Finanças e da Administração Pública, reflecte pela primeira vez a abordagem jurídico-política já referida em Ministério das Finanças (1992, p. 419).

Em 2006, observou-se uma retórica de reforma assente na cooperação entre Presidente da República e Primeiro-ministro ao mesmo tempo do que uma partidarização crescente do governo – além de não ter sido testada a força da delegação no ministro das Finanças. Portanto, não desaparecera o problema da falta de poder de Fernando Teixeira dos Santos, posto que não parecesse tão grave agora como quando o titular português era o menos poderoso da UE. Por outras palavras, não se sabia se o ministro era daqueles que tem de ganhar credibilidade lá fora, vender estabilidade cá dentro ou ambas as coisas e isso era relevante não só porque o Primeiro-ministro deixou de ser o super-ministro das Finanças que era em 1985-95, mas também porque a crise financeira global anunciada em 2007 cedo ameaçou

[57] Dez anos antes, tinha organizado uma visita ao Parlamento de Jurgen von Hagen, cujo primeiro trabalho apareceu como Economic Paper nº 96 da DG ECFIN, tendo sido aprofundado com Ian Harden, como descrevo em "Processos dos orçamentos nacionais", *Diário de Notícias*, 3 de Agosto de 1994. Ele colaborou uns anos depois comigo e com o meu saudoso colega de Princeton William Branson numa aplicação aos países da Europa central e oriental, reproduzida em Michael Landesmann e Darius Rosati orgs., *Shaping the New Europe: Economic Policy Challenges of EU Enlargement*, Palgrave, 2004, pp. 27-48. Em "Fiscal Discipline and Growth in Euroland Experience with the Stability and Growth Pact", *ZEI Working Paper*, 2003, Jurgen reforça o argumento mostrando que, entre 1998 e 2001, as datas de eleições parlamentares ou presidenciais afectam significativamente o défice orçamental do ano anterior: treze países registam uma única data, a Finlândia duas e Portugal três datas!

países devedores da Zona Euro como Grécia, Irlanda e Portugal – e levou à sua demissão. Ainda assim, negociou o programa de assistência e só foi substituído por Vítor Gaspar depois das eleições legislativas de 2011. Nessa altura, a concretização do programa exigiu uma atenção nunca vista à execução orçamental, sendo um ministro das Finanças independente a segunda figura num governo de coligação que conseguiu durar toda a legislatura e obter uma maioria relativa em 2015, a despeito do sobressalto provocado pela demissão "irrevogável" do líder do partido minoritário – o qual quase impediu a tomada de posse de Maria Luís Albuquerque em 2013.

«Entre 2001 a 2015, Portugal só não esteve em situação de défice excessivo em dois anos: 2004 (revogação devida à correção feita por Durão Barroso em 2003) e 2008 (revogação devida à correção de 1,3% do PIB feita por Sócrates em 2007)»[58]. No quadro 4, além de continuar a lista de titulares do quadro 2, indicam-se as entradas e saídas no PDE e PAEF. Antes do PAF, a cultura cívica não ajudou a constituência pela liberdade financeira como garante das liberdades futuras a escorar a ideia portuguesa da Europa

Quadro 4. PDE e PAEF

1. Entrada no PDE relativo a 2001, Julho 2002
Novo primeiro-ministro nomeia Ferreira Leite nas Finanças, Abril 2003
2. Saída do PDE, Maio 2004
Novo primeiro-ministro nomeia Bagão Félix nas Finanças, Julho 2004
Novo primeiro-ministro nomeia Campos e Cunha nas Finanças, Março 2005
Teixeira dos Santos nomeado ministro das Finanças, Julho 2005
3. PDE relativo a 2004, revogado em Junho 2008
4. PDE relativo a 2009
Carlos Consta nomeado Governador, Junho 2010
5. Entrada no PAEF gerido por FMI, Comissão Europeia e BCE, Maio 2011
Novo primeiro-ministro nomeia Vítor Gaspar nas Finanças, Julho 2011
Maria Luís Albuquerque nomeada Ministra das Finanças, Julho 2013
6. Saída do PAEF, Março 2014
Novo primeiro-ministro nomeia Mário Centeno nas Finanças, Dezembro 2015
7. Saída do PDE, Junho 2017

58 António Cabral, *Público*, 16 de Junho de 2017.

expressa na resolução da Assembleia da República nº 19/XI de 21 de Abril de 1995. Além disso, ao contrário de mudanças de regime cambial anteriores, o parlamento manteve-se indiferente a esta, que representa uma dimensão crucial da integração europeia. Assim, o PAEF representou um choque profundo e duradouro para a sociedade, que a cultura cívica também não minorou depois da saída. Mais, o novo Ministro das Finanças contou sempre com o apoio vocal do Primeiro-ministro que arrastou votos de partidos antieuropeus e veio a suceder a um socialista holandês na Presidência do euro-grupo.

A despeito de tais "vinganças", a sintonia entre governo e banco central, tão badalado noutros países, raramente interessou a opinião pública. Embora a instabilidade cambial de 1993 possa ter parecido uma excepção, até pela relação pessoal, profissional e política que levou o anterior ministro a governador, não hesitei em «continuar a colaboração institucional entre Terreiro do Paço e Rua do Comércio, numa óptica de preparação da UEM»[59]. Mal imaginava o que estava para acontecer nessa matéria, talvez por não ter olhado melhor para os nossos anos 1920...[60]

4. Conclusão

O minucioso trabalho de João de Sousa da Câmara, escrito entre 1983 e 1989, ultrapassa em abundancia documental a que já é timbre do autor. Revelando o espírito de equipa do Ministro das Finanças com o Banqueiro que escolheu, mostra o cuidado daquele só aceitar o crédito externo quando dele se retira benefício para a reputação financeira da República. Esse cri-

[59] Ministério das Finanças, Maio 1992, cit. p. 397. E concluía: «[a] sintonia resulta dos três pilares da política económica global se articularem com uma taxa de câmbio fixa no quadro do princípio de não acomodação a eventuais desvios inflacionistas. Neste princípio de não acomodação, livremente adoptada pelo Governo, reside a essência da independência do banco central que a UEM vai consagrar já a partir da segunda fase, a iniciar-se em 1994. Também no que toca à independência do Banco Central, o Governo antecipou-se aos calendários impostos pela Comunidade. Fá-lo aliás sempre que isso é do interesse do povo português» (p. 399).

[60] Ao rever as provas, queria acrescentar que o *NSBEWP* referido na nota 1 terá o nº 631, além de aos agradecimentos anteriores à equipa TASSL, juntar os nomes de Kerri Anne, arquivista do Citi, que me ajudou a confirmar várias suposições e infirmar outras, e Miguel Azevedo, director executivo do grupo muito activo em África, cuja sensibilidade arquivística se revelou mais um interesse comum.

tério (que cito em DEP, p. 16) adquire um sabor especial perante a carta enviada de Londres para FS&V em 22 de Agosto de 1928 (p. 83) referindo os associados Dillon e Baring: ao primeiro coube negociar a primeira operação de Portugal no mercado americano e ao segundo liderar o consórcio para a primeira euro-emissão em Londres (anexo). Mesmo não tendo sido publicado o artigo na revista *Foreign Affairs*, o esforço para o conseguir pode ter gerado confiança mútua com bancos americanos nos anos 1960.

O processo de transição para a União Económica e Monetária consagrado no Tratado da União Europeia, que me coube assinar enquanto Ministro das Finanças, também permitiu ultrapassar o recurso a dois programas de estabilização do FMI, assegurando o recurso ao crédito externo em condições de mercado. Contudo, aceites como fundadores no padrão-euro, o endividamento crescente das empresas, das famílias e do Estado perante o exterior tornou-nos vulneráveis. Sujeitos desde o início aos PDE, em 2011 fomos forçados a negociar um PAEF. Embora o regime monetário e orçamental seja outro, a República regressou com sucesso ao crédito externo na sequência da adesão do escudo ao Sistema Monetário Europeu e da restauração da sua convertibilidade plena, nos termos expostos.

Pareceu-me de primeira importância fazer viver o manuscrito à luz da investigação subsequente, o que me levou a recordar trabalhos de juventude, a apreciar melhor as contribuições de colegas e amigos e explicitar a comparação sincrónica com outras periferias, nomeadamente europeias. Em suma, merecem ser aprofundados o argumento e os contributos de prefaciadores anteriores – mas não as idiossincracias do actual!

Praia das Maçãs, 29 de Agosto de 2019

INTRODUÇÃO
A REJEIÇÃO DO EMPRÉSTIMO DA SOCIEDADE DAS NAÇÕES EM CONTEXTO

Salazar e o saneamento financeiro foi o título que se afigurou adequado a um livro que o período histórico que vivemos reclama. Talvez com igual propriedade esta obra se pudesse intitular: *Salazar e a alternativa ao empréstimo da Sociedade das Nações* — posto que a política desta opção coube sobretudo ao ministro das Finanças de 1928. Só que foi o Fonsecas, Santos & Vianna, entre todas as instituições de crédito — após o rompimento definitivo com o plano da Sociedade das Nações — a Casa Bancária escolhida para servir de intermediária entre o Governo português e a Banca estrangeira, a fim de se obter os recursos necessários ao saneamento financeiro do País.

O modo como o Fonsecas, Santos & Vianna desempenhou este relevante papel não podia ficar por mais tempo esquecido, posto que foi, a todos os títulos, notável. O nome do Fonsecas, Santos & Vianna ficará para sempre ligado à história das finanças públicas por força da sua excepcional intervenção na política do saneamento financeiro, que foi um êxito e uma realização verdadeiramente nacional.

Deverá dizer-se que grande parte da correspondência que aparece no livro está nos documentos originais em inglês e francês. A sua tradução era certamente um imperativo que o rigor da uniformização exigia do texto a publicar. Assim, o que se perdeu, porventura, em rigor ou subtileza literária, ganhou-se em inteligibilidade para os leitores menos versados em línguas estrangeiras e em assuntos de natureza financeira[1].

As páginas que se seguem deixam entrever detalhadamente — sobretudo pelo que sugerem as múltiplas cartas e os numerosos documentos apresentados — o percurso realizado entre meados de 1928 e o início de 1930 pelo ministro das Finanças para levar a cargo a sua primeira tarefa, a resolução do problema financeiro de que o País quase sucumbia, quando o Professor de Coimbra chegou a Lisboa.

É sabido que em Genebra, a 9 de Março de 1928, à última hora, a Sociedade das Nações[2] vinculava ao plano técnico um controlo financeiro que as autoridades portuguesas rejeitaram. Intérpretes do sentimento da dignidade nacional, recusavam um crédito externo no montante de 12 milhões de libras destinado ao saneamento financeiro do País. No dia seguinte, apesar da firmeza do desafronto, a Sociedade das Nações pretendia ainda achar soluções aceitáveis para Portugal, para serem votadas em Junho.

É igualmente conhecido que em Lisboa, no mês imediato, no dia 27 de Abril, tomava posse um novo ministro das Finanças que ia tentar ultrapassar os objectivos do governo anterior, não só solicitando um empréstimo externo livre de qualquer fiscalização internacional, como acelerando as diferentes etapas previstas no plano da Sociedade das Nações[3] para o saneamento das finanças portuguesas.

Mas o que já não é certamente do domínio público é o texto do telegrama que, a 5 de Junho de 1928, o ministro das Finanças enviava para Londres. São suas palavras textuais:

> «Peço-lhe para comunicar imediata e oficialmente por escrito ao Lazard Bros. Co., Ltd de Londres que o Governo Português enviou um comunicado

[1] A tradução da documentação foi executada por Ana Câmara, PhD, a quem, de novo, se agradece com a maior gratidão.

[2] O Comité Financeiro da Sociedade das Nações na 30.ª Sessão, em Genebra, a 27 de Fevereiro de 1928, era composto pelos seguintes membros: M. Gustavo Ador (suíço), presidente da Comissão Económica e Financeira; Sir Otto Niemeyer (inglês), presidente do Comité Financeiro; M. Armannu (italiano), em substituição de M. Bianchini; M. De Chalendar (francês); M. Dubois (suíço); M. Janssen (belga); M. Melchior (alemão); M. ter Meulen (holandês); M. Pospisil (checoslovaco); Mr. Jeremiah Smith (americano); Sir Henry Strakosh (sul-africano); M. Tsushima (japonês); M. Wallenberg (sueco).

[3] A Sociedade das Nações tinha marcado um prazo de 3 anos para se conseguir o equilíbrio orçamental.

oficial ao Conselho da Liga das Nações informando-o que não está interessado no empréstimo de doze milhões de libras esterlinas para o qual tinha solicitado os auspícios da Liga das Nações, pois não pode aceitar as condições de fiscalização estabelecidas e, nestas circunstâncias, comunica igualmente ao Lazard Bros. Co., Ltd de Londres que considere oficialmente extintas todas as negociações com ao Lazard Bros. Co., Ltd de Londres no que se refere ao empréstimo externo português, não se encontrando, consequentemente, em situação de considerar ou de discutir novas propostas do Lazard Bros. Co., Ltd de Londres relativas ao empréstimo a Portugal»[4].

Naturalmente para a compreensão das negociações do novo empréstimo externo, afigura-se-nos indispensável procurar entrever, por entre as feições determinantes da história da dívida pública[5], o recurso desmesurado ao crédito, mais por força da prática contínua do défice orçamental do que por virtude da execução de uma política de investimento reprodutivo.

Pode supor-se que ao longo da evolução histórica considerada, isto é, desde a conversão de 1852 do ministro da Fazenda, Fontes Pereira de Melo, até à tomada de posse, em 1928, do ministro das Finanças, Oliveira Salazar, quer dizer, durante 76 anos, possam necessariamente manifestar-se os sintomas da função patológica da dívida flutuante porque utilizada incessantemente para salvar défices orçamentais.

Numerosos exemplos se podem citar, testemunhando esta verdade. São raríssimos os anos de equilíbrio nas contas do Estado. Desde 1852 a 1892 o défice oscilava invariavelmente entre 3 mil e 15 mil contos, atingindo a sua soma até 1892 a cifra de 248 mil contos. Como não podia deixar de ser, os encargos da dívida a curto prazo absorviam a maior parte das receitas orçamentais. Daí o recurso ao crédito de forma atribulada. Deverá dizer-se que em 1890 havia por pagar os seguintes empréstimos externos: empréstimo de juro fixo de 3% de 1852, empréstimo amortizável de 4 por cento de 1888/1890 e empréstimo amortizável de 4 por cento de 1888 a 1889. No ano seguinte, para tentar compensar a quebra das remessas do Brasil dos emigrantes portugueses que cobriam os compromissos da dívida

[4] Telegrama do ministro das Finanças à Casa Bancária Fonsecas, Santos & Vianna em 5 de Junho de 1928. Veja-se o documento nº 1 Documentação 1928-1929, Arquivo do Fonsecas, Santos & Vianna, integrado no Banco Fonsecas & Burnay, hoje na Torre do Tombo por disponibilização do Banco Português de Investimento, SA.

[5] Dívida Pública, Documentação 1928–1929. Arquivo cit.

externa, o Governo colocava mais um empréstimo no estrangeiro, o chamado empréstimo do tabaco de 4%, ao qual foram penhoradas as receitas do monopólio do tabaco. Somente este empréstimo dir-se-ia insuficiente para restaurar o crédito. Então a moeda foi desvalorizada em cerca de 50 por cento e o encargo da dívida externa tornou-se insustentável. Sem embargo, após os árduos sacrifícios e as intempéries da crise de 1892, não se arrepiou caminho significativo. Nem com o convénio de 1902 se ganhou mentalidade nova. É preciso ter presente que naquela data o Governo chegou a declarar que não podia satisfazer os compromissos, baixando o valor dos cupões das obrigações externas em dívida em dois terços e reduzindo drasticamente os cupões dos empréstimos internos. Além disso, em 1902[6], mais conciliador, entrava em negociações com os credores externos, sujeitando-se às suas exigências leoninas. Os credores dos juros reembolsáveis de 4 por cento recebiam em troca 66 5/8 e 75 por cento respetivamente dos novos 3 por cento.

Decerto, nem mesmo com a República, apesar dos esforços de Afonso Costa para sanear as finanças, equilibrando o orçamento e promovendo a quase extinção da dívida flutuante externa[7], se perderam os maus hábitos anteriores. Basta ver que a dívida flutuante interna entretanto aumentava consideravelmente. De facto, se em 1855 era de 1600 contos, em 1913 estava já em 90 107 contos. Mas, depois da guerra de 1914–18, não esquecendo evidentemente o uso da moeda corrente, em cinco anos o escudo chegou a desvalorizar-se mais de 30 vezes, a dívida crescia ainda mais rapidamente e para níveis incomportáveis[8]. Os bilhetes de Tesouro iam decuplicar duas vezes e a circulação das notas uma. A dívida à Caixa Geral de Depósitos atingia os 600 mil contos. Em todo o caso que admirava... As despesas públicas dos 80 mil contos antes da guerra chegavam a 1 milhão e 500 mil contos. O próprio ministro das Finanças, Álvaro de Castro, no alvorecer da estabilização de facto do escudo em 1924, limitava as suas obrigações em moeda estrangeira para o serviço dos vários empréstimos por amortizar, mas não conseguia travar as excessivas despesas improdutivas nem a marcha vertiginosa dos bilhetes do Tesouro. Os défices antes e depois da gestão de Álvaro de Castro, em

[6] Dívida Externa, Lei de 14 de Maio de 1902 e Decreto de 9 de Agosto do mesmo ano, Junta do Crédito Público, 1916.

[7] MARNOCO E SOUSA e OLIVEIRA SALAZAR, Lições de Finanças, curso do 3.º ano jurídico de 1915–1916, Porto, 1916, p. 122.

[8] ARAÚJO CORREIA, *Portugal Económico e Financeiro*, Vol. 1, Imprensa Nacional de Lisboa, 1938, p. 26.

1923 e 1927, subiam respectivamente para além de 500 mil e 600 mil contos. É perfeitamente natural que, ao observarem-se esses números e o seu significado, se compreenda o apelo incessante à dívida pública e se tomem como o anúncio certo de efeitos desastrosos para o despertar de actividades e para a consecução de uma nova vida. Como é compreensível, o luxo da vitória do Movimento das Forças Armadas em 1926 não se ficara pela voragem certa de um fundo de maneio em divisas estrangeiras, de 2 milhões de libras, constituído antes dessa data...

Vale a pena determo-nos um pouco nos números que as autoridades portuguesas levaram à Sociedade das Nações em 1928 e noticiar, ainda que sumariamente, para além das taxas de juro, da sua feição dispersiva e da cotação baixa dos títulos, os prazos de amortização dos bilhetes do Tesouro pagáveis em escudos. Havia os bilhetes do Tesouro por 3 meses, 6 meses ou 1 ano. Sabia-se a proporção exacta de cada categoria. Números relativos a 1 de Janeiro de 1928 mostram que a proporção dos vários vencimentos era aproximadamente a seguinte: 60 por cento por 12 meses e 20 por cento tanto para 3 como para 6 meses.

Parece não haver dúvida de que a dívida não amortizada em 1 de Julho de 1927, com excepção dos títulos na posse do Tesouro, podia em resumo dividir-se pelas seguintes cifras:

	(escudos)
Dívida externa consolidada	2 862 221 000
Dívida de guerra	475 000 000
Dívida interna consolidada	806 484 000
Dívida externa flutuante	149 593 000
Dívida interna flutuante	3 465 634 000
(Bilhetes do Tesouro e dívida à Caixa Geral de Depósitos e Banco de Portugal)	7 758 932 000

Os números por si só falavam o suficiente, demonstrando quanto pequena era a dívida externa a curto prazo quando comparada aos compromissos dos bilhetes do Tesouro e às dívidas para com a Caixa Geral de Depósitos e Banco de Portugal. Deixavam entrever que a solução da crise não estava em Genebra, mas unicamente em Lisboa. Seja como for, representava uma dívida *per capita* de 1250 escudos ou 64 dólares à então existente taxa de câmbio (tomando uma taxa estabilizante de 108 Esc. para a libra, mas calculando o equivalente da dívida em escudos papel — a essa taxa — a dívida *per capita* andaria à volta dos 60 dólares).

Claro que as coisas têm de ver-se à luz da época. Não se esqueça, porém, que depois de 1 de Julho de 1927 a dívida consolidada, como resultado das operações do fundo de amortização, tinha decrescido ligeiramente, enquanto a dívida a curto prazo continuava a aumentar. Finalmente, no ano de 1928 iam ser dados passos decisivos para a execução da política do saneamento financeiro.

Resta dar uma explicação final sobre a razão suprema que encontrámos para privilegiar sobretudo o documento inédito nas páginas deste livro. Evidentemente que não nos poupámos a esforços para tornar o assunto mais vivo e transparente, e para dar à sua narrativa maior força e verosimilhança. Em todo o caso, utilizámos predominantemente o recurso ao depoimento, ainda que extenso, dos próprios autores deste projecto único, de um desafio histórico à consolidação do crédito nacional. Recorremos para isso à vasta correspondência inédita, ao diálogo travado entre a Banca e o ministro das Finanças sobre um empréstimo externo para o saneamento financeiro do País e que, melhor do que qualquer comentário nosso, dá a nota justa do confronto dos interesses e da vivacidade das opiniões que convinha sobretudo preservar e que indisputavelmente poderão servir à crítica historiográfica.

CAPÍTULO I

A SOLICITAÇÃO DO EMPRÉSTIMO EXTERNO

Tendo sido o Fonsecas, Santos & Vianna convidado há mais de 60 anos a servir de intermediário entre o Governo português e a Banca internacional para a concretização de um empréstimo externo destinado a substituir o financiamento sob controlo da Sociedade das Nações, só hoje, no entanto, é possível revelar, através de documentação existente no actual Banco Português de Investimento[1], essas negociações confidenciais.

Decerto não surpreende, vistas as coisas à luz da época, que o Governo português privilegiasse sobre todos o Fonsecas, Santos & Vianna, quer por ser um antigo e prestigiado estabelecimento de crédito com uma importante folha de serviços na contratação de empréstimos externos, quer por depositar

[1] Ao tempo em que este trabalho foi realizado (início da década de 80 do século XX), a documentação encontrava-se no Banco Fonsecas & Burnay que sucedeu ao Fonsecas, Santos & Vianna, tendo aquele sido entretanto integrado no Banco Português de Investimento, S.A. Parte da documentação aqui revelada encontra-se também, em originais e cópias, depositada no Arquivo Salazar, na Torre do Tombo. Um especial agradecimento ao Presidente do Conselho de Administração do Banco Português de Investimento, S.A., Fernando Ulrich, pela autorização da publicação de documentação inédita, que não consta no Arquivo Salazar, recordando também outros dois presidentes da instituição que estiveram na origem da obra e da sua concretização, Francisco Lacerda e Pedro Rebelo de Sousa, e aos quais o autor deixa também um particular agradecimento.

a sua inteira confiança na gestão de Álvaro Pedro de Souza e Mário Luís de Souza, ambos banqueiros em Lisboa, mas os dois educados em Inglaterra[2].

Seja como for, no dia 6 de Junho de 1928, o Fonsecas, Santos & Vianna comunicava[3] ao ministro das Finanças, recentemente investido nessas funções, que o The National City Bank de Nova Iorque se mostrava disposto não só a estudar um plano, como a cooperar em qualquer acordo internacional para a realização de uma operação financeira externa para Portugal.

Nessa carta, além de se fazer a transcrição dos telegramas que anunciavam essa disposição do National City Bank[4], lembravam-se as condições estipuladas pelo próprio ministro para a efectivação do dito empréstimo. Eram, em resumo, as seguintes:

1. Não havia propriamente necessidade de elaborar um novo plano. Quando muito far-se-ia o aperfeiçoamento do plano já aprovado pelo Comité Financeiro da Sociedade das Nações. Assim o estudo podia ser executado apenas por dois delegados: um do Banco de Inglaterra, outro do National City Bank.
2. O Governo português confessava-se livre de todo o compromisso de representação financeira em Nova Iorque.
3. O Governo português estabelecia o prazo de 60 dias para se formular o mencionado plano, durante o qual só manteria negociações com o National City Bank e, de acordo com este, com outros estabelecimentos de crédito no mercado de Londres.
4. O Governo português, no caso de se chegar a pleno ajustamento, concedia ao National City Bank a sua representação financeira em Nova Iorque, mediante um contrato para a exclusiva direcção da emissão e colocação no mercado americano do empréstimo destinado a Portugal.

[2] Em 1861 fundou-se a casa bancária Fonsecas, Santos & Vianna que Álvaro Pedro de Souza e Mário Luís de Souza adquiriram em 1920. Em 1937 transformou-se em Banco Fonsecas, Santos & Vianna e em 1967 em Banco Fonseca & Burnay. JOÃO DE SOUSA DA CÂMARA, *História do Banco Fonsecas & Burnay*, Braga, 1985.

[3] Cópias da carta do Fonsecas, Santos & Vianna ao ministro das Finanças em 6 de Junho de 1928. Arquivo cit.

[4] O National City Bank estava associado do seguinte modo: «*The National City Bank of New York with which's affiliated The International Banking Corporation*» and «*The National City Company affiliated with the National City Bank of New York*».

A este propósito vale a pena lembrar o montante desse empréstimo e a sua distribuição *grosso modo* destinada à reforma do banco emissor, Caixa Geral de Depósitos, défices dos anos anteriores, dívidas flutuantes externa e interna e também as obras de fomento[5].

A emissão seria de 12 milhões de libras e a sua aplicação a seguinte:

Dívida flutuante externa	£.	1 000 000
Dívida flutuante interna	£.	1 500 000
Défices de anos anteriores	£.	1 500 000
Caixa Geral de Depósitos	£.	1 000 000
Banco de Portugal	£.	3 000 000
Obras de fomento	£.	4 000 000
	£.	12 000 000

Mas as medidas a tomar pelo novo ministro das Finanças, nomeadamente na antecipação ao projecto do Comité Financeiro da Sociedade das Nações quanto ao equilíbrio orçamental, iriam modificar as condições financeiras do País.

Somente, nesse dia 6 de Junho de 1928, estava quase tudo por fazer e após as diligências do Fonsecas, Santos & Vianna, o ministro das Finanças confirmava em carta dessa mesma data o convite.

É ele mesmo que o relata da maneira seguinte:

> «Acuso a recepção da carta de V. Ex^as^, de hoje 6, que contem a cópia de dois telegramas dos quais constam as condições em que o vosso representado National City Bank, de New York, está disposto a estudar em detalhe com o Governo português um plano tendente à realização de uma operação financeira externa para Portugal, e a cooperar em qualquer acôrdo internacional, essencial à execução do mesmo plano.
>
> De harmonia com o que verbalmente tratei com V. Ex^as^, venho pela presente carta dar a m/conformidade a todo o conteúdo da referida carta de V. Ex^as^, e ainda, em nome do Governo português, encarregá-los de, em nome do mesmo

[5] Resposta à exposição dos Bancos. Apresentada em 14 de Novembro. Mais considerações verbalmente feitas na conferência do mesmo dia. Ministério das Finanças, 15/XI/1928. Documentação 1928-1929. Arquivo cit.

Governo, convidarem o National City Bank a iniciar os seus estudos de acôrdo com as condições indicadas nos mencionados telegramas e com as declarações expressas nas alíneas da carta de V. Ex^{as}, a que estou respondendo»[6].

No dia seguinte, a 7 de Junho, os banqueiros do Fonsecas, Santos & Vianna transmitiam para Londres, para G. K. Weeks, vice-presidente e representante na Europa do National City Bank, o supremo argumento do qual respigamos as seguintes palavras:

> «Se, como resultado deste estudo, o Governo Português e o National City Bank de Nova Iorque chegarem a um acordo definitivo, o agenciamento fiscal exclusivo em Nova Iorque será concedido ao National City Bank de Nova Iorque e qualquer empréstimo público no mercado americano será contraído sob a liderança exclusiva do National City Company»[7].

Por curiosa coincidência, é dessa mesma data a carta em que o vice-presidente do National City Bank, Weeks, fazia saber aos gestores do Fonsecas, Santos & Vianna que vai envidar todos os seus esforços para a execução de um plano de reformas financeiras que permitam o empréstimo externo:

> «De acordo com as conversas tidas, apercebemo-nos que o Governo Português aceita o nosso parecer segundo o qual a execução de reformas fiscais e monetárias, de acordo com um plano que será proposto às autoridades internacionais interessadas e que fornecerá a garantia suficiente para a realização de um eventual empréstimo externo, será condição necessária para a conclusão de acordos com vista a este empréstimo.
>
> Neste sentido, teremos o prazer de discutir com o Governo os detalhes de um plano adequado e de usar os nossos esforços com vista à execução, na maior brevidade, desse plano e dos acordos que nele se basearão»[8].

[6] Carta do ministro das Finanças ao Fonsecas, Santos & Vianna em 6 de Junho de 1928. Arquivo cit.

[7] Cópia da carta do Fonsecas, Santos & Vianna ao National City Bank em 7 de Junho de 1928. Veja-se o documento n.º 2. Arquivo cit.

[8] Carta do National City Bank ao Fonsecas, Santos & Vianna em 7 de Junho de 1928. Veja-se o documento n.º 3. Arquivo cit.

Ouçamos agora o agradecimento dos banqueiros do Fonsecas, Santos & Vianna. Declaravam a 8 de Junho ao ministro das Finanças:

«Agradecendo muito penhorados o honroso encargo que V. Exª, em nome do Governo, se dignou confiar-nos, é-nos muito grato comunicar a V. Exª que, dando exacto cumprimento às ordens de V. Exª, fizemos já o aludido convite, que o National City Bank aceitou nas mencionadas condições, as quaes ficam consequentemente regulando as relações assim estabelecidas, por nosso intermédio, entre o Governo Português e o National City Bank»[9].

É perfeitamente natural que entretanto o National City Bank enviasse a Lisboa um dos seus técnicos, Richard Pictet, que no Fonsecas, Santos & Vianna encontrou condições para exercer cabalmente a sua missão de estudo. É o próprio Pictet que, de regresso à filial de Paris do National City Bank, depois de agradecer os meios de actividade proporcionados no estabelecimento de crédito dos irmãos Souzas, solicita a 30 de Junho[10] o envio para Wall Street 55, ao cuidado de D. C. Baldwin, de diversas publicações que foram remetidas logo a 5 de Julho:

- Relatório do Banco de Portugal, Gerência de 1927.
- Relatório e Contas da Caixa Geral de Depósitos, ano económico de 1926–1927.
- Legislação, Contratos, Convenções do Banco de Portugal (Publicado em 1927)
- Contrato entre o Governo e o Banco (Decreto n.º 4:144). Publicado em 1916.
- Estatutos do Banco de Portugal. Publicado em 1906.
- Regulamento da Junta de Crédito Público. Publicado em 1927.
- Orçamento Geral, anos económicos de 1923/24, 1924/25, 1925/26, 1926/27.
- Conta Provisória das Receitas e Despesas Públicas, 1923/24, 1924/25, 1925/26, 1926/27.

No dia seguinte, a Direcção do Fonsecas, Santos & Vianna escrevia para Richard Pictet para a filial de Paris do National City Bank:

«Em resposta ao seu pedido, apressei-me a enviar ontem para a National City Company de Nova Iorque, ao cuidado do Sr. D. C. Baldwin, todos os

[9] Cópia da carta do Fonsecas, Santos & Vianna ao ministro das Finanças em 8 de Junho de 1928. Arquivo cit.

[10] Carta do National City Bank ao Fonsecas, Santos & Vianna em 30 de Junho de 1928. Arquivo cit.

documentos mencionados na sua supra referida carta, incluindo o orçamento de 1927/28»[11].

A 11 de Julho, isto é, cinco dias depois, Mário Luís de Souza, o banqueiro do máximo zelo do Fonsecas, Santos & Vianna, remete em cifra um telegrama para Richard Pictet. Ouçamos a sua decifração:

> «No meu regresso a casa, eu e os meus sócios agradecemos a amável recepção que nos fizeram em Paris STOP a situação está cada vez mais optimista graças às medidas que o Ministro das Finanças tem constantemente vindo a tomar STOP penso ser agora altura do National City Bank de Nova Iorque, se o nosso Ministro das Finanças concordar, publicar um comunicado estabelecendo as relações existentes entre o Governo Português e o National City Bank de Nova Iorque de acordo com carta que me foi dirigida a 7 de Junho para Londres STOP por favor responda por telegrama»[12].

No dia seguinte também em telegrama Pictet retorquia:

> «Agradecemos o seu telegrama de ontem que muito apreciámos STOP teremos oportunidade de debater a situação com o representante principal europeu na próxima 2.ª feira STOP sendo impossível contactá-lo antes, só poderemos dar uma resposta definitiva à vossa pergunta no princípio da próxima semana STOP para sua orientação toda a informação foi já enviada por correio ao nosso superior no estrangeiro»[13].

Decorridos seis dias, a 18 de Julho, os banqueiros do Fonsecas, Santos & Vianna enviavam ao ministro das Finanças a seguinte sugestão:

> «Tendo-se verificado, no decurso da conversação que hoje tivemos com V. Exª, que é insuficiente o praso de 60 dias que, para a elaboração pelo National City Bank, em colaboração com o Govêrno Português, de um plano tendente à realização de uma operação financeira externa para Portugal, tinha sido fixada na alínea c) da carta que, em 6 de Junho último, dirigimos a V. Exª, temos a honra

[11] Cópia da carta do Fonsecas, Santos & Vianna ao National City Bank, filial de Paris, em 6 de Julho de 1928. Arquivo cit.

[12] Cópias do telegrama do Fonsecas, Santos & Vianna ao National City Bank, filial de Paris, em 11 de Julho de 1928. Arquivo cit.

[13] Telegrama do National City Bank ao Fonsecas, Santos & Vianna em 12 de Julho de 1928. Arquivo cit.

de, pela presente, vir pedir a V. Exª se digne, em nome do Govêrno Português, confirmar que as palavras "durante o praso de 60 dias" insertas na aludida alínea c), se consideram, para todos os efeitos, substituídas pelas palavras "durante o período que decorrer até ao dia 30 de Setembro de 1928»[14].

O ministro das Finanças, pelo seu próprio punho, respondia nessa mesma data:

«Recebi a carta de V. Exas de 18 de Julho corrente sobre a prorrogação do prazo marcado à elaboração pelo N. C. Bank, em colaboração com o Governo Português, de um plano tendente à realização d'uma operação financeira externa para Portugal, conformemente à carta de V. Exas de 6 de Junho último. Concordo com a alegação de V. Exas acerca da insuficiencia daquelle prazo e concordo com que as palavras "durante o prazo de 60 dias" insertas naquela carta (alínea c) se considerem para todos os efeitos substituídas pelas palavras "durante o período que decorrer até ao dia 30 de Setembro de 1928"»[15].

Entretanto em Lisboa recebiam-se duas cartas datadas de 16 e 17 de Julho enviadas pelo National City Bank. Na primeira, Weeks, entre outros assuntos, confirmava a sugestão do Fonsecas, Santos & Vianna:

«Estou disposto a deixar inteiramente ao seu critério a emissão imediata de um comunicado anunciando que o Governo Português confiou à nossa organização a elaboração de um plano financeiro ou o seu adiamento até ao retomar das negociações definitivas. Em qualquer um dos casos, é óbvio que algumas trocas de informação serão necessárias antes de darmos início à colaboração com o Governo nas negociações com os bancos centrais relativamente a um plano de estabilização da moeda»[16].

Na segunda carta, isto é, de 17 de Julho, da filial de Paris do National City Bank deixava-se entrever o argumento da futura suspeita sobre a constitucionalidade do regime:

[14] Cópia da carta do Fonsecas, Santos & Vianna ao ministro das Finanças em 18 de Julho de 1928. Arquivo cit.

[15] Carta do ministro das Finanças ao Fonsecas, Santos & Vianna em 18 de Julho de 1928. Arquivo cit.

[16] Carta do National City Bank ao Fonsecas, Santos & Vianna em 16 de Julho de 1928. Veja-se o documento n.º 4. Arquivo cit.

«Depois de ter falado com o Sr. Weeks, esta manhã, parece-nos, a mim e ao Sr. Pictet, que seria útil que nos enviassem uma cópia da Constituição de Portugal. Se existirem publicações relativas à interpretação dos diversos artigos da Constituição, ficar-vos-emos igualmente gratos pelo seu envio»[17].

Já num telegrama em cifra para Mário Luís de Souza, desse mesmo dia, se podia inferir uma pausa nas negociações. Referia o seguinte:

«Estivemos com o Sr. W. e discutimos o conteúdo do seu recente telegrama STOP ele está agora a responder-lhe de acordo com o desejo por si expressado STOP cremos que a carta dele será útil para sua informação pessoal STOP cumprimentos meus e de P.»[18].

Em todo o caso, ainda no dia 19 de Julho, Pictet, sem equívocos nem dissimulações, continuava o seu intenso labor sobre as finanças públicas portuguesas, pedindo para o Fonsecas, Santos & Vianna:

«Gostaríamos de simultaneamente receber <u>um quadro detalhado da Dívida Pública total em circulação em 30 de Junho de 1928</u>, quadro este que penso ser fácil de elaborar pelo Ministério.

Tendo em conta o sistema de contabilidade, convirá indicar em colunas específicas:

1) o montante total em circulação
2) o montante detido pelo Tesouro
3) o montante líquido nas mãos do público (número obtido pela diferença entre os dois termos anteriores).

Seria igualmente interessante obter numa coluna posterior o montante <u>líquido</u> do serviço anual, juro e amortização de cada uma das dívidas (entendo por isto apenas o serviço dos títulos nas mãos do público)».

Não seria de admirar que mais adiante na carta dissesse:

«Enfim, dado que a Dívida Pública se reparte por títulos emitidos em Escudo-ouro, Escudo-papel e moeda estrangeira, seria necessário, para obter

[17] Carta do National City Bank, filial de Paris, ao Fonsecas, Santos & Vianna em 17 de Julho de 1928. Veja-se o documento n.º 5. Arquivo cit.

[18] Telegrama do National City Bank ao Fonsecas, Santos & Vianna em 17 de Julho de 1928. Arquivo cit.

um controlo mais fácil, indicar em duas colunas separadas o montante em capital e em serviços (os dois montante líquidos) dos diversos empréstimos convertido, por exemplo, em Escudo-papel às taxas correspondentes ao câmbio que V. Exª prevê para a vossa estabilização, ou seja, 108 escudos por libra esterlina (o que quer dizer que os Escudos-ouro nestas duas colunas seriam multiplicados por 108, as libras esterlinas por 24, etc).

O quadro em questão deveria indicar igualmente todos os compromissos assumidos a curto prazo, os débitos em conta-corrente, etc, ao Estado em 30 de Junho de 1928»[19].

Naturalmente para ultrapassar dificuldades e embaraços, logo no dia 20 os banqueiros do Fonsecas, Santos & Vianna escreviam duas cartas para o National City Bank. Uma era inteiramente dedicada ao envio de publicações sobre a Constituição da República Portuguesa e nela afirmava-se peremptoriamente:

«De outra forma, no entanto, agiram os governos estrangeiros em relação ao Governo Português saído da Revolução de 28 de Maio de 1926, governo este que, desde o seu início e, por outro lado, muito antes da eleição do actual Chefe de Estado, foi reconhecido não apenas de facto mas também de direito por todos os governos estrangeiros.

Desta forma e após a referida data, o Governo Português celebrou com muitos Estados estrangeiros tratados e convenções nos domínios mais importantes, tratados e convenções esses que o Governo português não poderia ter celebrado com os outros contractantes se estes o não reconhecessem representante legítimo da Nação Portuguesa»[20].

A outra carta do dia 20 manifestava a prova de força no pronto equilíbrio orçamental para afrontar e vencer as circunstâncias que porventura pudessem retardar a declaração pública por parte do National City Bank sobre as negociações com o Governo português. Recordemos os argumentos:

«Ao longo de demorada conversa, que se realizou ontem, Sua Excelência o Ministro das Finanças teve a gentileza de nos informar que em 31 do corrente

[19] Carta do National City Bank, filial de Paris, ao Fonsecas, Santos & Vianna em 19 de Julho de 1928. Veja-se o documento n.º 6. Arquivo cit.

[20] Cópia da carta do Fonsecas, Santos & Vianna ao National City Bank em 20 de Julho de 1928. Arquivo cit.

mês vai ser publicado o Orçamento para 1928-1929 o qual, graças a grandes reduções nas despesas e ao aumento de receitas, algumas já aprovadas e outras a serem aprovadas até esta data, Sua Excelência espera que irá apresentar um balanço positivo com as receitas a exceder as despesas».

«Nestas circunstâncias, usando da faculdade que me concedeu na carta acima mencionada, acordei com Sua Excelência o Ministro que nos dias 1 ou 2 do próximo mês de Agosto, o National City Bank de Nova Iorque emitirá um comunicado em Nova Iorque declarando que "em resultado de negociações iniciadas há algum tempo, o National City Bank de Nova Iorque aceitou o convite do Governo Português para formular, em cooperação com ele, um plano de reformas fiscais e monetárias cuja execução permitirá a realização de uma operação financeira externa para Portugal»[21].

No dia 23, a Direcção do Fonsecas, Santos & Vianna escrevia para a filial de Paris do National City Bank:

«Do conteúdo da sua referida carta, retirei o relatório que preparou e enviou para Nova Iorque sobre a Dívida Pública de Portugal. Enviei hoje mesmo ao Senhor Ministro das Finanças o referido relatório, o qual me deverá ser devolvido amanhã acompanhado dos comentários do Sr. Ministro.

Transmiti simultaneamente ao Senhor Ministro o seu desejo de receber um quadro descrevendo em detalhe a Dívida Pública total em circulação em 30 de Junho de 1928. Espero recebê-lo igualmente amanhã»[22].

Dois dias depois, a 25 de Julho, chegava finalmente ao Fonsecas, Santos & Vianna a carta com a declaração que a política financeira de Salazar pretendia. Depois de se congratular com a notícia do equilíbrio orçamental para 1928–29, o vice-presidente do National City Bank comprometia-se nos seguintes termos:

«Um comunicado público, como já sugerido, irá, na minha opinião, facilitar muito o desenrolar das negociações e permitir-nos-á agir mais activa e eficazmente em cooperação com o Governo Português. Inclino-me a pensar que o

[21] Cópias da carta do Fonsecas, Santos & Vianna ao National City Bank em 20 de Julho de 1928. Arquivo cit.

[22] Cópias da carta do Fonsecas, Santos & Vianna ao National City Bank, filial de Paris, em 23 de Julho de 1928. Arquivo cit.

sentimento nos meios financeiros será criado pela impressão (que é aliás a mais correcta) de que o Governo, por sua iniciativa, retirou o projecto de financiamento à Liga das Nações e providenciou, através de medidas desenvolvidas no plano interno pelo Gabinete (do Ministro), no sentido de atingir um orçamento equilibrado antes de contactar bancos estrangeiros para obter a sua colaboração e assistência. Talvez por essa razão, seria indicado omitir num comunicado público qualquer referência a negociações que tenham vindo a decorrer há algum tempo e dele fazer constar qualquer coisa como o que se segue:

"O National City Bank de Nova Iorque anuncia que aceitou o convite do Governo Português para com ele colaborar no desenvolvimento de planos para a reforma fiscal e monetária de molde a colocar as finanças do Governo numa situação sólida e facilitar o financiamento externo na ocasião que for julgada oportuna. O actual Governo de Portugal, depois de vários meses de estudo aprofundado e da adopção de medidas urgentes de contenção das despesas públicas, exprime a sua confiança em que o equilíbrio orçamental será atingido durante o próximo ano fiscal".

Como desejamos adoptar uma atitude escrupulosa relativamente à autoridade para emitir qualquer comunicado público, poderia ter a amabilidade de me enviar um telegrama dizendo simplesmente "autorizada substancialmente a forma da vossa declaração", no caso do Governo Português autorizar a publicação de uma declaração essencialmente nos termos da supra referida».

E logo Weeks acrescentava na mesma epístola, para segurar o negócio:

«Tomei igualmente devida nota de que o período que em definitivo nos foi concedido para estudo e negociação do financiamento externo foi definitivamente alargado para 30 de Setembro nos termos das cartas iniciais que, por si mesmas, indicam a vontade por parte do Governo Português de alargar o prazo na medida em que esse alargamento pareça ser necessário para a conclusão dos estudos ou das negociações em curso»[23].

Para ilustrar o que acabámos de referir atrás, a propósito de dúvidas constitucionais, no dia seguinte, isto é, logo a 26 de Julho, a situação já não parecia tão nítida. Richard Pictet, técnico financeiro, não analista político, escrevia propositadamente para o Fonsecas, Santos & Vianna:

[23] Carta do National City Bank ao Fonsecas, Santos & Vianna em 25 de Julho de 1928. Veja-se o documento n.º 7. Arquivo cit.

«Os jornais deram considerável publicidade ao movimento revoltoso da última 6.ª feira em Lisboa e, com vista a informação geral, teríamos interesse em obter alguns pormenores sobre esta questão, sobre a causa dos acontecimentos, sobre a forma como foram resolvidos e sobre o ambiente geral que deles resultou»[24].

E dois dias depois, a 28 de Julho, um outro técnico do National City Bank, Albert Travers, em carta para o Fonsecas, Santos & Vianna permitia-se, depois de formular vários reparos e comentários financeiros, a declarar o seguinte em P. S.:

«P.S. Esta última revolta é muito lamentável e em nada beneficiará o negócio em curso. Porquê, porque é que o censor não evitou a saída das notícias, como sempre tem feito? Foi-lhe dada grande publicidade no estrangeiro e isto prejudica-o. Aconselho o Governo Português a publicar algo que demonstre que o exército na sua totalidade apoia o Governo e que a revolta foi grandemente exagerada. Creio que isto ajudará»[25].

Entretanto, nesse mesmo dia, 28/07/28, entre as 11h00 e o meio-dia, o Fonsecas, Santos & Vianna expedia um telegrama com a fórmula acordada — «*Statement substantially your form authorised*»[26] — para permitir a publicação da notícia sobre o plano de reformas que o National City Bank e o Governo português preparavam para o saneamento financeiro do País.

Naturalmente a direcção do Fonsecas, Santos & Vianna não poderia ficar inerte nem indiferente perante a posição negativa vinda do estrangeiro. Assim, a 30 de Julho, numa carta vibrante para Richard Pictet, o banqueiro Mário Luís de Souza dava a sua interpretação sobre os acontecimentos:

«Este movimento fracassou, como não podia deixar de ser, na ausência de um clima propício pois o actual Governo Português goza de boa reputação junto do público em geral. Isto é de tal forma verdade que o movimento foi

[24] Carta do National City Bank ao Fonsecas, Santos & Vianna em 26 de Julho de 1928. Veja-se o documento n.º 8. Arquivo cit.

[25] Carta do National City Bank ao Fonsecas, Santos & Vianna em 28 de Julho de 1928. Veja-se o documento n.º 9. Arquivo cit.

[26] Cópias do telegrama do Fonsecas, Santos & Vianna ao National City Bank em 28 de Julho de 1928. Arquivo cit.

imediatamente sufocado, facto que contribuiu para fortalecer ainda mais a posição do Governo, por si já suficientemente apoiada no prestígio que goza junto do público.

Além disso, ouve-se já dizer que o Governo conta efectuar uma operação financeira no estrangeiro. Sem dúvida, uma vez o empréstimo contraído, a situação no País que, diga-se de passagem já está melhor, melhorará ainda consideravelmente, com a estabilização das condições, como é nosso desejo, facto que foi também uma das causas para que esses inimigos do Governo, sempre prontos a contestá-lo, tenham tentado abatê-lo»[27].

Mas no dia seguinte, o banqueiro do Fonsecas, Santos & Vianna, em carta para o National City Bank, declarava, com perfeito conhecimento da sua técnica profissional:

«Quando o actual Ministro tomou a seu cargo a pasta das Finanças, o Governo encontrava-se sem disponibilidades quer em escudos quer em divisas estrangeiras.

A sua primeira medida foi obter um redesconto de Bilhetes do Tesouro por intermédio do Banco de Portugal e de uma casa bancária para desta forma adquirir os meios necessários para honrar compromissos inadiáveis».

E logo acrescentava na mesma epístola:

«O Senhor Ministro, tendo aumentado as contribuições e reduzido fortemente as despesas, de forma a que o orçamento deste ano apresente um saldo positivo, e tendo constantemente em conta os novos impostos que vão ser criados, pensa ter desde já o montante necessário para os juros e amortizações do empréstimo que pensa contrair.

Estas medidas fizeram nascer no público grande confiança no Estado e o Governo não tem necessidade de novos fundos para a sua vida orçamental pois o aumento de Bilhetes do Tesouro, que se acentua de dia para dia, permite-lhe a rápida liquidação da Dívida Externa flutuante, como o Ministro já afirmou publicamente»[28].

[27] Cópia da carta do Fonsecas, Santos & Vianna ao National City Bank em 30 de Julho de 1928. Arquivo cit.

[28] Cópia da carta do Fonsecas, Santos & Vianna ao National City Bank em 31 de Julho de 1928. Arquivo cit.

Contra a adversidade que pressentia vir do exterior, Mário Luís de Souza acumulava argumentos sobre argumentos com desafronto e entusiasmo nessa carta de 31 de Julho. O National City Bank é que não podia por mais tempo ignorar os seguintes factos:

> «O Ministro disse-nos ontem que esta abundância de fundos o forçava a reduzir a taxa dos Bilhetes do Tesouro dado que, pela primeira vez neste país, Sua Excelência não deseja ver aumentadas as disponibilidades do público com a sua posse.
>
> Pessoalmente, estou convencido que, numa escala evidentemente menor, começa a acontecer em Portugal aquilo que já aconteceu em França, e espero que daqui a algum tempo o Ministro consiga regularizar as finanças através apenas das disponibilidades internas.
>
> Como indício de que isto irá acontecer, devo dizer-lhe que os bancos de primeira categoria se encontram inundados de fundos sem aplicação e que estas disponibilidades deverão, mais cedo ou mais tarde, ser absorvidas pelo Governo Português através de qualquer operação interna.
>
> Igualmente as disponibilidades do ouro do Banco de Portugal que eram de £.200.000, encontram-se hoje elevadas a £.1.000.000.
>
> De igual forma, o nosso câmbio encontra-se nitidamente fraco, mas estou convencido que se não fosse a nossa intervenção teríamos já uma maior valorização do escudo, o que o Governo não deseja para não prejudicar a exportação nacional.
>
> Em resumo: o National City Bank tem em mãos uma operação que, certamente, será vantajosa não só para o grupo financeiro, mas também para o Governo Português. Entretanto, prevejo, pela rapidez com que as finanças portuguesas estão a melhorar, que o Governo poderá daqui a algum tempo prescindir do referido empréstimo»[29].

Decerto, vistas as coisas à luz daquele tempo, Mário Luís de Souza não se desmentia:

> «Ainda que como português me sinta satisfeito com a via actual da vida pública no meu país, vejo, como intermediário, que se não houver boa vontade para concluir rapidamente a referida operação, encontraremos daqui a algum tempo entre nós uma situação tão aliviada que tornará difíceis as negociações»[30].

[29] *Ibid.*

[30] *Ibid.*

Terminara o movimento epistolar de Julho. Singularmente com o novo mês começava uma nova fase nas negociações entre o Governo português e o National City Bank através do Fonsecas, Santos & Vianna. É de 3 de Agosto a carta de Mário Luís de Souza para Weeks, ainda a respeito da declaração que devia ser publicada de imediato.

> «Tendo Sua Excelência concordado com as suas doutas observações, apressei-me a enviar-lhe no passado sábado de manhã o seguinte telegrama:
>
> "Autorizada substancialmente a forma da vossa declaração" que penso terá chegado às suas mãos no mesmo dia.
>
> Nestas circunstâncias, esperei até ao dia 2 do corrente pela publicação do comunicado, não só para poder acusar a recepção da sua carta, a que neste momento respondo, mas também para aproveitar a oportunidade para lhe agradecer novamente e renovar-lhe a garantia da nossa elevada consideração pela sua franca e valiosa cooperação para o sucesso das negociações que temos em mãos»[31].

Nessa mesma tarde, o Fonsecas, Santos & Vianna enviava um telegrama para o National City Bank desmentindo a notícia publicada entretanto no *Financial News* sobre um acordo entre o Governo português e Match and Tobacco Timer Supply Company Limited. Eis os termos do telegrama:

> «Em referência ao *Financial News* de 3.ª feira sobre o empréstimo dos fósforos para Portugal informo-o oficialmente de que essas notícias são falsas STOP Match and Tobacco Timber Company requereu audiência ao nosso ministro mas o ministro recusou recebê-los STOP até agora não tivemos notícias sobre a publicação do vosso comunicado»[32].

Da mesma maneira, Weeks ainda nesse dia contactava com o Fonsecas, Santos & Vianna por telegrama e sem recorrer a qualquer cifra. Agradecia o esclarecimento sobre a desinformação do *Financial News*:

[31] Cópia da carta do Fonsecas, Santos & Vianna ao National City Bank em 3 de Agosto de 1928. Arquivo cit.

[32] Cópias do telegrama do Fonsecas, Santos & Vianna ao National City Bank em 3 de Agosto de 1928. Arquivo cit.

«Obrigado pelo seu telegrama por favor aguarde carta a caminho cumprimentos»[33].

Se quisermos ajuizar, pelo que a carta de 3 de Agosto de Weeks para o Fonsecas, Santos & Vianna deixou de apreensão nos banqueiros portugueses, teremos de concluir que o clima político pesava já na decisão financeira. Havia nos mercados do dinheiro qualquer espécie de suspeição sobre a legitimidade do regime. E Weeks, indiferente ao que prometera por carta de 25 de Julho quanto à declaração na imprensa, confessava:

> «Acuso a recepção do seu telegrama enviado para Nova Iorque: "autorizada na generalidade a forma da vossa declaração". Dela concluo que o Governo Português concorda com uma forma de comunicado público na linha do que foi sugerido na carta que vos dirigi no passado dia 25.
>
> Entretanto, o nosso pessoal de Nova Iorque recebeu cópia dos dados obtidos pelos Srs. Pictet e Griffith durante a sua estadia em Lisboa e ponderou cuidadosamente algumas das fases mais difíceis da situação. Algumas destas conversas trouxeram-nos novamente ao contacto com os nossos amigos mútuos, os Baring, aqui em Londres, e inclinamo-nos agora a pensar que pode ser do interesse de todos os envolvidos o estudo mais aprofundado da situação neste particular antes de ser feito qualquer comunicado formal»[34].

Na falta do cumprimento da promessa respondia dignamente ao National City Bank por telegrama em cifra, no dia 6 de Agosto, Mário Luís de Souza do Fonsecas, Santos & Vianna:

> «Recebi a sua carta de 3 de Agosto STOP de acordo com a sua carta de 25 de Junho garanti ao Ministro que a declaração seria publicada nos dias 1 ou 2 de Agosto STOP penso que as nossas situações perante o Ministro requerem que na minha audiência com ele eu esteja em posição de fornecer as razões exactas do atraso e de o informar sobre se o anúncio será adiado apenas por alguns dias ou sobre a situação real STOP por favor responda por telegrama cumprimentos»[35].

[33] Telegrama do National City Bank ao Fonsecas, Santos & Vianna em 3 de Agosto de 1928. Arquivo cit.

[34] Carta do National City Bank ao Fonsecas, Santos & Vianna, em 3 de Agosto de 1928. Veja-se o documento n.º 10. Arquivo cit.

[35] Cópias do telegrama do Fonsecas, Santos & Vianna ao National City Bank em 6 de Agosto de 1928. Arquivo cit.

Perante esta urgência, Weeks respondia por telegrama mas não em cifra:

> «Telegrama recebido discutindo ainda com os associados o procedimento mais vantajoso informarei o mais depressa possível»[36].

Provavelmente para dar ao National City Bank uma imagem das promessas não cumpridas e obter para o Fonsecas, Santos & Vianna o timbre de quem respeitava compromissos, inquiria a 9 de Agosto Mário Luís de Souza em telegrama para Albert Travers:

> «Por favor envie telegrama se recebeu a minha carta datada de 31 de Julho e se enviou cópia do orçamento a Weeks. Cumprimentos»[37].

Tratava-se nada mais nada menos do que a carta em que o banqueiro do Fonsecas, Santos & Vianna enumerava as diferentes etapas de sucesso da política financeira de Salazar e que deixava entrever a provável impraticabilidade da operação do empréstimo por força da marcha acelerada do processo do saneamento financeiro do País.

No dia seguinte, a 10, Travers respondia também por telegrama:

> «Telegrama recebido simultaneamente orçamento enviado para Weeks e Pictet STOP envie tudo para Paris para poupar tempo STOP carta recebida a 5 contem observações prematuras»[38].

Entretanto em Lisboa, Mário Luís de Souza escrevia nesse mesmo dia[39] para Richard Pictet sobre as questões formuladas por este a 2 de Agosto, depois de obter as respostas junto de Salazar. O técnico do National City Bank pretendia saber o seguinte:

[36] Telegrama do National City Bank ao Fonsecas, Santos & Vianna em 6 de Agosto de 1928. Arquivo cit.

[37] Cópia do telegrama do Fonsecas, Santos & Vianna ao National City Bank em 9 de Agosto de 1928. Arquivo cit.

[38] Telegrama do National City Bank ao Fonsecas, Santos & Vianna em 10 de Agosto de 1928. Arquivo cit.

[39] Cópia da carta do Fonsecas, Santos & Vianna ao National City Bank em 10 de Agosto de 1928. Arquivo cit.

«1) De acordo com a Dívida Externa (de acordo com a carta B n.º 2) reparo que a 3.ª série do empréstimo consolidado de 3% é indicada como estando situada no montante de 51 727 350 escudos. O número constante do Orçamento de 1927/28 era 39 029 580 escudos. Concluo que a diferença entre estes dois números, isto é, cerca de 12 700 000 escudos, representa o montante da 3.ª série, certificados de cupão zero. Após alguma confusão, concluí que estes certificados tinham sido adquiridos pelo Governo e que são actualmente detidos pelo Tesouro, o que vos permitirá compreender os números que aparecem na página 3, parágrafo 1, do meu relatório sobre a Dívida Pública. Poderá ter a amabilidade de me informar sobre:

a) se estou certo ao assumir que todos estes certificados de cupão zero estão ainda nas mãos do Tesouro,
b) se estes certificados deverão ser amortizados antes do ano 2001, como no caso dos outros 3% de acções externas,
c) como se vai efectuar esta amortização, se por sorteio, se por compra no mercado,
d) a que preço?

2) Reparei que na sua declaração relativa à Dívida Pública não se vislumbram vários pontos focados em declarações anteriores tais como o débito equilibrado a/c Companhia Geral de Crédito Predial, Montepio Geral e outros bancos. Poderá ter a gentileza de me informar sobre se a diferença entre os números indicados a preto na sua declaração e os indicados a vermelho fornece a dívida flutuante real do Estado em 30 de Junho de 1928. No caso de existirem alguns outros pontos, tanto no lado do crédito como no do débito, tais como os que foram referidos, faculte-me por favor os pormenores.

3) Reparei, na sua declaração, que adiantamentos da Caixa Geral de Depósitos como o de 30 de Junho de 1928 somaram 635 594 750 escudos. Posso chamar a sua atenção para o facto de, segundo os números que me foram fornecidos pelo Ministro, o total de adiantamentos em 30 de Abril de 1928 ter atingido 686 860 396 escudos? Podem estes números ser comparados ou foram calculados em bases diferentes?

4) A sua declaração mostra adiantamentos do Banco de Portugal que atingem 1 450 005 900 55 escudos. De acordo com a declaração anexa à sua carta de 27 de Julho, haveria que adicionar ao ponto acima referido um montante

de 202 379 164 56 escudos, representando o adiantamento do Banco de Portugal que se seguiu ao acordo de 29 de Dezembro de 1922. Esta soma, se não estou enganado, deveria ser correctamente incluída na Dívida Flutuante e deveria, portanto, ser adicionada à declaração anexa à sua carta de 30 de Julho»[40].

Claro que as coisas têm de ver-se à luz da época em que estas negociações decorreram. O próprio ministro das Finanças tinha de esclarecer em detalhe, em pormenor, ao National City Bank:

«Relativamente às diferentes questões que me colocou no dia 2 do corrente, tenho o prazer de lhe comunicar as seguintes respostas que recebi de Sua Excelência o Ministro das Finanças sobre o assunto.

§1) e a) A diferença notada deriva do facto de no orçamento apenas terem sido considerados os certificados de cupão, enquanto neste cálculo estão incluídos estes últimos e os de cupão zero, sendo:

certificados de cupão	38 821 230 $
certificados de cupão zero	12 940 410 $
	51 761 640 $

Ambos se encontram na mão do público salvo aqueles que aparecem no quadro como estando na posse do Tesouro.

b) c) e d):

A 3.ª série de certificados de cupão zero é sempre amortizada por sorteio e juntamente com certificados de cupão da mesma série. A cada certificado de cupão corresponde um certificado de cupão zero com o mesmo número. Uma vez realizado o sorteio para a amortização, os certificados de ambos os tipos a serem pagos são determinados. A amortização é feita pelo seu valor nominal.

§2):

A declaração fornecida apresenta o estado da dívida em 30 de Junho de 1928. Os números indicados a vermelho revelam os créditos que deverão ser deduzidos do total.

[40] Questões que o National City Bank colocou ao ministro das Finanças através do Fonsecas, Santos & Vianna em 2 de Agosto de 1928. Veja-se o documento n.º 11. Arquivo cit.

Foi feita uma supervisão pela Agência Financeira do Rio de Janeiro no sorteio ("Tirages de l'Agence Financière de Rio de Janeiro") sobre (c) 1), nomeadamente:

em vez de £ 276 058, deve ler-se Esc. 193 479$. É mais correcto considerar a dívida ao Banco de Portugal (1 450 005 contos) como uma dívida amortizável.

§ 3):

Não surpreende que estes números sejam diferentes. Esta parte da dívida é constituída por uma conta corrente. A Caixa faz os seus contratos com o público e com as entidades administrativas. Quando alarga tais operações, retira as exigências correspondentes e a conta desce. Por outro lado, no final do ano, são feitas muitas liquidações de juros dos depositantes da Caixa e efectuam-se levantamentos de somas substanciais por parte do público. Esta variabilidade da dívida do Estado pode ser facilmente compreendida se nos lembrarmos que a Caixa garante o Estado apenas com os seus fundos disponíveis e que os fundos disponíveis são maiores ou menores segundo o movimento da Caixa e os seus negócios.

§ 4):

O montante de 202 000 contos não pode ser acometido ao Banco de Portugal a não ser que o câmbio adquirido com essas notas do banco seja simultaneamente considerado propriedade do Estado. As notas de banco emitidas têm a sua exacta contrapartida no câmbio. Quando o câmbio é vendido, as notas de banco são retiradas e, consequentemente, a sua circulação cessa por um lado, assim como cessa a dívida do Estado, por outro. É uma circulação inteiramente coberta pelo câmbio. Portanto, não deveria ser considerada dívida do estado ou, sendo-o, deveria igualmente figurar nos activos um montante equivalente em moeda-ouro. Entretanto, deve realçar-se que a melhoria do câmbio durante o ano de 1924 causou prejuízos a esta conta, prejuízos esses que deverão ser pagos pelo Estado»[41].

Não vamos evidentemente supor que o National City Bank não procurasse afrontar e vencer as circunstâncias do momento. Assim, Weeks, a 10 de Agosto, numa carta que merece ser lida e meditada — daí a sua inteira transcrição —, confessava o seguinte:

[41] Cópia da carta do Fonsecas, Santos & Vianna ao National City Bank em 16 de Agosto de 1928. Arquivo cit.

«Estive durante a semana passada em comunicação activa com os meus colegas de New York e nossos associados, ácêrca da minha troca de correspondência com V. S.ª. relativa a um anúncio público do nosso estudo de um programa financeiro que tornaria viável um eventual Empréstimo Internacional, de importância, para o Govêrno de Portugal. Dado o facto de já ter chegado a New York uma importante soma de elementos obtidos durante a visita a Lisboa dos Snrs. Pictet e Griffith, os nossos colegas dali acharam que era de interesse geral e em particular no interesse do próprio Govêrno, achar uma fórmula para a solução de algumas das principais dificuldades antes de fazer um anúncio público».

Mais adiante Weeks declarava:

«Uma dificuldade muito grande provem a respeito do estatuto Constitucional. Parece estar estabelecido na presente Constituição que várias medidas que façam parte essencial de um sólido Plano Financeiro, incluindo a autorização para um eventual Empréstimo a Longo-Prazo, devem ter a aprovação do Parlamento. Como V. S.ª. sabe, para que qualquer Empréstimo Internacional seja contraído, emitido publicamente e "cotado" na Bolsa de New York, deve ter o voto de entidades legais para o efeito do Empréstimo ser emitido válida e legalmente e o Govêrno emissor ficar responsável. Foi este um ponto que nós pedimos ao Snr. Pictet para investigar durante a sua permanência em Lisboa, tendo-nos ele indicado certos precedentes de ter sido aceite por parte de Estrangeiros determinada legislação aprovada por Decreto do Gabinete Português. Porém, nenhum desses precedentes, que nos conste, foi até ao ponto de fornecer dinheiro contra obrigações a Longo-Prazo, o que aparentemente deve ser feito com a aprovação do Parlamento de acôrdo com a Constituição que sabemos ser ainda a Lei Suprema em Portugal».

Por seu lado, Weeks acrescentava:

«Queira notar que isto é simplesmente uma informação oficiosa sobre a difícil situação que estamos estudando. Ocorre-me sugerir que o próprio Govêrno Português deveria consultar uma firma de solicitadoras de posição internacional, especialistas em Leis Constitucionais, afim de com eles se obter uma fórmula que tivesse a aprovação deles, em face da qual as medidas essenciais para a estabilização da moeda e a eventual emissão de um Empréstimo a Longo-Prazo, pudessem ser tomadas de harmonia com os dogmas das Leis Internacionais. Julgo que a opinião de entidades legais inglêsas, cuja aprovação seria provavelmente pedida por quaisquer Banqueiros Londrinos associados a um financiamento eventual, seria também satisfatória para nós».

E na falta de cumprimento da promessa feita ao Fonsecas, Santos & Vianna, iludia a questão:

> «A segunda e maior questão que nós estamos ainda estudando é o "modus faciendi" para desenvolver um plano de estabilização monetária, incluindo a fixação de um câmbio justificado pela economia do país, e reorganização do Banco de Portugal. O plano adoptado deve ser um que possa ser considerado como tecnicamente correcto e calculado para assegurar a necessária cooperação por parte dos Bancos emissores de Londres, New-York, e outros. Como estes Bancos emissores não podem provavelmente agir com uma capacidade oficial, seria desejável que o esboço de um Plano de Estabilização Monetária fosse feito por um Perito independente, em colaboração com o Govêrno Português, mantendo-se porém um íntimo contacto com os Bancos Centrais de New-York e Londres».

E por último concluía:

> «Penso que uma discussão pessoal facilitaria o desenvolvimento de fórmulas satisfatórias para a solução destas maiores dificuldades e como o Snr. Pictet não está disponível neste momento, pedi ao Sr. Travers para ir a Lisboa afim de obter detalhadamente a opinião de V. S^{as} e a do ministro das Finanças em algum destes pontos que requerem solução antes de se fazer progressos mais importantes na elaboração de um Plano Financeiro definitivo»[42].

Entretanto chegava a Lisboa Albert Travers do National City Bank para conhecer *sur place* a posição do Fonsecas, Santos & Vianna, e sobretudo a do ministro das Finanças, para se poder descobrir o modo de aprovar qualquer grande empréstimo externo não por virtude da carência de um pequeno parlamento, mas por razão da sua completa inexistência.

Não resta dúvida de que para Weeks o Fonsecas, Santos & Vianna não tinha motivo para se queixar do lado árduo do negócio e que, pelo contrário, o futuro havia de garantir maiores probabilidades de rendimento

[42] Carta do National City Bank ao Fonsecas, Santos & Vianna em 10 de Agosto de 1928. Arquivo cit.

útil. No dia 16 de Agosto, enviava a Mário Luís de Souza as seguintes observações:

> «O nosso director, Sosthenes Behn, teve a amabilidade de me informar sobre o objectivo da conversa que manteve consigo esta semana em Lisboa e lamento muito saber que lhe expressou embaraço relativamente às suas relações com o Governo Português por causa do atraso da nossa parte na publicação do comunicado».

Da sua intervenção dizia Weeks:

> «As minhas cartas de 3 e de 10 de Agosto sublinhavam o nosso ponto de vista com grande clareza e estou certo de que o Sr. Travers, em entrevista privada, terá harmonizado as restantes divergências de critério quanto ao processo.
>
> No entanto, como estamos extremamente ansiosos para que o nosso processo seja em todos os aspectos subscrito pela sua boa firma e para apoiá-lo nas discussões que pode vir a ter com o seu Governo, apresso-me a escrever mais estas linhas no sentido de uma configuração mais formal do nosso ponto de vista. A questão do estado legal, explicada na minha carta de 10 de Agosto, é uma questão de importância vital que influenciará necessariamente o nosso processo. Tomámos consciência do estado legal em Junho, durante as nossas conversações em Londres e, como sabe, solicitámos ao Sr. Pictet, aquando da sua estadia em Lisboa, que acertasse oficialmente as posições do Governo e os princípios jurídicos sobre os quais a confiança deveria ser baseada na elaboração de legislação por iniciativa do Governo em matérias que são especificamente enunciadas na Constituição. Isto para dizer que, como leigos, reconhecemos a existência do problema, mas não nos atrevemos a emitir uma opinião sobre a sua resolução até termos a oportunidade de consultar o nosso Conselho em Nova Iorque. No que diz respeito à chegada a Nova Iorque, no fim de Julho, dos relatórios elaborados pelos Srs. Pictet e Griffith, acompanhados de cópias da Constituição Portuguesa e de outra documentação, asseguramos-lhe que os nossos advogados debruçaram-se atentamente sobre este problema legal»[43].

Em seguida, o vice-presidente do National City Bank, sem perder a serenidade, tomava as providências necessárias e aconselhava o banqueiro do

[43] Carta do National City Bank ao Fonsecas, Santos & Vianna em 16 de Agosto de 1928. Veja-se o documento nº 12. Arquivo cit.

Fonsecas, Santos & Vianna a não desperdiçar a sua valiosa cooperação se quisesse andar para a frente e vencer as dificuldades.

«Estou certo de que, em consideração, concordará comigo que neste como em qualquer outro caso semelhante, para desenvolvermos com êxito uma cooperação permanente em termos de financiamento, teremos que manter uma atitude de mútua confiança e, quando depararmos com dificuldades, teremos que parar e estudar uma solução independentemente de qualquer plano pré-estabelecido»[44].

E corroborava adiante:

«No entanto, peço-lhe que compreenda que, apesar de termos exposto esta dificuldade e de termos exprimido a nossa opinião de que é do interesse tanto do Governo como nosso encontrar uma solução para ela antes de prosseguirmos, não descurámos de forma nenhuma a seriedade do nosso exame sobre a situação global. Prosseguimos discretamente com inquéritos em círculos oficiais e com consultas aos nossos advogados e pusemos-lhe, através do Sr. Travers, para sua ponderação, a questão de saber se seria desejável para o próprio Governo Português consultar o Conselho composto por especialistas em Direito Internacional sobre o processo que permitiria a esse Conselho dar a qualquer banqueiro ou às bolsas de valores de Nova Iorque ou da Europa um parecer favorável relativamente à legalidade dos passos financeiros que necessariamente precederiam um empréstimo internacional»[45].

Em todo o caso, havia ainda a tomar em consideração o mercado de Londres:

«Põe-se igualmente a questão do desejo de cooperação com o mercado financeiro londrino expresso ab initio pelo que os meus sócios de Nova Iorque consideram que seria desejável chegar a uma conclusão antes da decisão final sobre a forma do comunicado público a emitir oficialmente»[46].

No dia 17 de Agosto, Richard Pictet, da filial de Paris, escrevia para o Fonsecas, Santos & Vianna o que se segue:

[44] *Ibid.*

[45] *Ibid.*

[46] *Ibid.*

«O Sr. Travers já o terá informado detalhadamente sobre o ponto em que nos encontramos no nosso estudo e ter-lhe-á igualmente comunicado as várias sugestões que pensamos dever fazer nas actuais circunstâncias de forma a podermos prosseguir com êxito com as nossas negociações. Espero com grande confiança que este programa se desenrole rapidamente»[47].

Entretanto, Mário Luís de Souza, em resposta às cartas de 10 e 16 de Weeks, enviava para Londres, para o National City Bank, uma ampla e desafrontada exposição, de que vale a pena sublinhar os seguintes passos:

«Em primeiro lugar, Sua Excelência o Ministro estranha que apenas agora levantem a questão, em vez de o terem feito antes do compromisso por vós assumido relativo ao comunicado sobre o empréstimo. Quando o Sr. Pictet aqui esteve interrogou, na sua primeira audiência, Sua Excelência o Ministro sobre este problema e pareceu-nos ter ficado satisfeito. Se assim não foi, poderíamos ter procurado, com os elementos de que dispomos, dissipar as dúvidas que sobre este assunto existiam no seu e no vosso espírito.

Certamente Sua Excelência o Ministro considera que o problema da legitimidade do Governo face ao direito interno pode ser colocado à luz da Constituição de 1911 e que pode, sobretudo, preocupar um estrangeiro que se encontre pouco ao corrente das transformações políticas nos países europeus e das modificações que estas introduzem nos respectivos direitos constitucionais. Considera que tem o direito de procurar esclarecer-se sobre esta questão para que possa formar a sua opinião; mas tudo isto deve ser feito no campo dos princípios ou dos estudos particulares sem que a conclusão contenha qualquer opinião generalizada sobre o problema. Compreende certamente que nos encontramos na presença de um problema de direito público que envolve a apreciação da política interna de Portugal e que Sua Excelência o Ministro, tal como o governo de qualquer Estado, não poderia jamais concordar que esta questão, ainda que na melhor das intenções, fosse apresentada para exame por qualquer país estrangeiro ou organismo internacional, pois a ele diz exclusivamente respeito. O julgamento àcerca da legalidade do Governo para contratar, ainda que fosse possível de obter oficialmente de governos estrangeiros, o que não é, proibiria o Governo Português de contratar com aquele que tivesse provocado tal julgamento, pois nele teria que ver uma injusta intromissão na sua política interna.

[47] Carta do National City Bank, filial de Paris, ao Fonsecas, Santos & Vianna em 17 de Agosto de 1928. Arquivo cit.

Estes julgamentos traduzem-se geralmente em situações que, pressupondo o reconhecimento do Governo, pressupõem também necessária a existência de uma capacidade jurídica indispensável para contratar.

É por esta razão que Sua Excelência o Ministro das Finanças considera que nada tem a ver com as consultas que faça aos seus advogados com o objectivo de formar a sua opinião àcerca de um problema que lhe interessa até mesmo porque esse facto pode dele ser desconhecido, mas ele não pode, como ministro de um país independente, autorizar que um estrangeiro consulte qualquer outro governo sobre a legitimidade do governo de que ele faz parte. Não será necessário acrescentar que não pode obter esta decisão em termos passíveis de serem utilizados publicamente e que, na hipótese por si colocada de apoiar publicamente tal decisão de um governo estrangeiro (pressupondo que este autorizaria a sua publicidade), o Governo Português não poderia manter mais contactos consigo devido à fragilidade da situação por si criada»[48].

E Mário Luís de Souza, para melhor demonstrar que a questão da legitimidade do regime era uma falsa questão, continuava:

«A questão da legitimidade do Governo para contratar foi levantada por inimigos políticos do actual Governo em Genebra, junto da Sociedade das Nações. Não ignora, pois foi na altura divulgada publicamente, que a questão foi examinada por peritos jurídicos que sobre ele trabalharam e apresentada de seguida ao Comité encarregue do Empréstimo para Portugal de que eram membros, entre outros, os ministros dos Negócios Estrangeiros da França (Briand), da Inglaterra (Chamberlain) e da Alemanha (Stresemann).

A questão foi tratada em reunião secreta deste Comité, o qual autorizou o Comité financeiro a continuar as negociações. Esta simples autorização demonstrou-nos que a questão foi decidida a favor de Portugal, e o facto de a reunião se ter mantido secreta e, sendo portanto secreta a sua decisão, demonstrou-nos também a dificuldade que a Sociedade das Nações sente para se pronunciar sobre a organização política de qualquer país. A questão foi, pois, levantada e decidida favoravelmente; sabe-se (e pode-se provar na totalidade) que o empréstimo a realizar sob os auspícios da Sociedade das Nações fracassou unicamente devido à exigência de controlo financeiro, ou seja, em termos que se revelam na prática uma simples formalidade. Mas nem mesmo assim quis o Governo aceitá-lo.

[48] Cópia da carta do Fonsecas, Santos & Vianna ao National City Bank em 17 de Agosto de 1928. Arquivo cit.

Compreende-se que a solução dada pela Sociedade das Nações poderia ser outra. Mesmo antes do actual Presidente da República ter sido eleito por escrutínio directo, em Abril deste ano, o Governo já era reconhecido como tendo capacidade e legitimidade para negociar com governos estrangeiros e para assumir compromissos em nome do povo português»[49].

Para desmistificar por completo a questão da legitimidade, Mário Luís de Souza acrescentava:

«Este acto dar-vos-á uma ideia completa da lealdade de Sua Excelência o Ministro e da firme posição que ele sabe ser a do Governo a este respeito.

O que ele não pode consentir são os adiamentos sucessivos à espera de consultas que, no caso, se lhe afiguram totalmente inúteis, sendo esta tão somente a questão.

Sua Excelência o Ministro autorizou-me a enviar a V. Exa. uma pequena nota escrita pelo Professor de Direito Internacional da Universidade de Coimbra, que foi um dos negociadores da liquidação da dívida de guerra com o Governo Inglês».

É a seguinte:

«Serão juridicamente eficazes as obrigações em que se constituir o actual Govêrno quer de carácter exclusivamente nacional, quer internacional?»

RESPOSTA

«Não pode duvidar-se de que são.

1º.) Porque o actual Govêrno é um Govêrno de direito e não de facto. Está sancionado pelo voto da Nação que elegeu o actual Presidente da República, com as atribuições que lhe são conferidas pelo Decreto n.º. 12:740, de 26 de Novembro de 1926, de natureza constitucional, entre as quais existe, sem nenhuma restrição, a de representar a Nação.

Tem, pois, qualidade legal para realizar quaisquer actos jurídicos com plena eficácia interna ou externa.

2º.) Porque foi reconhecido e está em relação com todos os outros Estados. É, pois, internacionalmente o representante legal da Nação Portuguesa.

[49] *Ibid.*

Ainda que fôsse, no ponto de vista interno, um simples Govêrno de facto, isso em nada diminuía as suas responsabilidades jurídicas internacionais, não obstante o n.º. 5º do artigo 47º. da Constituição, em vigor no momento em que se estabeleceu a actual situação política, dizer que "ao Presidente da República compete representar a Nação, sem prejuízo das atribuições do Poder Legislativo", e de o artigo 26º. n.º. 4º dizer que "compete privativamente ao Congresso da República autorizar o Poder Executivo a realizar empréstimos e outras operações de crédito que não sejam da dívida flutuante, estabelecendo ou aprovando previamente as condições gerais em que devem ser feitos".

E em nada as diminuia, porque é sabido que as normas de organização constitucional, são disposições caracterizadas de direito público interno, cuja infracção pode dar origem a responsabilidade interna, política, civil ou criminal, mas é absolutamente irrelevante no ponto de vista internacional [...]

Isto é incontroverso, para as relações com os Estados ou com os particulares de outros Estados.

Obriga-se o orgão normal das relações internacionais O Estado fica obrigado, ou aquêle orgão seja de direito ou de facto. Isto pode ver-se em qualquer tratadista. Cito os que tenho à mão: Prof D. Anzilotti, Corso di diritto internazionale, Roma 1923, pags. 98 e seg. e 140 e seg.; Fauchille, Traté de droit international public, tome 1.er, 1922, pag. 339 e 342».

Sobre este breve parecer do Professor Mário de Figueiredo, o banqueiro Mário Luís de Souza concluía a sua carta para o National City Bank:

«Nela a questão é apenas colocada e, da forma como o é, mesmo um leigo em Direito Internacional a pode facilmente compreender.

Por seu lado, Sua Excelência o Ministro deseja apenas que no estudo haja da vossa parte uma perfeita lealdade, com a qual vós e os vossos peritos haveis examinado o problema português do ponto de vista financeiro, segundo ele próprio constatou.

Esta carta foi lida a Sua Excelência o Ministro que considerou que interpretámos fielmente o seu pensamento sobre as questões aqui tratadas nas suas linhas gerais»[50].

A este propósito, importa pôr em relevo a intervenção deste Professor de Direito Internacional, como refere o telegrama de Travers para Weeks:

[50] *Ibid.*

«Souza pede-me que transmita o seguinte:

Conferimos hoje novamente com o Ministro das Finanças as dificuldades legais levantadas. Escrevo amanhã com pormenores ponto de vista do Ministro, enviando simultaneamente opinião do Professor de Direito Internacional da Universidade de Coimbra»[51].

Por curiosa coincidência, nessa mesma data, isto é, a 22 de Agosto, o vice-presidente e representante na Europa do National City Bank remetia para o Fonsecas, Santos & Vianna uma carta importantíssima que, pela sua natureza, transcrevemos por inteiro:

«Espero que V. me perdoará a pequena demora que tive em avisá-lo formalmente do resultado dos nossos estudos portuguêses, demora que foi inevitável em consequência da necessidade de consultas. Temos agora o prazer de fornecer a V. o seguinte esboço da nossa situação, o qual estimariamos que fizesse o favor de transmitir ao Govêrno Português.

1. Em resultado dos nossos estudos preliminares, nós e os nossos associados reconhecemos que existe uma base suficiente para um financiamento Externo Português com fins de reorganização. Ao mesmo tempo não recomendariamos qualquer empréstimo, nem, na verdade, um empréstimo seria de vantagem permanente para o Governo, a não ser que ele fôsse baseado numa situação técnica inteiramente sólida, incluindo a Estabelização da Moeda num ponto dentro do poder económico do país, afim de manter — juntamente com as reformas do tesouro, orçamental e bancária — a conveniente solução que implica a mais experimentada assistência técnica.
2. Nós e os nossos associados, os Snrs. Dillon Read & Company, depois de termos considerado toda esta situação, tivemos uma conferência com os Snrs. Baring Brothers & Co., Ltd., cuja opinião e cooperação acêrca do Financiamento Português, nós reputamos do mais alto valor em virtude da sua situação na praça de Londres e das intimas relações que eles teem mantido com Portugal desde muitos anos. Achamos os Snrs Baring Brothers & Co, Limited, muitissimo bem dispostos para com Portugal

[51] Cópia do telegrama de Travers para Weeks. O Professor de Direito Internacional da Universidade de Coimbra era Mário de Figueiredo. Resposta do Doutor Mário de Figueiredo à questão: serão juridicamente eficazes as obrigações em que se constituir o actual Governo quer de carácter exclusivamente nacional, quer internacional? Veja-se o documento n.º 13. Arquivo cit.

e desejosos de cooperar num esfôrço para resolver os vários problemas existentes, contanto que a sua cooperação seja desejada e solicitada pelo Governo Português.

3. Os Snrs Baring Brothers & Co., Limited concordam comnosco e com os nossos associados Americanos em que para os problemas técnicos acima referidos se deve pedir o conselho de Peritos. Parece, portanto, que seria necessário, como primeira medida, que o govêrno convidasse Peritos de reputação Internacional para se pronunciarem sobre estes assuntos.
4. Estaria de acôrdo com o que antecede e com a dignidade de Portugal que estes Peritos fizessem o seu relatório a convite do Governo Português e em seu nome. Os banqueiros teriam prazer em cooperar com o Governo na selecção das verdadeiras pessoas para este trabalho.
5. Os Banqueiros sugeririam que um delegado ou delegados da confiança do Ministro das Finanças e com conhecimento íntimo da engrenagem financeira do govêrno, viessem a Londres para discutir estes assuntos com os Banqueiros, com o fim de concordarem sobre os Peritos a convidar, as condições em referência, as informações de caracter oficial que os Peritos pediram e sobre a forma pela qual estas informações deviam ser prestadas pelo Governo».
6. Entre os problemas que exigem uma solução, há uma questão de capital importância quanto à situação legal de um Empréstimo Externo — uma questão que surge sempre com respeito a qualquer Empréstimo Externo, e que deve ser resolvido de uma forma tal a dar satisfação às exigências dos mercados de colocação (emissão) incluindo as Bolsas de Londres e de New Yorque. Os Banqueiros desejariam conhecer em detalhe a fórmula pela qual o Governo pensa em prover a esta situação.

Pelo que respeita às investigações preliminares que os nossos representantes fizeram em Portugal, apreciámos altamente a atenção e a acção pessoal de sua Exª. o Dr. Salazar e esperamos que V. lhe manifestará quão altamente apreciamos a continuação da sua atenção e cooperação pessoal nestes estudos»[52].

[52] Carta do National City Bank ao Fonsecas, Santos & Vianna em 22 de Agosto de 1928. Arquivo cit.

Não vamos, evidentemente, pôr em dúvida o interesse que o Governo português tinha em alargar a participação da operação financeira a outros banqueiros. É de Weeks para Nova Iorque o seguinte telegrama:

«Como resultado da conferência Baring Bros. & co. Ltd Dillon Read & Co., nós Baring Bros concordamos em definitivo em cooperar com Portugal desde que o governo português convide Baring Bros & co. Ltd. A participar STOP Eles concordaram connosco sobre carta a escrever a Souza transmitindo seu desejo de cooperar de acordo com pedido do governo português STOP Carta indica cooperação Londres essencial estabelece sigilo banqueiros existe nessa base para empréstimo externo mas realização apenas possível no caso importantes dificuldades técnicas resolvidas de forma a assegurar situação permanente estável segura exigindo confiança nos mercados de investimento neste sentido recomenda encontro comissão de peritos pelo governo português oferecendo cooperação dos banqueiros assegurando peritos competentes STOP comunicar conteúdo da mensagem a Dillon, Read & Co. (Nova Iorque)»[53].

Entretanto, no dia 23 de Agosto, era entregue em Lisboa a Travers, para ser remetida a Weeks, uma cópia de um estudo efectuado em tempo oportuno pelo contencioso do próprio Fonsecas, Santos & Vianna sobre a legitimidade e constitucionalidade do Governo português[54].

Finalmente, a 27 de Agosto, Salazar fazia a vontade a Weeks, escrevendo para o Fonsecas, Santos & Vianna pelo próprio punho:

«Acuso a recepção da carta de V. Ex^as^ de hoje, 27, acompanhando a carta recebida pelo vosso sócio, Exm.º Snr. Mário de Souza, da parte de C. K. Weeks, do N. C. Bank, com a data de 22 (Londres).

Preciso estudar com algum vagar os vários pontos versados nesta carta acêrca do projectado empréstimo, e por isso não responderei hoje a toda ela, mas posso desde já auctorisar V. Ex.as a estender a Baring Brothers o convite que em nome do Govêrno português V. Ex.as fizeram ao National City Bank, para estudarem conjuntamente com o Govêrno o plano tendente à realização de uma operação de empréstimo externo, visto que estava de há muito no nosso espírito — e isso

[53] Cópia do telegrama de Weeks para a sede do National City Bank de Nova Iorque em 22 de Agosto de 1928. Veja-se o documento n.º 14. Arquivo cit.

[54] Cópia de um estudo efectuado pelo contencioso do próprio Fonsecas, Santos & Vianna sobre a legitimidade e constitucionalidade do Governo português (foi entregue uma cópia em 23 de Agosto de 1928 a Travers para ser remetida a Weeks). Veja-se o documento n.º 15. Arquivo cit.

mesmo fôra já particularmente acordado com o N. C. Bank — convidar aquelles nossos antigos banqueiros de Londres a prestar-nos a sua colaboração.

Dentro de poucos dias responderei aos restantes pontos da carta do Snr. Weeks»[55].

Decorridos dois dias sobre a carta de Salazar, a Direcção do Fonsecas, Santos & Vianna enviava a Weeks a informação que segue:

«Para sua melhor elucidação, tenho a honra de lhe enviar a tradução integral da referida carta de Sua Excelência o Ministro das Finanças, da qual dei conhecimento aos Srs. Baring Brothers & Co. Ltd., a quem em nome e por honrosa incumbência do Governo Português, a nossa casa enviou hoje um convite para que estes Senhores, juntamente com o National City Bank e os Srs. Dillon, Read & Co., colaborem com o mesmo Governo no sentido de obter uma solução adequada dos diferentes problemas intimamente ligados à emissão de um empréstimo externo para Portugal e tendente à realização deste empréstimo»[56].

Vale a pena transcrever por completo a inédita e interessante carta de Salazar, de 28 de Agosto, para o Fonsecas, Santos & Vianna com a resposta dos diferentes pontos formulados por Weeks:

«Li com a maior atenção a carta do Sñr. Weeks para V. Exas., datada de 22 do corrente, de cuja cópia hontem mêsmo accusei a recepção.

Sigo, ponto por ponto, a exposição do Sñr. Weeks, para dizer a V. Exas. o meu pensamento sobre os diversos problemas que na carta se discutem à volta do projectado empréstimo externo.

1) — É sabida de V. Exas. a posição que marquei, fóra do Governo àcêrca do empréstimo. No Governo não tenho mais que realisar as condições que sempre reputei necessarias para que aquella operação fôsse benefica para o Paiz.

O empréstimo não me interessa como meio de abastecer a Thesouraria; de facto, o Governo não precisa hoje de dinheiro para as suas despesas normaes.

O empréstimo externo interessa-me para realisar a estabilisação monetaria, a reforma do Banco Emissor, a consolidação da divida flutuante, a reforma da Caixa Geral de Depósitos, e, depois disso, a conversão e simplificação da divida interna.

[55] Carta do ministro das Finanças ao Fonsecas, Santos & Vianna em 27 de Agosto de 1928. Arquivo cit.

[56] Cópia da carta do Fonsecas, Santos & Vianna ao National City Bank em 29 de Agosto de 1928. Arquivo cit.

Antes porém de pensar nisso, pensou-se — e realisou-se — o equilibrio orçamental, por meio de redução de despesas e aumentos de receita, cuja reforma, apesar de tudo, não dou ainda por completa neste momento.

Escrevi muita vez que era uma ilusão um empréstimo sem equilibrio de contas, e que era um erro um empréstimo para outros fins, de começo, que não fôssem aqueles que acima referi. O Paiz está absolutamente integrado neste pensamento. Não ha pois discussão à volta do que os banqueiros afirmam sob o N.º 1): se é aquele o seu pensamento, é aquele também o interesse do Governo. Noutras condições podiam os banqueiros oferecer-nos um empréstimo: eu não o aceitava.

2) — Confirmo a minha carta de ontem autorizando V. Exas. a estender a Baring Brothers & Co., Ltd. o convite que, em nome do Governo Portuguez, V. Exas. fizeram ao National City Bank. Não só era esse o nosso pensamento, mas fôra já particularmente acordado com o National City Bank convidar aqueles nossos antigos Banqueiros de Londres a prestar-nos a sua colaboração valiosa na operação que projetamos.

3), 4) e 5) — O Governo Portuguez elaborou, em 1927 com os seus técnicos, o plano de um empréstimo de £ 12 milhões para ser aplicado à reorganisação financeira, bancaria, monetaria e economica do Paiz.

Resolvido que se pedisse o patrocinio da Sociedade das Nações para a emissão do empréstimo, vieram a Portugal tecnicos especialisados em assuntos economicos e financeiros e depois mêsmo o Comité Financeiro da Sociedade.

Estudou este em Lisbôa o assunto com o Governo e continuou-o depois em Genebra com a Delegação Portuguesa, presidida pelo Ministro das Finanças.

De todos esses trabalhos resultou um plano definido, concretisado em projetos relativos a

estabilisação da moeda
reforma do Banco de Portugal
reforma da Caixa Geral de Depositos
equilíbrio do orçamento e
medidas atinentes à consecução desse
equilibrio e adopção dos bons principios
da orçamentologia.

Chegaram a acordo sobre a parte tecnica Governo e Comité, mas este prendeu-se com a exigencia dum contrôle que a Delegação Portuguesa não quiz aceitar. Fôram por isso suspensas as negociações; mas existem os documentos que se lhes referem e aqui fôram em parte mostrados aos peritos do National City Bank, estando publicadas as actas do que se passou nas sessões públicas do Conselho.

Chamado ao Governo, desinteressei-me do empréstimo sob os auspicios da Sociedade das Nações, (reconhecendo aliás a bôa vontade que a Sociedade das Nações mostrou no estudo da situação portuguesa) mas aprofundei o estudo do plano que merecera a aprovação do Comité Financeiro e do anterior Governo Portuguez. Desse estudo resultaram as correcções introduzidas nos projectos anteriores e que são do conhecimento do National City Bank, pois dei copias aos seus tecnicos dos projectos relativos:

à aplicação do empréstimo e reforma orçamental
à reforma do Banco Emissor e estabilisação da moeda
e à reforma da Caixa Geral de Depositos.

Sobre outros pontos de administração financeira, para mim princípio e condição necessária de tudo o mais, não segui os estudos anteriores: pareceu-me que se podia fazer mais e melhor e a experiencia tem demonstrado que tinha razão.

O orçamento para 28-29 está equilibrado; no plano de Genebra admitia-se ainda neste ano um deficit de varias dezenas de milhares de contos.

Sobre os projectos indicados acima, corrigidos em harmonia com o meu pensamento àcêrca de alguns problemas e em harmonia ainda com os dados actuais, é possivel que uma discussão cuidada e um novo exame levem a aceitar ainda novas correções, mas serão sempre correções de detalhe, segundo creio.

Esta exposição é para mostrar que o Governo tem, quanto à aplicação do empréstimo, um plano seu, trabalhado pessoalmente por mim, perfilhado portanto por mim. Mereceu nas suas linhas gerais (e salvo as tais correções de detalhe em que tenho falado) a aprovação do Comité Financeiro da Sociedade das Nações).

O Governo não precisa de o sujeitar ao estudo de qualquer autoridade financeira internacional, no que apenas mostraria que não tem confiança em si proprio e no seu conhecimento das questões, nem no Comité Financeiro da Sociedade das Nações com o qual chegou a acordo. Na praça de Londres sobretudo o facto de o Governo Portuguez convidar quem quer que fôsse a dar-lhe o seu parecer sobre um plano financeiro, estudado e acordado com grandes autoridades inglezas no Comité da Sociedade das Nações, seria talvez mal interpretado e poderia ter efeitos contraproducentes senão desastrosos.

Reconheço lealmente que os banqueiros podem ter interesse em fazer examinar por peritos e reconhecidas autoridades internacionais em matéria financeira aqueles planos, não só para sua segurança como para recomendarem aos seus clientes a aceitação dos títulos. É perfeitamente razoavel; e por esse motivo não só me não oponho como dou o meu assentimento a que peritos escolhidos pelos banqueiros, e por eles nomeados, apreciem a eficiencia do plano que apresentamos. Ficam à sua disposição todos os elementos, informações e esclarecimentos de que eu proprio posso dispor, para o estudo completo do problema.

Este é dos problemas que não precisam de estudo in loco; os banqueiros poderão obter que, mêsmo em Londres ou em New York, uma grande autoridade lhes dê a sua opinião. Mas se assim o não entenderem, eu estou disposto a conversar com os representantes dos banqueiros e os seus peritos para uma solução completa e rapida deste assunto.

Repito a V. Exas. que tenho o maior interesse em saber quanto antes com o que posso contar, para estudar outras possiveis soluções dos nossos problemas.

6) — Não compreendo perfeitamente o pensamento do Sñr. Weeks. Como a carta a que respondo foi enviada a V. Exas. antes de recebida em Londres a carta que V. Exas. escreveram, ao Sñr. Weeks com o meu pensar ácêrca deste ponto, esperarei que a esta carta seja dada uma resposta que nos permita vêr bem o que os banqueiros pensam ainda a este respeito.

Espero dever a V. Exas. o favôr de levar ao conhecimento do Sñr. Weeks estes meus pontos de vista, agradecendo-lhe ao mêsmo tempo da minha parte as suas amaveis referencias»[57].

Nesse mesmo dia, o National City Company fazia saber ao Fonsecas, Santos & Vianna o seguinte:

«Na ausência do Sr. Weeks, tenho o prazer de acusar a recepção da sua estimada carta de 22 de Agosto e tenho que lhe agradecer igualmente o parecer jurídico incluso do Professor de Direito Internacional da Universidade de Coimbra, que Sua Excelência teve a amabilidade de nos enviar»[58].

E logo acrescentava na mesma epístola:

[57] Carta do ministro das Finanças ao Fonsecas, Santos & Vianna em 28 de Agosto de 1928. Arquivo cit.

[58] Carta do National City Bank ao Fonsecas, Santos & Vianna em 28 de Agosto de 1928. Veja-se o documento n.º 16. Arquivo cit.

«Ambos foram objecto da minha aturada atenção e foram submetidos aos nossos associados. Remeto-lhos no correio de hoje para Nova Iorque, pedindo ao escritório de Nova Iorque para os submeter ao parecer legal dos nossos advogados, à luz do regulamento da Bolsa de Valores de Nova Iorque.

Estamos de facto muito contentes por ver que Sua Excelência o Ministro das Finanças partilha da nossa opinião segundo a qual a questão da legalidade deve ser discreta mas satisfatoriamente resolvida o mais cedo possível, de forma a permitir um estudo rápido e suficiente de mais alguns pontos mencionados na carta do Sr. Weeks de 22 de Agosto»[59].

Nos últimos dias do mês de Agosto, a chave do negócio do empréstimo externo estava em se reconhecer a legitimidade ou constitucionalidade do regime. A partir de Setembro entrava finalmente nesse debate o Doutor Mário de Figueiredo não para negociar em segredo qualquer empréstimo externo, como é sugerido no livro *Salazar — os tempos áureos*[60], mas simplesmente para proferir o seu parecer, como Professor de Direito Internacional, sobre a questão da constitucionalidade do governo, questão inicialmente levantada pelo National City Bank e não pelo Baring Brothers.

Do princípio de Junho ao fim de Agosto vão precisamente três meses de muito trabalho, de inúmeras negociações e de não pequenas despesas tendentes à negociação de um empréstimo externo destinado ao saneamento financeiro do País e em que o Fonsecas, Santos & Vianna era intermediário entre o Governo português e o National City Bank. Naturalmente, nos derradeiros dias do mês de Agosto poder-se-ia, talvez com maior razão, repetir as palavras redigidas por Mário Luís de Souza a 31 de Julho:

«*Si bien que, comme portugais, je me sens satisfait de la marche actuelle de la vie publique de mon Pays, je vois, comme intermédiaire, que à moins qu'il y ait une bonne volonté de conclure rapidement la dite opération, nous rencontrerons d'ici à quelques mois une situation si soulagée entre nous au point de rendre les négotiations difficiles*»[61].

[59] *Ibid.*

[60] FRANCO NOGUEIRA, *Salazar – Os tempos áureos, (1928-1936)*, Atlântida Editora, Coimbra, Vol. II, p. 20.

[61] Cópia da carta do Fonsecas, Santos & Vianna ao National City Bank em 31 de Julho de 1928. Arquivo cit.

CAPÍTULO II

O EMPRÉSTIMO EXTERNO E A LEGITIMIDADE DO GOVERNO

Provavelmente foi para permitir que a Inglaterra conservasse o papel de banqueiro do mundo que o ministro das Finanças, Winston Churchill, em 1925, tomou a decisão espectacular de voltar ao padrão-ouro[1] e de elevar o valor da libra. Que admira pois que o National City Bank de Nova Iorque tivesse o comando das suas operações para a Europa em Londres E. C. 2, 36 Bishopsgate, em vez de o ter em qualquer outra grande cidade do velho Continente? E que admira que Weeks, vice-presidente desse banco e seu representante para a Europa, aí residisse?

Naturalmente, em 1925, a falta de conhecimentos económicos e financeiros de Churchill se não deu azo ao abatimento definitivo da sua carreira política, por virtude dos erros cometidos e apontados por Keynes no panfleto "The Economic consequences of M. Churchill"[2], ao menos desencadeou uma grave crise na Grã-Bretanha, contribuindo manifestamente para o aumento do desemprego. Só muito mais tarde, com a Segunda Guerra Mundial, Churchill se havia de reabilitar junto da opinião pública, apesar de um dia haver tomado a decisão nefasta de restaurar a convertibilidade-ouro da libra esterlina.

[1] Em 1914 a Grã-Bretanha deixou de basear o seu sistema monetário no ouro. E, em 1925, regressou ao padrão-ouro, mas abandonou-o definitivamente em 1931.

[2] EDGAR BLACK, *Churchill*, Editorial Aster, Lisboa, p. 228.

É perfeitamente natural que por esse tempo o mundo do trabalho se manifestasse ruidosamente na Grã-Bretanha. Basta dizer que os empresários, por força do aumento de 10 por cento no preço de todas as mercadorias exportadas, se viram obrigados, para manter uma posição competitiva nos mercados, a baixar os preços e a reduzir os salários dos empregados[3].

Não vamos evidentemente pôr em dúvida que à crescente preocupação por esta política monetária fosse estranha a Banca responsável[4]. Porém, o que queremos sobretudo referir é que o National City Bank não podia ser indiferente a este estado de coisas. E compreende-se! Em 1928, os empréstimos externos concedidos pelos Estados Unidos elevavam-se já a 4 mil milhões de dólares, o que se afigurava para os corretores do mercado um montante quase insustentável, posto que se especulava como nunca, comprava-se a crédito como nunca e parecia ser fácil enriquecer como nunca. Se quisermos ajuizar, pelas avultadas somas concedidas pelos americanos só à Alemanha, na década de 20, e que serviram para pagar as reparações de guerra aos aliados e que estes por sua vez as aproveitavam para liquidar as suas próprias dívidas de guerra para com os Estados Unidos, teremos de concluir que o empréstimo ao Governo português, ainda que pouco expressivo, havia de suscitar dificuldades especiais de ordem jurídica e política.

Deverá lembrar-se que as negociações com o estabelecimento de crédito Lazard Bros. & Co., Ltd. de Londres, para a contratação do empréstimo externo sob os auspícios da Sociedade das Nações, tinham efectivamente terminado. No dia 6 de Junho de 1928 — como vimos no capítulo anterior —, começava o diálogo formal com National City Bank de Nova Iorque com vista a um financiamento, também de 12 milhões de libras, mas que não impunha à partida qualquer condição de controlo por parte de nenhuma entidade internacional. Só que por motivo das razões aduzidas atrás, e pela necessidade impreterível de colocar os títulos no mercado londrino,

[3] *Ibid.*

[4] Para Sir William Tyrrell — na opinião de André Maurois, o melhor embaixador que a Inglaterra jamais teve — «o único problema, em todos os países, é a restauração das finanças, porque o único inimigo, a longo prazo, é o bolchevismo; e o grande aliado do bolchevismo: a inflação». Dizia ainda Sir William Tyrrell: «[s]e há ilusões que tenha perdido são as que podia ter sobre a inteligência dos banqueiros... Não podem resistir à perspectiva de um ganho imediato. Crêem que tem interesse em que os Estados se endividem por causa das comissões, aos intermediários [...] Mas estes homens de vistas curtas preparam a sua própria ruína». André Maurois, Choses Nues. Chroniques, Gallimard, 1963, p. 58. Esta imagem negativa do banqueiro está longe de corresponder à generalidade da Banca, como se pode bem entrever através da actividade do Fonsecas, Santos & Vianna na restauração financeira do País.

continuava a ser necessário estender o projecto a uma instituição bancária inglesa. Daí haver sido convidado por sugestão do National City Bank, como aliás referimos com certa minuciosidade, o Baring Brothers.

A este propósito, importa pôr em relevo que, se é vantajoso lembrar que foi o National City Bank o primeiro a pôr a questão da legitimidade ou constitucionalidade do Governo para a contratação de um avultado empréstimo externo, também não é menos necessário julgar na devida medida as críticas, comentários e reparos que o Baring Brothers levantou sobre o problema. Com efeito, muito mais intransigente do que a Banca americana, revelou-se a inglesa, embora o Baring Brothers tivesse sido e continuasse a ser o tradicional banqueiro do Estado Português em Londres.

Ora, continuando a documentar o longo processo das negociações do empréstimo externo ao Governo português, verifica-se que, a 6 de Setembro de 1928, Weeks escrevia para o Fonsecas, Santos & Vianna[5], no seu inglês nem sempre de fácil interpretação, mas sempre susceptível de tradução:

> «Agradeço muitíssimo a sua carta de 29 de Agosto incluindo, para nossa informação, uma exposição de Sua Excelência, o Ministro das Finanças, de que V. S.ª enviou também uma cópia aos Srs. Baring, e a propósito da qual conferenciámos com aqueles Snrs. e com os nossos Associados de New York, os Snrs. Dillon, Read & C.º
>
> Em face do convite feito aos Snrs. Baring Brothers & C.ª, Limited, parece-nos ser mais conveniente nesta ocasião deferir às directas indicações dos mesmos Snrs. contidas na sua resposta, tudo o que diz respeito às questões mais importantes em estudo».

Mais adiante Weeks mostrava-se confiante:

> «Quero assegurar a V. S.ª mais uma vez que temos estudado a matéria que nos foi enviada, com o maior interesse, e que apreciamos altamente o carácter construtivo das medidas tomadas pelo actual Governo no sentido de uma reorganização das Finanças Portuguesas».

Ainda na mesma epístola tocava o ponto sensível das nossas estatísticas, ainda hoje susceptíveis de muitas críticas e reparos:

[5] Carta do National City Bank ao Fonsecas, Santos & Vianna em 6 de Setembro de 1928. Veja-se o documento n.º 17. Arquivo cit.

«Permita-me lembrar de novo que se tornaria fácil um rápido progresso, uma vez chegados a acordo sobre as questões mais importantes da política, se o Governo tivesse preparado, em forma oficial, com as informações fornecidas até 30 de Junho, os elementos de estatística pedidos pelos Snrs. Pictet e Griffith quando estiveram em Lisboa. Conquanto as estatísticas apresentadas aos nossos representantes em forma inoficial tenham bem servido a fim de nos dar um conhecimento prático da situação, estou certo que é para desejar que, independentemente dos auspícios sob os quais possa ser executado um Plano oficial definitivo, se tenha como base para o mesmo, números estabelecidos oficialmente até 30 de Junho, com referência a todas as categorias indicadas pelos Snrs. Pictet e Griffith, e se estes forem inteiramente preparados enquanto se estiverem tratando das nossas actuais discussões de política, o resultado não pode ser outro senão o de acelerar a conclusão final do assunto»[6].

Mas o vice-presidente do National City Bank, além desta carta para Mário Luís de Souza, mandava também nesse dia para Lisboa, para Travers, o seguinte telegrama:

«Escrevi a Souza hoje. Baring Brothers também escreveu carta que pensamos seguirá esta noite. Pensamos que deveria permanecer em Lisboa para discutir estes comunicados que, esperamos, conduzirão a um plano definitivo»[7].

Por outro lado, o Baring Brothers enviava nesse mesmo dia, 6 de Setembro, para o Fonsecas, Santos & Vianna, uma carta em que, depois de agradecer o convite do ministro das Finanças para trabalhar em cooperação com o National City Bank e Dillon, Read & Co. no estudo de vários problemas relacionados com o empréstimo externo a Portugal, dizia o que se segue:

«Pedimos-lhe que garanta a Sua Excelência que faremos todos os esforços no sentido de apressar uma manifestação da opinião autorizada do Conselho legal anglo-americano sobre a questão constitucional e legal em causa. Esta é uma questão vital e, de facto, como afirma, um passo inicial fundamental tendo em conta a importância atribuída pelos Comités da Bolsa de Valores de Londres e de Nova Iorque ao parecer legal que deverá preceder qualquer emissão a eles

[6] *Ibid.*

[7] Cópia do telegrama de Weeks para Travers em 6 de Setembro de 1928. Veja-se o documento n.º 18. Arquivo cit.

submetida para cotação. Estamos, portanto, a tomar medidas no sentido de obter o melhor parecer jurídico deste país, o mais rapidamente possível»[8].

Ainda nessa epístola, os banqueiros do Baring Brothers, depois de louvarem a sugestão feita para o Prof. Mário de Figueiredo ir a Londres debater a questão da legalidade do poder executivo para realizar empréstimos externos e outras operações de crédito, afirmavam-se muito zelosos da opinião da Sociedade das Nações, deixando entrever a soberana importância das suas recomendações:

> «Verificamos com satisfação que Sua Excelência tem já um programa definido de reformas financeiras baseado nas recomendações dos peritos da Liga das Nações que visitaram Portugal.
>
> Pelas muitas conversas que tivemos o prazer de manter consigo sobre o assunto, sabe que, na nossa opinião, num esquema de estabilização tal como o que está em estudo uma associação com a Liga das Nações seria da maior vantagem para Portugal e resulta da carta de Sua Excelência que também ele a apreciaria pois chama a atenção para o facto do seu plano ter sido o que recebeu a aprovação do Comité Financeiro da Liga das Nações. Além disso, se fosse possível conseguir a utilização oficial dos estudos preparados pelos peritos da Liga das Nações, grande parte do trabalho de investigação, que seria de outra forma exigido, tornar-se-ia sem dúvida desnecessário e a emissão gozaria do aval que tem sido atribuído a emissões semelhantes nos mercados de Londres e de Nova Iorque»[9].

Como se poderia dizer que o Baring Brothers era contrário às pretensões do empréstimo quando bastava ver que logo, nesse mesmo dia 6 de Setembro, os banqueiros ingleses, além de fazerem referência aos Decretos n.º 12:740[10] e n.º 15:331[11], o primeiro de 26 de Novembro de 1926 que tratava das atribuições do presidente do Ministério antes da eleição do Presidente da República e o segundo de 10 de Abril de 1928 que mencionava a eleição do Presidente da República, declaravam categoricamente ao Fonsecas, Santos & Vianna:

[8] Carta do Baring Brothers ao Fonsecas, Santos & Vianna em 6 de Setembro de 1928. Veja-se o documento n.º 19. Arquivo cit.

[9] *Ibid.*

[10] Decreto n.º 12:740, *Diário do Governo* n.º 267 de 29 de Novembro de 1926.

[11] Decreto n.º 15:331, *Diário do Governo* n.º 81 de 10 de Abril de 1928.

«Pensamos que seria de grande ajuda para os nossos conselheiros legais se nos pudesse dar uma ideia àcerca do procedimento que seria adoptado pelo Governo com o fim de autorizar um empréstimo externo como o que se prevê.

Mencionamos ainda o facto de já possuirmos cópias dos Decretos n.º 12:740 e n.º 15:331»[12].

Quando se ajuíza o que foi para a história da dívida pública todo este largo período de disputas, pendências e dificuldades, quer internas quer externas, decorrentes do processo do saneamento financeiro, não se pode deixar de ter presente o texto integral da carta inédita do ministro das Finanças, de 11 de Setembro, cinco dias depois das do Baring Brothers, para o Fonsecas, Santos & Vianna:

«Agradeço a V. Ex.as terem-me enviado cópias das ultimas cartas recebidas do National City Bank e de Baring Brothers & Co., Ltd.

Estimei ver a maneira como Baring Brothers receberam o convite do Governo Português: estou convencido de que será preciosa a sua cooperação na questão do empréstimo externo, e que as suas antigas e estreitas relações com o Governo facilitarão os bons resultados das negociações, na íntima colaboração com os banqueiros americanos.

Vejo que a questão da legalidade continua embaraçando os banqueiros. Sendo uma espécie de questão prévia, reconheço que é necessário arreda-la primeiro, ainda que para nós ela não possa ter solução diferente da que lhe damos. De facto não é possível outra nem na doutrina pura nem na vida e prática dos Estados.

O interesse que Baring Brothers manifestam de que uma pessoa altamente competente em direito internacional, como o Dr. Mário de Figueiredo, se aviste com o advogado a quem confiaram o estudo da questão, é suficiente para que eu empregue todos os esforços no sentido de que aquele ilustre professor faça o sacrifício de uns dias para ir a Londres. Mas não seria razoável obriga-lo a perder tempo inutilmente, e por isso afigura-se-me que só deveria partir, quando tivessemos aqui a certeza de que o advogado de Baring Brothers, tendo estudado por si cuidadosamente a questão, desejava avistar-se com aquele ilustre professor.

Parece-me que V. Ex.as poderiam provocar de Londres uma resposta a este respeito, dado que o advogado consultor tem já neste momento em seu poder os principais elementos da questão. Espero em todo o caso que poderei, amanhã

[12] Carta do Baring Brothers ao Fonsecas, Santos & Vianna em 6 de Setembro de 1928. Arquivo cit.

já, dizer a V. Ex.as alguma coisa de positivo acêrca desta ida do Doutor Mario de Figueiredo.

Na segunda carta de Baring Brothers vejo que desejavam ser informados do processo que seria adoptado pelo Governo para a autorisação do empréstimo externo.

Nós não temos aqui qualquer dificuldade a este respeito.

Os aspectos jurídicos da emissão do empréstimo reduzem-se, como é sabido, aos seguintes (quando em tempo normal):

1) o Poder legislativo autorisa o Poder executivo a emitir o empréstimo, fixando as condições gerais em que deve ser emitido (geralmente só capital, taxa maxima dos encargos, prazo de amortização, quando amortizável); o processo tecnico desta autorisação é <u>a votação duma lei</u>;
2) o Poder executivo publica em seguida à sombra dessa autorisação um decreto regulamentar da lei, em que se fixam minuciosamente as condições do empréstimo;
3) com esta autorisação, é feito o contrato do empréstimo, e o Governo emite um <u>bond</u> (obrigação geral de toda a dívida) reconhecendo-se devedor do total do empréstimo; este <u>bond</u> pode considerar-se como substituindo o documento ou escritura que entre si, em casos semelhantes, fazem os particulares;
4) a Junta de Crédito Publico é autorisada a criar os títulos representativos de fracções do empréstimo, quer dizer, faz o desdobramento do <u>bond</u>;
5) é inscrita no orçamento a verba para o serviço do empréstimo, ou é aberto o crédito especial pelo qual o Governo fica habilitado a pagar os seus encargos.

São estes os grandes tramites da operação, em tempo normal, e <u>são-no agora também</u> com a unica diferença de que, tendo sido dissolvido o Parlamento, é o Governo que exerce o Poder legislativo, e é por isso tambem que o Governo publica <u>com força de lei</u> o decreto em que autorisa a emissão do empréstimo.

Isso é corrente entre nós, como V. Ex.as hão-de ter visto, pois que de vez em quando se emitem pequenos empréstimos e agora mêsmo um de £. 400.000.-/-. para os Liceus, com a autorisação dada num decreto-lei.

É preciso não esquecer que o Poder legislativo existe e age, estando actualmente concentrado no Governo no seu conjunto e sob a presidencia do Chefe de Estado; de modo que os decretos-leis ou decretos com força de lei substituem integralmente as leis quando não existe o Parlamento, orgão que normalmente as formula.

Não sou por mim um perito em direito constitucional, mas creio não errar afirmando que é esta a solução para o problema, e que as responsabilidades daqui provenientes são para o Estado perfeitamente e rigorosamente válidas, perante os seus nacionais e perante os nacionais de outros Estados.

Em todo o caso se outro processo tecnico fôr julgado possível ou melhor, não é isso que pode embaraçar-nos, desde que se assente como resolvida a questão de fundo.

Aproveito a oportunidade de me referir a outro ponto da carta de Baring Brothers (a mais extensa), ponto muito importante e acêrca do qual não me foi possível fazer uma ideia perfeita.

A frase "an association with the League of Nations would be of great advantage to Portugal" não é para mim de sentido preciso, dado o meu mau conhecimento do inglês.

Do período que se segue àquele em que esta frase se encontra, parece-me deduzir-se que se trata de uma concordância de pontos de vista com a Liga das Nações, quero dizer, com o seu Comité financeiro.

Se assim é, não há que discutir.

Já disse noutra carta, me parece, que o plano de reorganização monetária e financeira, na parte relativa à circulação fiduciária e à dívida flutuante, que desejava executar, é, salvo correcções de detalhe, o plano estudado pelo Governo Português de colaboração com os peritos e o Comité financeiro da Sociedade das Nações.

As correções introduzidas que facilmente podem ser notadas comparando-se os respectivos trabalhos, justificam-se inteiramente pelas novas condições de facto e parece-me melhorarem os projectos sobre que se chegou a acôrdo em Genebra.

O caracter internacional da Liga, quando não fosse já a inegavel competência técnica dos financeiros que estudaram o assunto, com a coadjuvação e estudos particulares do Governo, dá, como é evidente, a esse plano um alto valor de recomendação ao empréstimo necessário para o realizar.

Mas a forma como decorreram as negociações em Março em Genebra, tem de ser considerada para se ver até que ponto se pode fazer o uso oficial dos estudos preparados.

Eu não vejo o processo de levar agora a Sociedade das Nações a declarar como seus aqueles projectos, desde que Portugal se desinteressou do empréstimo sob os seus auspícios, e não está resolvido a voltar a pedir o seu patrocinio.

Mas parece-me evidente que o Governo Português não está de qualquer modo inibido de apresentar esses projectos com a declaração de que sobre eles tinha chegado a acôrdo com o Comité, visto que o facto consta oficialmente das actas da Sociedade das Nações.

Como o Comité financeiro tinha toda a esperança de encontrar uma formula de contrôle financeiro que satisfizesse a Sociedade das Nações e o Governo Português, apesar de este se não encontrar disposto a aceitar qualquer contrôle, e como não foi possível achá-la até à última reunião do Conselho, o Comité financeiro no seu relatorio e o Dr. Stressemann, do Comité do empréstimo português no seu, não apresentaram ao Conselho os trabalhos feitos, limitando-se a dizer em termos vagos que as negociações não poderam até aquelle momento ser concluidas e por isso continuavam.

O general Ivens Ferraz, Ministro Interino das Finanças, foi porem mais explicito, e disse que o problema técnico estava já resolvido, mas que havia clausulas relativas ao contrôle da Sociedade das Nações que Portugal não podia aceitar.

A resolução do problema tecnico éra o pleno acôrdo a que se tinha chegado sobre os varios projectos; a exigência de contrôle não permitiu a decisão final do conselho.

Este o estado da questão, como pode verificar-se pela acta da 49.ª sessão do Conselho, em 10 de Março.

Era talvez conveniente relembrarem V. Ex.as a Baring Brothers estes factos com os quais nos poderão precisar o seu verdadeiro pensamento acêrca da tal "association with the League of Nations".

Certamente se não trata de sugerir a Portugal qualquer nova demarche como as que foram feitas já perante a Sociedade das Nações.

Seria a inversão da política que se tem ultimamente seguido, e não vejo porque houvesse de ser modificada.

É por isso que avento acima tratar-se apenas da desejada (e real) concordancia com a orientação dos seus planos.

E neste ponto estamos de acôrdo.

Resta procurar a forma de tal utilização oficial dos projectos, e sobre essa esperamos, depois do que fica dito, o modo de ver de Baring Brothers.

Permitam-me V. Ex.as já agora que péça um esclarecimento necessario à ultima parte da carta que Mr. Weeks vos dirigiu.

Suponho que se faz ahi referencia aos dados relativos à divida publica, e sobretudo à nota da divida flutuante, que não está ainda publicada com referencia a 30 de Junho.

Tenho dado ordens para que sejam postos em dia os documentos oficiaes, e espero portanto que muito brevemente teremos publicada aquela nota.

Mas ainda que não o estivesse, não se poderiam considerar como não oficiaes os numeros fornecidos pelo Ministério das Finanças, por ordem do Ministro, sobre o mesmo assunto.

O mapa que forneci, a vosso pedido, ultimamente a Mr. Pictet, dá o estado da divida em 30 de Junho, e esses dados são dados oficiaes, se bem que não publicados.

Eu suponho que Mr. Pictet os aproveitou já na revisão do seu relatorio cuja exactidão quanto a doutrina e a factos eu tive ocasião de verificar.

Mas, repito, espero que teremos dentro em breve a publicação oficial.

Escrevo a V. Ex[as] da aldeia, longe portanto de alguns elementos que poderiam ajudar-me a responder mais completamente a algumas questões, mas não quiz por meu lado demorar ao conhecimento de V. Ex[as], o que me sugeriu a leitura das cartas que tiveram a amabilidade de enviar-me, porque estou disposto a não fazer perder o tempo necessario à solução afirmativa ou negativa da questão do empréstimo»[13].

Três dias depois, a 14 de Setembro, Mário Luís de Souza escrevia para Weeks sobre os dados relativos à dívida pública e à dívida flutuante, números que estavam por publicar e afirmava, a determinado passo:

«Sua Excelência acrescentou, no entanto, que lhe parece que esta nota, mesmo antes da sua publicação e visto que foi elaborada no Ministério das Finanças por ordem do próprio ministro, não pode deixar de ser considerada oficial e que oficiais são também, apesar de ainda não publicados, todos os dados relativos à dívida pública em 30 de Junho que, ultimamente e a nosso pedido, têm sido fornecidos por Sua Excelência ao Sr. Pictet que, naturalmente, os utilizou na revisão do seu relatório cuja exactidão quanto à doutrina e aos factos Sua Excelência teve ocasião de comprovar.

Sua Excelência prometeu-nos, ainda, que logo a seguir ao seu regresso a Lisboa, que terá lugar no início da próxima semana, procederá à verificação dos números constantes do mencionado relatório do Sr. Pictet.

Parece-me que, se nisto vir alguma vantagem, poderemos sugerir e conseguir que, uma vez por nós recebido o exemplar do relatório supra-mecionado actualizado com os dados de 30 de Junho último, Sua Excelência o Ministro se digne fazer autenticar os números que dele constam»[14].

[13] Carta do ministro das Finanças ao Fonsecas, Santos & Vianna em 11 de Setembro de 1928. Arquivo cit.

[14] Cópia da carta do Fonsecas, Santos & Vianna ao National City Bank em 14 de Setembro de 1928. Arquivo cit.

Nesse mesmo dia, 14 de Setembro, era recebido no Fonsecas, Santos & Vianna um telegrama do Baring Brothers do seguinte teor:

> «Received your wire of 13 th suggest meeting with our lawyer should take place Monday 24 th September or any day after convenient to Dr. Figueiredo»[15].

Entretanto, a 18 de Setembro, Mário Luís de Sousa informava Weeks que o Baring Brothers havia já marcado a data para a conferência entre o Doutor Mário de Figueiredo e o consultor jurídico escolhido pelos banqueiros ingleses. Notificava em seguida que o Professor de Coimbra de Direito Internacional chegaria a Londres no domingo 23, instalando-se no Carlton Hotel, onde ficaria esperando que lhe indicassem a hora e o local para a aludida conferência.

Por sua vez, o National City Bank enviava ao Fonsecas Santos & Vianna, também no dia 18 de Setembro, a seguinte missiva:

> «Recebemos a sua carta de 14 de Setembro dirigida ao Sr. Weeks e esta ser-lhe-á entregue na quinta feira quando ele regressar a Londres. Agradecemos-lhe igualmente a cópia da carta dirigida aos Srs. Baring Brothers & Company Ltd., que lemos com grande interesse. Ficamos de facto muito satisfeitos por saber que o Dr. Mário de Figueiredo virá a Londres e consideramos que esta medida contribuirá materialmente para o progresso do negócio»[16].

É perfeitamente natural que, perante a amizade sincera entre Mário Luís de Souza e Travers, as cartas, dos dias 18 e 20 de Setembro, do primeiro para o segundo, deixem entrever a necessidade de acompanhar de perto a conferência de Londres do Professor Mário de Figueiredo com os jurisconsultos ingleses, para que as negociações sobre o empréstimo externo pudessem prosseguir com êxito. São palavras da última carta:

> «Numa conferência que ontem tive com M. F. êste mostrando-se mais uma vez, um pouco aborrecido com as dificuldades que se têm levantado acêrca da legalidade ou legitimidade, afirmou-me que se, contra o que é de esperar, essas

[15] Telegrama do Baring Brothers ao Fonsecas, Santos & Vianna em 14 de Setembro de 1928. Arquivo cit.

[16] Carta do National City Bank ao Fonsecas, Santos & Vianna em 18 de Setembro de 1928. Veja-se o documento n.º 20. Arquivo cit.

dificuldades não ficarem absolutamente resolvidas com a ida do Dr. Mário de Figueiredo a londres, ele, M. F. está na resolução de não prorrogar o praso que, como o Travers sabe, finda no dia 30 do corrente mês, e de dar assim por terminadas as negociações.

Em face deste facto, do qual dada a sua importância me apresso a informa-lo, por certo que o meu Amigo reconhecerá a grande vantagem que há em facilitar tanto quanto possível a missão do Dr. Figueiredo para que, depois do seu êxito rápido, nós aqui possamos pedir e obter novo praso»[17].

No dia 19 de Setembro, o Baring Brothers remetia ao Fonsecas, Santos & Vianna uma carta, onde, para além dos agradecimentos sobre o envio da cópia de importantes documentos, se fazia um comentário «muito inglês» à carta de Salazar sobre o tempo precioso do Doutor Mário de Figueiredo:

«O conteúdo da sua carta foi alvo da nossa mais profunda atenção e esperamos entrar em contacto consigo mais adiante sobre esta questão, após termos o prazer de conhecer o Dr. Figueiredo. Compreendemos a necessidade de tirar ao Dr. Figueiredo o menor tempo possível e providenciaremos um encontro com o nosso advogado na próxima segunda feira de manhã»[18].

Cinco dias depois, a 24 de Setembro, o National City Bank informava o Fonsecas, Santos & Vianna do seguinte:

«O Dr. Mário de Figueiredo chegou pontualmente a Londres esta manhã e tivemos o prazer de encarregar o Sr. Travers de lhe dar apoio nas conferências que neste momento decorrem com Sir William Leese, o jurisconsulto inglês»[19].

Dias depois, mais precisamente por telegrama expedido de Lisboa a 5 de Outubro, o ministro das Finanças instruía Mário de Figueiredo:

[17] Carta do Fonsecas, Santos & Vianna ao National City Bank em 20 de Setembro de 1928. Arquivo cit.

[18] Carta do Baring Brothers ao Fonsecas, Santos & Vianna em 19 de Setembro de 1928. Veja-se o documento n.º 21. Arquivo cit.

[19] Carta do National City Bank ao Fonsecas, Santos & Vianna em 24 de Setembro de 1928. Veja-se o documento n.º 22. Arquivo cit.

> «Muito contente pelo vosso esclarecimento STOP já sabe que aceito referendo directo só em último caso no limite extremo das concessões e como acto voluntário do Governo Português sem parecer condições impostas e apenas a ser realizado depois de definitivamente fixadas todas as condições financeiras STOP é impossível para o Governo português convidar peritos mas está disposto a recebê-los e se necessário paga as despesas dos peritos escolhidos pelos banqueiros STOP lado legal definitivamente solucionado é urgente continuar as negociações em Lisboa STOP tente utilizar mais código»[20].

E, neste ambiente, em Londres prosseguiam as conversações organizadas pelo Baring Brothers entre Sir William Leese e o Doutor Mário de Figueiredo, ficando, no entanto, ao National City Bank a incumbência de escrever para o Fonsecas, Santos & Vianna, no dia 8 de Outubro, o seguinte:

> «Queremos confirmar que durante as últimas duas semanas mantivémos, juntamente com os nossos associados Srs. Baring Brothers e Dillon Read & Co., uma série de conferências com o Dr. Mário de Figueiredo e com Sir William Leese, o conselheiro britânico. Tal com o Sr. Travers lhe comunicou ao telefone, esperamos ter uma opinião definitiva sobre o assunto que nos interessa esta semana e o facto do trabalho estar a demorar prende-se com o desejo do Conselho de obter a opinião das mais altas autoridades na questão. Cremos pois que quando tivermos obtido a opinião sobre a questão, ela será de valor duradouro tanto para o Governo Português como para nós.
>
> Se não comunicámos consigo anteriormente foi devido ao facto de nos termos mantido em estreito contacto com o Dr. Figueiredo e de termos percebido que ele manteria o ministro informado sobre as nossas conversas. Compreenderá igualmente que esperamos o parecer legal de forma a podermos realizar progressos no negócio»[21].

Entretanto, a oposição ao regime procurava, directa e indirectamente, divulgar factos e pôr a circular rumores que minassem a confiança do mercado no Governo português. Para além das notícias de tumultos populares, que, ocasionalmente, eram publicitados nos jornais e que levaram mesmo Albert Travers (Citi) a questionar os banqueiros nacionais das razões por

[20] Telegrama do ministro das Finanças ao Doutor Mário de Figueiredo em 5 de Outubro de 1928.

[21] Carta do National City Bank ao Fonsecas, Santos & Vianna em 8 de Outubro de 1928. Veja-se o documento n.º 23. Arquivo cit.

que não haviam sido tais notícias impedidas de publicar pelo censor, dado que causavam grave prejuízo no decurso das negociações, certas opiniões, cuidadosamente divulgadas em centros de decisão ou *think-tanks* de reconhecido prestígio, atingiam com redobrada violência a credibilidade do Governo português e do seu ministro das Finanças. Precisamente nesse mês de Outubro de 1928, Luis Araquistáin (directamente ou "orientado" por oposicionistas como António Sérgio, como sugere Franco Nogueira nas memórias de Salazar), afamado político socialista espanhol, pintava um retrato dramático sobre a ditadura portuguesa na mais reputada revista norte-americana de negócios estrangeiros, a *Foreign Affairs.*[22]

Sumarizando, em quatro apontamentos, Araquistáin sublinhava:

a) «As ditaduras espanhola e portuguesa são imitações do fascismo como uma forma de absolutismo — antiliberal e antidemocrático — e como uma expressão do esforço do Estado para absorver completamente a vida do indivíduo [...]»[23];
b) «Nas ditaduras contemporâneas o exército torna-se a grande guarda pretoriana, como era na antiga Roma, um polvo insaciável, alimentando-se do tesouro nacional e uma constante ameaça à estabilidade do Estado»[24];
c) Repudiado o empréstimo da SdN, «é provável que o empréstimo seja agora procurado junto de bancos estrangeiros menos escrupulosos sobre o governo doméstico do país mutuário»[25];
d) «Se o governo do General Carmona obtém inconstitucionalmente o empréstimo de que necessita, quando as condições normais forem restauradas, a situação dos mutuantes poderá vir a ser embaraçosa, se os partidos constitucionais, como declararam repetidamente, se recusarem a reconhecer a dívida»[26].

[22] Luis Araquistáin, "Dictatorship in Portugal", *Foreign Affairs,* vol. 7, n.º 1 (Oct., 1928), pp 41–53. Mário de Figueiredo, citado por Franco Nogueira, chega a alegar que o artigo poderia ter sido escrito pelo próprio António Sérgio. Franco Nogueira, *Salazar — Os tempos áureos (1928–1936),* Vol. II, p. 21, Atlântica Ed., Coimbra.

[23] *Idem,* p. 42.

[24] *Idem,* p. 47.

[25] *Idem,* p. 50.

[26] *Idem,* p. 52.

Em suma, era o suficiente para amedrontar seriamente o potencial credor e, senão a minar definitivamente a operação, pelo menos, a fazer protelar as negociações.

Naturalmente em Lisboa, com o decorrer do tempo e com o conhecimento de que se espalhava este tipo notícias, o ministro das Finanças impacientava-se; por um lado, com a delonga da conferência de direito internacional em Londres, sobre a legitimidade do Governo português para realizar empréstimos, por outro, com a possível ingerência, certamente descabida, nos negócios internos do País por parte da Banca internacional. Daí os telegramas de Salazar:

> «Estranheza e aborrecimento pela demora na resolução da questão»[27].

> «Retirada de M.F. na 4ª feira, 24, impreterivelmente seja qual fôr a solução ou mesmo que ainda a não haja»[28].

> «Necessidade que G.P. tem de uma resposta urgente, interessando-lhe mais a urgência do que o Empréstimo»[29].

> «Resolvida a questão em estudo a parte financeira será tratada em Lisboa onde devem vir as pessoas competentes e capazes de contratar sem necessidade de consultas diárias a Londres ou New York»[30].

> «Tendo acabado o prazo combinado o G.P. reserva-se o direito de o prorrogar ou não conforme o que agora se passar»[31].

A 15 de Outubro, Weeks, perante a perspectiva da ida do próprio Mário Luís de Souza, nessa altura, a Londres, comunicava para o Fonsecas, Santos & Vianna o seguinte:

> «Não pense que a sua ausência causará dificuldades e ficaremos muito satisfeitos por vê-lo em Londres, Inglaterra»[32].

[27] Telegrama do ministro das Finanças. Arquivo cit.

[28] Telegrama do ministro das Finanças. Arquivo cit.

[29] Telegrama do ministro das Finanças. Arquivo cit.

[30] Telegrama do ministro das Finanças. Arquivo cit.

[31] Telegrama do ministro das Finanças. Arquivo cit.

[32] Telegrama do National City Bank ao Fonsecas, Santos & Vianna em 15 de Outubro de 1928.

Nesse mesmo dia, Mário Luís de Souza telegrafava para Travers:

> «Tenciono partir para Londres na quarta feira. Ficarei aí toda a semana STOP telegrafe sobre se entretanto a minha ausência daqui causará inconveniente ao nosso negócio»[33].

Dois dias mais tarde, a 17 de Outubro, Mário de Figueiredo expedia de Londres para o ministro das Finanças o telegrama que segue:

> «Jantei ontem com advogado inglês STOP legal question had favourable solution internal and also international law STOP trabalho dele fica pronto esta semana mas tem que esperar trabalho expert de sorte que só na 3ª feira próxima ficará pronto trabalho definitivo STOP neste fará sugestões cujo conteúdo ignoro STOP não posso por isso partir antes meado semana que vem esperando seja último adiamento STOP tudo a correr bem»[34].

Eram os primeiros sinais visíveis da vitória no campo da legitimidade do Governo para a contratação do empréstimo externo. A este telegrama respondia o ministro das Finanças no dia imediato, a 18 de Outubro, com o seguinte:

> «Recebi a sua carta e o seu telegrama de ontem STOP avise os banqueiros do seu início irrevogável na próxima quarta feira informe se precisar de dinheiro»[35].

No dia 20, o ministro das Finanças enviava um outro telegrama:

> «Preparei para si um telegrama avisando sobre a partida de Souza e providenciando o vosso encontro em Paris STOP devido ao adiamento do seu regresso julgámos desnecessário avisar pois haveria tempo suficiente para o vosso encontro em Londres STOP ele irá tratar de assuntos relativos à sua casa

[33] Cópia do telegrama do Fonsecas, Santos & Vianna ao National City Bank em 15 de Outubro de 1928. Arquivo cit.

[34] Cópia do telegrama do Doutor Mário de Figueiredo ao ministro das Finanças em 17 de Outubro de 1928. Arquivo cit.

[35] Cópias do telegrama do ministro das Finanças ao Doutor Mário de Figueiredo em 18 de Outubro de 1928. Arquivo cit.

mas conversará consigo sobre a evolução do nosso negócio STOP o meu telegrama anterior mantem-se fornecer-lhe-emos fundos para vinte dias»[36].

Segundo Salazar, Mário Luís de Souza deslocava-se a Londres para tratar de assuntos do Fonsecas, Santos & Vianna, como diz no telegrama, mas também para falar com Mário de Figueiredo sobre o progresso da questão pendente de natureza jurídica para a contratação do empréstimo.

Decorridos nove dias, os acontecimentos precipitaram-se. A 29 de Outubro, Travers mandava para o Fonsecas, Santos & Vianna o seguinte telegrama:

> «Mário, para permitir ao Sr. Weeks marcar outros compromissos apreciaria que enviasse telegrama sobre se a vinda a Lisboa por volta do dia 12 de Novembro é conveniente»[37].

Logo no dia seguinte, Mário Luís de Souza respondia a Travers:

> «Tive hoje uma conversa com o ministro e terei outra amanhã STOP enviar-lhe-ei um telegrama depois»[38].

E a 1 e Novembro o banqueiro do Fonsecas, Santos & Vianna confirmava a data para Travers:

> «O ministro fica satisfeito de receber o Sr. Weeks por volta do dia 11 de Novembro STOP entretanto telefonar-lhe-á amanhã»[39].

Finalmente esbatiam-se por parte dos banqueiros americanos as dificuldades decorrentes da questão da legalidade ou constitucionalidade do Governo para poder realizar empréstimos e outras operações de crédito. Não só o parecer dado em Lisboa pelo Professor Mário de Figueiredo era

[36] Cópias do telegrama do ministro das Finanças ao Doutor Mário de Figueiredo em 20 de Outubro de 1928. Arquivo cit.

[37] Telegrama do National City Bank ao Fonsecas, Santos & Vianna em 29 de Outubro de 1928. Arquivo cit.

[38] Cópia do telegrama do Fonsecas, Santos & Vianna ao National City Bank em 30 de Outubro de 1928. Arquivo cit.

[39] Cópia do telegrama do Fonsecas, Santos & Vianna ao National City Bank em 1 de Novembro de 1928. Arquivo cit.

indisputável, como os advogados ingleses acabavam por se pronunciar pela legalidade do empréstimo. A primeira batalha no plano internacional estava, portanto, ganha. Os banqueiros americanos mostravam-se dispostos, transposto o obstáculo legal, a vir a Lisboa debater com o ministro das Finanças as condições para um novo plano destinado à concessão de um empréstimo externo.

Só que nem toda a Banca estrangeira parecia querer aferir o seu comportamento pelo mesmo diapasão. Não obstante estarem ultrapassados os obstáculos à realização dos empréstimos do ponto de vista constitucional, o Baring Brothers, depois de se congratular com o sucesso da missão do Professor Mário de Figueiredo, declarava, em carta datada de 9 de Novembro, categoricamente:

> «Pedimos licença para juntar uma copia do relatorio de Sir William Leese e cartas respeitantes. V. Sas. compreenderão que estes relatorios são relatorios confidenciais que nos fôram enviados, e que os nossos comentarios sobre eles são sómente baseados no procedimento Inglês e nas condições do mercado Britanico. Os nossos amigos Americanos, com os quais nos mantêmos em intimo contacto, darão portanto a conhecer num relatorio separado as suas proprias opiniões e as suas proprias apreciações sobre a situação pelo que diz respeito aos Estados Unidos da America.
>
> V. Sas. observarão que Sir William na sua carta junta ao relatorio faz uma advertencia a respeito da "atmosfera" na qual se encontraria lançada uma proxima emissão. Sir William teve o cuidado de fundamentar a sua advertencia em argumentos de caracter legal, e apênas incidentalmente se refere a considerações praticas. As considerações praticas são, porém, da maior importancia para nós e tambem para o Governo Português, que, tanto como nós, está interessado em assegurar que qualquer emissão feita a seu favôr não vá dar lugar a discussões»[40].

Baring Brothers, não obstante ser em Londres o banqueiro tradicional do Estado Português, não enjeitou hostilizar Salazar. A sua submissão e susceptibilidade pela política internacional (eventualmente pressionados pelo *Cabinet* e, explicitamente, pelo Banco Central britânico, que defendiam que o empréstimo, a realizar-se, deveria ser concretizado sob os auspícios da Sociedade das

[40] Carta do Baring Brothers ao Fonsecas, Santos & Vianna em 9 de Novembro de 1928. Veja-se o documento n.º 24. Arquivo cit.

Nações) eram superiores à sua sensibilidade pelo negócio. É ainda da mesma epístola de 9 de Novembro para o Fonsecas, Santos & Vianna:

> «Além das declarações postas a circular por políticos Portugueses descontentes, temos entre outros factôres adversos a desafortunada experiencia, no passado, dos portadôres de títulos do Governo Português e a opinião geralmente mantida neste País de que as recomendações da Liga das Nações (quaisquer que elas sejam) não devem ser despresadas irreflectidamente. Sabemos que é esta a opinião das autoridades do Banco de Inglaterra, que estão naturalmente bem ao corrente dos assuntos respeitantes a refórmas monetarias e da parte que a Sociedade das Nações póde utilmente representar em relação a elas. Necessitamos apênas de frisar que numa operação que tem por um dos seus objectivos, na verdade o seu principal objectivo, a estabelisação da moeda, a bôa vontade dos Bancos Centrais de outros Países, é essencial. Há tambem interesses na Africa do Sul que aparentemente estão sendo conduzidos num sentido de prejuizo»[41].

E, além de acumular tais notícias com fórmulas de respeitosa cordialidade, o Baring Brothers procurava deixar a percepção de que não "fechara a porta" definitivamente:

> «Estamos naturalmente prontos em qualquer ocasião a estudar e a pronunciar-nos sobre qualquer projecto que o Governo nos apresente; mas depois de nos interpelarem quando tão desfavoraveis elementos fôram encontrados, como aqueles acima mencionados, chegámos à conclusão que não vemos solução alguma rasoavelmente rápida senão numa direcção: a Sociedade das Nações.
>
> O público Inglês que emprega dinheiro em fundos está acostumado a ver os empréstimos sob a égide da Sociedade das Nações como oferecendo garantia de um carácter independente e internacional fóra de susceptibilidades de discussão»[42].

Em seguida, dava um sinal da sua não pequena influência no mundo da Sociedade das Nações:

> «É escusado dizer que não tentámos, mêsmo indirectamente interpelar pessôas de influencia na Sociedade das Nações quanto à possibilidade de outras

[41] *Ibid.*

[42] *Ibid.*

negociações conduzindo a uma solução das anteriores dificuldades em bases que se conformassem mais estreitamente com as tradições portuguêsas de que aquelas até aqui sugeridas. Se nos pedirem para assim procedermos, teriamos naturalmente prazer em fazer investigações discretas».

«Ao sugerirmos respeitosamente que, do ponto de vista do crédito externo e da discussão no Estrangeiro muito ha a lucrar diligenciando chegar a um acôrdo com a Sociedade das Nações, não nos sentimos desanimados com a idéa de que a nossa opinião seja mal recebida por razões internas que compreendemos e apreciamos, mas achamos preferivel arriscarmo-nos a propôr uma sugestão que seja desagradavel a adotar uma atitude mais reservada mas mal conducente»[43].

Por último, concluía dignamente com as seguintes palavras:

«Não nos perdoariamos de bom grado se pelo motivo de só dizermos o que é agradavel fôssemos tão infelizes até ao ponto de induzir em erro clientes pelos quais temos uma consideração tão extrêma e um tão profundo respeito»[44].

Sofria-se, por conseguinte, um desencontro nas mentalidades e nas oportunidades, um desentendimento impreciso, a verificação de que o Baring Brothers não se conformara e se perdia para o empréstimo destinado ao saneamento financeiro de Portugal. Juntamente com a carta do Baring Brothers, o Fonsecas, Santos & Vianna enviava, a 12 de Novembro, ao ministro das Finanças a seguinte informação:

«Recebemos hoje dos Snrs. Baring Brothers & C.º, Ltd., de Londres, uma carta, datada de 9 do corrente, carta que, embora contenha a nota de confidencial, julgamos de nosso dever transmitir integralmente a V. Exª visto que os seus signatarios expressamente declaram que a escrevem para "informação de S. Ex.ª o Ministro das Finanças».

«Ao enviarmos a V. Exª uma cópia da referida carta, não podemos deixar de confessar que a sua leitura – dados todos os antecedentes do conhecimento de V. Exª – muito nos surpreendeu»[45].

[43] *Ibid.*

[44] *Ibid.*

[45] Carta do Fonsecas, Santos & Vianna ao ministro das Finanças em 12 de Novembro de 1928. Arquivo cit.

Claro que as coisas têm de ver-se à luz da época, seja atento o regime autoritário vigente em Portugal seja considerando o peso e a pressão do Banco Central inglês e dos timoneiros que presidiam à Sociedade das Nações e que já haviam dito o que havia a dizer sobre a concessão de um empréstimo externo ao Estado Português. A concretizar-se qualquer empréstimo, o mesmo teria de ser concluído no quadro daquela organização, respeitando os termos e condições oferecidos meses atrás. E, isto parece inquestionável; não podendo agradar a dois senhores, o Baring Brothers opta inequivocamente pelo Banco central inglês. Atenta a importância do assunto, vale a pena transcrever integralmente a carta inédita do ministro das Finanças para o Fonsecas, Santos & Vianna sobre a posição assumida pelo Baring Brothers:

> «Acuso a recepção da carta de V. Ex^{as}, de 12 do corrente e da cópia duma carta de Baring Brothers (Londres, 9 de Novembro), dirigida a V. Ex^{as}, mas contendo matéria que aquela casa entendeu dever trazer ao conhecimento do ministro das Finanças por vosso intermédio.
>
> Não quiz responder imediatamente. Em todos os dias decorridos empreguei os meus melhores esforços para dar àquela carta de Baring Brothers um sentido que não fôsse de todo desfavorável, e tenho o pezar de dizer-vos que não o consegui.
>
> Não consegui também descobrir lógica alguma na actual posição dos Snrs. Baring Brothers; a mim me parece que a não há. Os Snrs. Baring Brothers puzeram a questão jurídica como uma questão prévia, resolvida a qual se estaria habilitado a discutir a questão propriamente financeira. Resolveu-se a questão jurídica de modo inteiramente favorável ao Govêrno Português; pois bem: depois disso não se discute a questão financeira nem esta pode ser posta neste momento, por várias razões alegadas pelos Snrs. Baring Brothers, e que, a serem exactas, não correspondem a factos recentes e muito menos a factos posteriores ao começo das negociações, mas a factos que deviam ser conhecidos da casa Baring ou de cujo conhecimento a casa Baring se deveria ter previamente assegurado, antes de tomar a posição que tomou.
>
> E se a casa Baring não foi bastante prudente para se assegurar das disposições das entidades de quem deve receber a orientação superior em negócios de vulto como o de que se trata, é isso certamente de lamentar, mas mais lamentável é ainda que o Govêrno Português tenha de sofrer as consequências do facto.
>
> Não se apresentou este a pedir aos banqueiros uma esmola, mas apenas que examinassem uma proposta de negócio. Este convém ou não convém aos

banqueiros — é tudo. A nossa situação perante a Sociedade das Nações, perante os emigrados políticos, perante os portadores dos nossos títulos não sobreveio aos compromissos da casa Baring: uns factos conhecia-os ela, outros foram-lhe apresentados com base de negociações.

Tudo isto é suficientemente claro para dispensar longos esclarecimentos; mas não posso deixar de anotar em duas palavras o que na referida carta se lê quanto à Sociedade das Nações. Se o que interessa para a emissão do empréstimo é o valor dos projectos combinados em Genebra com o Governo Português, êsse mantêm-se, porque por várias vezes se afirmou já que o empréstimo seria para realizar os mesmos fins pelos mesmos processos, concretizados, salvo os detalhes aconselhados pela situação actual, nos projectos que traduzem o modo de pensar e de agir da Sociedade das Nações. Se porém o que interessa é a recomendação da própria Sociedade, não podia aquela infelizmente aproveitar à casa Baring, porque por mais de uma vez se lhe fez sentir que, a ser pedido o patrocínio da Sociedade das Nações, o emprestimo deveria ser emitido por intermédio de outra casa bancária[46]. E eis porque o oferecimento discreto da casa Baring de interpelar pessoas de influência junto da Liga das Nações, ainda que se esqueça tudo o que já foi dito e escrito sobre o incontestável direito de o paiz fazer a politica que entenda conforme ao sentimento nacional, esse oferecimento, dizia, não pode infelizmente ser aproveitado, pois não é razoavel que qualquer banco trabalhe, em negócio de tanta monta, em benefício alheio.

Enfim, o Govêrno não pretende forçar quem quer que seja a aceitar os negócios que propõe; mas a seriedade com que trata, dá-lhe o direito de esperar das entidades a quem se dirige, que coloquem as questões num pé tal que possam ser discutidas. De outra forma só há que lastimar tempo perdido.

Peço a V. Ex[as] o favôr de transmitirem aos Snrs Baring Brothers, com um pouco do meu pensar acêrca da sua atitude, os meus melhores agradecimentos pela gentileza com que receberam em Londres o Snr. Dr. Mario de Figueiredo, e pelos cumprimentos que me dirigem pelos bons resultados da sua missão»[47].

Mas este episódio não seria esquecido. Segundo Franco Nogueira, nenhum alto representante do Baring Brothers, que continuou ainda a

[46] O empréstimo deveria ser emitido por intermédio dos banqueiros Lazard Bros C., Ltd. de Londres.

[47] Carta do ministro das Finanças ao Fonsecas, Santos & Vianna em 28 de Novembro de 1928. Arquivo cit.

prestar serviços ao Estado Português em décadas posteriores, voltaria a ser recebido por Salazar, por mais graduado que fosse[48].

Finalmente, no dia 14 de Novembro de 1928, começava em Lisboa, com a presença dos banqueiros do National City Bank e do Dillon, Read & Co., um novo capítulo na história do empréstimo externo negociado pelo Fonsecas, Santos & Vianna para o saneamento financeiro do País.

Era chegada a hora da reformulação em novas condições do empréstimo externo!

[48] Franco Nogueira, *Salazar*, ob. cit. Vol. II, p. 22.

CAPÍTULO III

A REFORMULAÇÃO DO EMPRÉSTIMO EXTERNO

No dia 14 de Novembro de 1928, na presença do ministro das Finanças e dos responsáveis pelo Fonsecas, Santos & Vianna, os banqueiros americanos do National City Bank e do Dillon, Read & Co., respectivamente G. K. Weeks e W. M. L. Fiske, entregaram um documento para a reformulação do empréstimo externo a Portugal. É perfeitamente natural que fizessem várias considerações verbais sobre os problemas decorrentes da nova situação financeira do País.

Temos diante dos olhos a *aide-mémoire*[1] dos banqueiros com a redução do empréstimo de 12 milhões para 7 milhões e 500 mil libras, por força da modificação das condições financeiras, sendo em princípio a sua distribuição a seguinte: 4 milhões de libras para pagamento da dívida do Governo ao Banco de Portugal, como medida prévia para a estabilização da moeda com base no padrão-ouro; 2 milhões de libras para estradas, repartidos pelos anos fiscais de 28–29 e 29–30 e 1 milhão e 500 mil libras para trabalhos no Porto do Lobito. Assim, o montante a ser utilizado seria apenas cerca de 60 por cento da soma estimada como necessária pela Sociedade das Nações para o saneamento financeiro de Portugal. Efectivamente muita coisa tinha

[1] *Aide-mémoire* entregue em Lisboa ao ministro das Finanças e ao Fonsecas, Santos & Vianna pelos banqueiros do National City Bank em 14 de Novembro de 1928. Veja-se o documento n.º 25. Arquivo cit.

mudado em seis meses, de Abril a Novembro, para que fosse assim possível reduzir de forma tão acentuada as cifras inicialmente consideradas como indispensáveis para a solução do problema financeiro português.

Vale a pena, a este propósito, dizer que, após a publicação, em 14 de Maio de 1928, do Decreto n.º 15:465, se estabeleciam as bases fundamentais da reforma orçamental, remodelando-se a estrutura das tabelas das receitas e impondo-se a estrita observância de eficazes princípios de administração. Estavam dados os primeiros passos para o saneamento financeiro do País. Depois outros objectivos eram alcançados e logo em Julho equilibrava-se o orçamento. As receitas passavam para 1 919 388 contos e as despesas ficavam em 1 917 812 contos. Obtinha-se um *superavit*! Só que as perguntas pairavam. Resolver-se-ia para sempre a questão crónica do défice orçamental? Ou seria Salazar, simplesmente, mais um ministro de um saneamento financeiro efémero, como Passos Manuel em 1947, Dias Ferreira em 1892 e já neste século João Franco, Afonso Costa e mesmo Álvaro de Castro?

Quem diria, à gerência anterior, que as contas daquele período, depois de calculadas as receitas e as despesas, podiam não dar um défice de 388 668 contos? E contudo, com mil sacrifícios, numerosas economias forçadas e impostos reforçados tinha sido possível não só anular o défice, como obter um *superavit* de 1576 contos. Mais do que isso. Não se contabilizava só o êxito do equilíbrio orçamental, posto que era notório que a inferioridade dos gastos ordinários em relação aos rendimentos normais gerava a provável reserva, dentro das verbas correntes, susceptível de suportar o serviço da dívida que uma eventual operação de crédito externo exigiria.

Pois bem, a 15 de Novembro de 1928[2], em resposta à exposição dos banqueiros do dia anterior e das considerações proferidas na conferência que se lhe seguiu, a situação alterava-se sensivelmente. Parecia que convinha mais ao País a emissão de pequenos empréstimos destinados a obras de fomento, que facilitassem mais tarde a obtenção de um empréstimo para a reforma monetária, do que seguir o chamado plano da Sociedade das Nações. Era o fim do mito! Era a mudança radical de opinião! Dir-se-ia que mesmo o mais obstinado ministro não ficava agarrado indefinidamente à fábula da necessidade impreterível de tudo começar pela emissão de um empréstimo avultado, destinado à reforma do banco emissor para a estabilização

[2] Resposta à exposição dos banqueiros, apresentada em 14 de Novembro, mas considerações verbalmente feitas na conferência do mesmo dia. Ministério das Finanças, 15 de Novembro de 1928. Documentação 1928–1929. Arquivo cit.

legal da moeda. Talvez como Poincaré, em França, o ministro das Finanças, em Portugal, pretendesse correr os mesmos riscos. Com o valor estável da moeda, por virtude do equilíbrio das contas do Estado e de outras medidas de administração de resultados brilhantes e com a aplicação de alguns milhões de libras em obras de fomento, consolidar-se-ia, provavelmente, em pouco tempo, o equilíbrio orçamental e criar-se-iam novas fontes de riqueza e prosperidade, enfim as reservas necessárias aos encargos de um empréstimo externo para o integral saneamento financeiro do País.

Só que naquela hora parecia impossível a emissão de empréstimos de alguma importância sem a garantia prévia da reforma monetária. E compreende-se! Era o preço que à Europa se impunha pela anarquia monetária em que vivera, por largo tempo.

Em todo o caso, entre nós, o princípio devia ser alterado, posto que eram outras as condições. Na verdade a estabilização de facto não tinha sido realizada apenas pela nova política. O êxito vinha de 1924, embora obtido por processos artificiais. E em 1928 a libra, ainda que a nível diferente do anterior, continuava a apresentar uma quase fixidez de valor no mercado nacional. Nestas circunstâncias, o ministro das Finanças entendia[3] que o empréstimo, a fazer-se, necessariamente privilegiando a reforma e a estabilização monetária, não podia, de forma alguma, enjeitar ou menosprezar as obras produtivas de riqueza controlada. Naturalmente, Salazar rejeitava qualquer empréstimo externo, exclusivamente, orientado para a estabilização legal da moeda, ou que contemplasse, de uma forma indevidamente pouco relevante, o plano de fomento nacional. É caso para se perguntar: será que este ministro das Finanças tem alguma coisa de comum com o presidente do Conselho de Ministros que pôs objecções ao Plano Marshall?

Pode supor-se que a possibilidade de se continuar a receber do estrangeiro pequenas importâncias para o fomento acabasse por diminuir o carácter de imperiosa necessidade de uma avultada operação por parte da Banca internacional. Em Portugal, aliás, o último grande empréstimo externo tinha-se realizado em 1891, com uma fracção emitida em 1896, e de então para 1928 o País sempre conseguira cumprir escrupulosamente todas as suas obrigações, exclusivamente com os seus próprios recursos.

Então o ministro das Finanças, contrariando a *aide-mémoire* dos banqueiros Weeks e Fiske, acrescentava[4] que o Governo, mercê da sua política

[3] *Ibid.*

[4] *Ibid.*

financeira, podia dispensar 4 dos 12 milhões de libras previstas no plano da Sociedade das Nações. Os embargos da dívida flutuante externa e dos défices dos anos anteriores estavam removidos e as questões decorrentes da dívida flutuante interna em vias de serem ultrapassadas. O saldo era francamente positivo. Assim, o montante do empréstimo de 8 milhões de libras teria, *grosso modo*, as seguintes aplicações:

Caixa Geral de Depósitos	£	500 000
Banco de Portugal	£	3 000 000
Portos	£	1 500 000
Estradas	£	2 000 000
Estradas e outras obras	£	1 000 000
	£	8 000 000

Naturalmente, não se podendo dispensar a parte respeitante à Caixa Geral de Depósitos e ao Banco de Portugal, a redução, se alguma redução se tornasse imperiosa praticar, far-se-ia nas restantes aplicações, nas obras de fomento, que à partida beneficiavam de mais 500 mil libras.

Quanto à reforma do banco emissor sobre a base-ouro, projecto demasiado ambicioso, afigurava-se ao ministro das Finanças que o problema de momento devia subordinar-se apenas à estabilização de facto, obtida com o fundo de maneio do Banco de Portugal, que estava autorizado a emitir, sem limite, notas, para a compra de divisas estrangeiras. Com esta capacidade de iniciativa, e com base no aproveitamento exclusivo dos recursos internos, o País — segundo o ministro — podia isoladamente, só por si, fazer a sua reorganização financeira, mesmo sem recurso ao crédito externo. Inclusivamente, o ministro das Finanças já tinha preparado, para essa eventualidade, um plano financeiro, o qual seria exposto ao País, caso fosse essa a opção, para se começar, desde logo, a sua metódica execução.

Isto anima-nos a crer que o ministro das Finanças carecia urgentemente da decisão dos banqueiros americanos para saber qual a política a seguir. Só que o National City Bank, naquela altura, necessitava de um novo prazo para poder analisar atentamente o problema levantado pela última carta do Baring Brothers para o Fonsecas, Santos & Vianna. Em todo o caso, qualquer adiamento concedido pelo ministro das Finanças não podia ultrapassar os princípios de Janeiro de 1929.

Ao passar-se em revista a alteração das condições, verifica-se que o National City Bank precisava de estudar de novo não só as reformas a introduzir, como os próprios números da dívida flutuante, posto que se previa um empréstimo muito menor. A partir deste momento, Weeks, vice-presidente do National City Bank de Londres (36 Bishopsgate), passou a negociar em nome do National City Company de Londres (34 Bishopsgate), associada do National City Bank de Nova Iorque e, portanto, a escrever no papel timbrado dessa instituição.

Se quisermos ajuizar, pelo que o ministro das Finanças deixou escrito, teremos de concluir que a dívida flutuante externa, em Janeiro de 1929, estaria extremamente reduzida e constituída apenas por dois créditos abertos em Baring Brothers e no Midland Bank, respectivamente de £250 000 e £350 000, num total de £600 000. Mas para o ministro das Finanças não havia necessidade da sua amortização imediata, uma vez que eram sucessivamente renováveis e o seu juro menos elevado que o de os empréstimos a longo prazo. De resto, bastavam os meios ordinários de Tesouraria para reembolsar, ao menos parcialmente, aqueles créditos.

Quanto à dívida flutuante interna, uma parte importante era constituída pela c/c da Caixa Geral de Depósitos. Mas o controlo do reembolso da importância em dívida retirava-lhe todo o perigo. Verdade seja, o Tesouro absorvia quase todas as disponibilidades anuais da Caixa. Graças, porém, ao equilíbrio orçamental, essa questão desaparecia. De qualquer maneira, o excesso anual, mesmo sem reembolso do Estado, garantia o equilíbrio da instituição. Poderia dizer-se que a Caixa Geral de Depósitos tinha direito não só a que se lhe deixasse todo o capital novo, quer dos depósitos quer dos reembolsos de empréstimos, quer ainda a 500 mil libras do empréstimo externo. Naturalmente a conversão da c/c em títulos a curto prazo seria estudada de modo a não pôr em perigo o equilíbrio orçamental.

Haverá também conveniência, cremos nós, em sublinhar acentuadamente a questão dos bilhetes do Tesouro. Embora se desejasse evitar a sua consolidação forçada, a consolidação devia ser efectuada, pouco a pouco, exceptuando-se as tomadas pelos bancos e pelo comércio. Entretanto ter-se-ia de dar solução a uma instantânea imobilização de avultados capitais. Claro que ninguém ousava duvidar que por meio de empréstimos internos se podia fazer a consolidação. Simplesmente tudo isto era um pouco vago, posto que qualquer empréstimo interno para consolidação passava pela certeza da emissão do empréstimo externo. A questão estava, pois, em acabar definitivamente com a dívida a curto prazo, tornando-a menos opressiva.

Quanto à dívida ao Banco de Portugal, naquela altura, havia apenas a representada pelo volume de notas que tinham sido emitidas para serem entregues ao Estado. Mesmo pagando desta dívida 3 milhões de libras com o empréstimo, ficava por liquidar uma importância entre 9 e 10 milhões de libras. Certamente, este montante devia ser amortizado num período compatível com a defesa do equilíbrio orçamental.

Por último, o ministro das Finanças, na sua exposição de 15 de Novembro de 1928[5], esclarecia que tencionava anular a dívida na posse da Fazenda, elaborar a reforma dos estatutos do Banco de Portugal e considerar as exigências do National City Bank para conceder as garantias do empréstimo. Confessavam-se à disposição dos banqueiros americanos para todos os esclarecimentos que necessitassem de documentos ou publicações oficiais, a fim de explicitar a situação económica e financeira do País.

Mas seria possível a reformulação e concessão do empréstimo externo? Decorridos quatro dias, a 19 de Novembro, o Fonsecas, Santos & Vianna informava o ministro das Finanças do seguinte:

> «Temos a honra de acusar a recepção da resposta, datada de 13 do corrente, que V. Exª, se dignou dar à exposição apresentada no dia anterior pelos Snrs G.K. Weeks e W. M. L. Fiske e às considerações por estes Snrs verbalmente feitas na conferência que no mesmo dia tiveram com V. Exª.
>
> Aproveitamos o ensejo para comunicar a V. Exª que transmitimos ontem àqueles Snrs. cópias da referida resposta»[6].

Nesse mesmo dia, tanto o National City Company como o Dillon Read & Co. escreviam para o Fonsecas, Santos & Vianna. O primeiro dizia:

> «Pareceu-me que a cortesia requeria que eu escrevesse directamente ao Ministro das Finanças uma nota breve, o que fiz. Pensando, no entanto, que seria mais correcto entregá-la em mão, envio-a ao seu cuidado.
>
> Aproveito esta oportunidade para agradecer sinceramente a si e aos seus sócios as atenções que me dispensaram quando estive em Lisboa.
>
> Assim que receber a exposição do Ministro, espero fazer uma declaração final sobre a informação suplementar que foi requerida pelo nosso pessoal de

[5] *Ibid.*

[6] Cópia do Fonsecas, Santos & Vianna ao ministro das Finanças em 19 de Novembro de 1928. Arquivo cit.

Nova Iorque com vista a uma apreciação definitiva da situação neste momento existente»[7].

Vale a pena referir as palavras do Dillon, Read & Co., que, também a 19 de Novembro, declarava o seguinte:

«Permita-me referir-lhe o quanto apreciei todas as atenções que me dispensaram a mim e aos Snrs. Weeks e Pictet enquanto estivemos em Lisboa. Foi um grande prazer e um privilégio encontrar e conhecer os seus sócios e isto tornou muito agradável a minha viagem a Lisboa.

Temos agora esperança no resultado, embora ainda tenhamos um caminho muito difícil a percorrer, mas pode ficar certo de que faremos tudo o que fôr possível pela nossa parte»[8].

Finalmente, a 23 de Novembro, o National City Company enviava duas cartas para o Fonsecas, Santos & Vianna, uma das quais decisiva para a reformulação do empréstimo externo. Com respeito à missiva de menor importância, dava confidencialmente a notícia publicada nessa manhã, no *Times*, com o seguinte título: «Imprisionment of Mr. Brewer — Portuguese reply to Britain». Remetia incluso o recorte. Não se tratava propriamente de acumular sobre o cliente português toda a quantidade de depreciação possível, como havia feito o Baring Brothers, mas de deixar entrever o prestígio inquestionável do nome inglês quando se pretendia um empréstimo externo. São palavras textuais da carta de Weeks:

«Relativamente às nossas conversas confidenciais sobre possíveis complicações em África, o artigo constante do "Times" desta manhã atraiu a minha atenção. É, certamente, algo com o qual nada temos a ver, mas eventuais reacções a estes incidentes justificam possivelmente que se mantenha, por seu lado, a par da situação»[9].

[7] Carta do National City Company ao Fonsecas, Santos & Vianna em 19 de Novembro de 1928. Veja-se o documento n.º 26. Arquivo cit.

[8] Carta do Dillon Read L C ao Fonsecas, Santos & Vianna em 19 de Novembro de 1928. Veja-se o documento n.º 27. Arquivo cit.

[9] Carta do National City Company ao Fonsecas, Santos & Vianna em 23 de Novembro de 1928. Veja-se o documento n.º 28. Arquivo cit.

Deverá dizer-se que a segunda carta era "monumental" e elaborada em tempo *record*, posto que o Fonsecas, Santos & Vianna só enviara a 18 de Novembro a resposta de Salazar à exposição dos banqueiros do National City Bank e do Dillon, Read & Co. Pela importância inquestionável do seu conteúdo, para a compreensão da história deste empréstimo externo, há que apresentar não só a sua tradução como a sua transcrição completa.

Somos levados a crer que os banqueiros americanos, não obstante a desistência dos ingleses, levavam a sério a determinação da política portuguesa de pretender efectivamente realizar o saneamento financeiro do País. Escrevia, portanto, Weeks a 23 de Novembro para o Fonsecas, Santos & Vianna:

> «Agradeço sinceramente a V. Sas. a sua amabilidade em me enviarem tão prontamente o "Memorandum" escrito por Sua Excelência o Ministro das Finanças, confirmando a sua exposição verbal na nossa conferência de 15 de Novembro. Estamos estudando esta exposição com o máximo cuidado e enviámos cópias aos nossos amigos de New York para seu cuidadoso exame.
>
> Penso que a presente comunicação pode ser utilmente dividida em duas partes distintas:-
>
> 1ª Parte Observações gerais.
> 2ª Parte Sumário dos elementos necessários para um estudo concludente do Novo Plano.
>
> Na questão de observações gerais, examinámos a exposição de Sua Excelência com atenção e com a maior consideração, e estamos de acôrdo com um grande número de observações na mesma contidas. Quanto aos pontos em que a opinião dos Mercados internacionais possa estar em desacôrdo com as propostas de Sua Excelência, reconheço ser mais conveniente discutir com os meus colegas a situação por inteiro, antes de tomar qualquer atitude sobre tais pontos. Todavia, a sinceridade parece exigir uma breve indicação sobre a atitude que nós e os nossos associados estamos absolutamente certos de tomar a respeito de certos pontos principais»[10].

Não vamos, evidentemente, pôr em dúvida as razões do National City Company quanto à estabilização:

[10] Carta do National City Company ao Fonsecas, Santos & Vianna em 23 de Novembro de 1928. Veja-se o documento n.º 29. Arquivo cit.

> «1. Estabilização. As infelizes experiência dos prestamistas Internacionais, resultantes da desmoralização e instabilidade da moeda, afectaram tão profundamente os mercados, e particularmente o Mercado de New York, que não vejo que haja qualquer probabilidade da nossa Organização garantir um Empréstimo Externo, a não ser baseado num Plano que, na opinião dos nosso próprios peritos, possa ser considerado, com segurança, como estabelecendo firmemente a estabilização da moeda em Portugal numa base Ouro ou de Divisas Ouro. As dificuldades dos comerciantes, resultantes das diferenças, particularmente anormais, entre os câmbios oficial e o efectivo, durante os últimos mêses, se bem que não afectando em princípio esta questão fundamental, contribuiram, no entanto, para uma opinião geral do mercado que tornaria impossivel um Empréstimo Externo para Portugal, numa base que a nossa Organização recomendasse ou patrocinasse, excepto se esse Empréstimo Externo estivesse ligado firmemente a um Plano de Estabilização de Moeda»[11].

É, aliás, perfeitamente natural a posição do vice-presidente do National City Bank:

> «2. Somos mais obrigados a dizer que a política de financiamento por intermédio de diferentes Companhias "*Contractors*" tem, em nossa experiência, dado provas muito pouco satisfatórias e perigosas para o crédito dos Países que têm adoptado esta fórmula. As Empresas de categoria (*Responsible Contractors*) estão sempre dispostas a aceitar negócios contra pagamento imediato numa cifra muito mais vantajosa do que contra pagamento em títulos, especialmente se os títulos devem ser emitidos em qualquer ocasião de futuro por um preço problemático. Desde que as Empresas de categoria (*Responsible Contractors*) tenham títulos em seu poder, que elas possam amortizar com lucros anormais, podem sempre forçar a venda deste título no mercado de uma fórma que pode causar permanente prejuízo ao crédito dos referidos Países. Por esta ocasião, a nossa instituição não poderá abertamente encarregar-se de patrocinar nos Mercados Internacionais empréstimos a Países que tenham já contractado outras obrigações, por meio de títulos, com as aludidas Empresas (Empreiteiros)»[12].

Vale a pena, a propósito da dívida flutuante, ler com atenção as palavras de Weeks:

[11] *Ibid.*

[12] *Ibid.*

«3. Sobre o tratamento da Dívida Flutuante, a atitude tomada agora por Sua Excelência parece menos conservadora do que a que ele mostrou aos nossos Peritos em Julho último. Naquele tempo, com uma Dívida Flutuante equivalente aproximadamente a £ 11,700,000 compreendemos que o Plano de Sua Excelência era amortizar com o empréstimo proposto o equivalente a £ 1,500,000. Compreendemos também que ele considerou que uma importância de cêrca de £. 4,000,000 poderia ser consolidada no mercado interno, com sucesso, durante o primeiro ano, reduzindo assim a cêrca de 50% a Dívida a Curto Prazo. Uma indicação de que a Consolidação Interna, da qual os Banqueiros deviam estar certos, não excederia 20%, ou mesmo 10% do total, é certo ir levantar uma grave questão com os nossos associados de New York e Peritos. Conforme tomámos a liberdade de observar verbalmente, em Lisboa, uma Dívida a Curto Prazo, tem uma prioridade prática sobre uma Dívida a Longo-Prazo, porquanto o seu pagamento pode ser exigido dentro de pouco tempo à vontade do prestamista. Assim, dificilmente se pode esperar que os prestamistas estrangeiros comprem um importante Empréstimo a Longo-Prazo se a Dívida Flutuante Interna fôr considerada perigosamente grande ou pesada. Sob outro ponto de vista, mal se pode esperar que os prestamistas estrangeiros tenham confiança numa obrigação a Longo-Prazo, se os portadores nacionais de obrigações do Governo não tivessem a necessária confiança para tomarem, eles próprios, em quantidade razoável, obrigações a longo prazo»[13].

Mais adiante, Weeks antecipava sobre a dívida flutuante externa uma posição contrária à expressa por Salazar:

«4. Sobre a Dívida Flutuante Externa, devemos felicitar Sua Excelência pela redução que nela foi feita. Reconhecemos absolutamente que os créditos no estrangeiro são para desejar, mas pensamos ser igualmente certo que não devem ser utilizados em termos de se tornarem em empréstimos perpétuos. Como razão prática prevemos que seria desejável, ou mesmo necessário, indicar nos prospectos de um eventual Empréstimo Externo que a Dívida Externa Flutuante ficava inteiramente liquidada com a emissão do novo Empréstimo. Atendendo a que Sua Excelência propõe um empréstimo para fins produtivos, cujo produto não será utilizado durante alguns meses, supômos que o arranjo que acima sugerimos não apresentaria grandes dificuldades práticas»[14].

[13] *Ibid.*
[14] *Ibid.*

Na mesma epístola, junto a algumas informações sobre a dívida pública, o vice-presidente do National City Bank mostrava interesse em ter respostas oficiais, que servissem de base para uma completa elaboração do novo plano sugerido aos seus colaboradores e associados, para um empréstimo externo de menor importância — segundo proposta de Salazar. Vale a pena transcrevermos o seguinte:

> «1. Pensamos que seria da maior importância possuirmos o relatório mais recente da dívida do Governo, de preferência um Relatório até 31 de Outubro, classificado da mesma forma como o Relatório de 30 de Junho último. Em particular, estimariamos possuir uma exposição clara dos efeitos nas várias classificações da Dívida Interna em virtude da redução da Dívida Externa Flutuante»[15].

Interessava ao vice-presidente do National City Bank saber bem a história dos bilhetes do Tesouro:

> «2. Os dados obtidos até 1 de Janeiro de 1928 indicam que cêrca de 60% dos bilhetes do Tesouro então em circulação, se venciam a 12 meses, cêrca de 20% a 3 e os restantes (cêrca de 20%) a 6. Seria importante para nós possuir dados mais recentes certamente até 30 de Junho, e, sendo possível até 31 de Outubro, indicando a importância em circulação para cada vencimento com as correspondentes taxas de juro»[16].

Igualmente importava conhecer a evolução das divisas e das notas do Banco de Portugal:

> «3. O contrato de 29 de Dezembro de 1922 autorizava o Banco de Portugal a emitir notas pelo equivalente da importância das divisas estrangeiras recebidas pelo Banco, dos Exportadores. Compreendemos que, devido a alguns prejuízos ocorridos em 1924, o total das notas em circulação por virtude deste contrato é maior do que a importância das divisas estrangeiras em poder do Banco. Desejariamos possuir os dados sobre as Notas em circulação e sobre as mesmas divisas até à mais recente data»[17].

[15] *Ibid.*

[16] *Ibid.*

[17] *Ibid.*

Depois, Weeks desejava obter dados sobre os suprimentos para projectos nas colónias:

«4. O mapa recebido do Ministro, fornecendo dados sobre a Dívida Pública em 30 de Julho de 1928, apresenta como um crédito sob Dívida Flutuante uma importância de 102,000,000 Escudos, representando um suprimento feito pelo estado ao Banco Nacional Ultramarino e à Colónia de Angola. Interessar-nos-ia saber dentro de que prazo de tempo esta importância deve ser liquidada. Lembramos que uma obrigação contraída por uma Colónia mal serve, em princípio, de contrapartida a dívidas de terceiros, mas, em qualquer hipótese, pensamos que tal importância não pode deixar de ser considerada um Crédito a Longo-Prazo»[18].

Em seguida, Weeks pretendia aperceber-se melhor da situação da Caixa Geral de Depósitos perante o Governo:

«5. Referência Caixa Geral de Depósitos. Tinhamos compreendido primeiramente que a dívida do Governo para com esta Instituição era inteiramente pagável à vista. A não ser que tenhamos compreendido mal Sua Excelência durante a nossa entrevista com ele, aquele nosso conceito é erróneo, e pelo menos uma parte das importâncias devidas pelo Governo é a Longo-prazo. É importante para nós possuir uma classificação das dívidas do Governo para com a Caixa Geral de Depósitos, indicando qual a parte pagável à vista e aquela pagável em datas fixas, com a data dos vencimentos para cada caso. Desejariamos também saber se os dados fornecidos são líquidos, ou sujeitos a deduções por virtude de saldos credores mantidos com a Caixa Geral de Depósitos pelos Ministérios.

6. Ainda com referência à situação da Caixa Geral de Depósitos para com os depositantes, desejávamos possuir, em separado, os dados sobre os depósitos voluntários e os depósitos obrigatórios, até à mesma data em que nos fôrem fornecidos os dados pedidos no N.º 5.

7. Ainda também com referência à Caixa Geral de Depósitos, gostariamos de ter um relatório dos poderes legais que tem esta Instituição para empregar capitais em Obrigações a Longo Prazo, do Governo, e da política que o Governo tenciona seguir com respeito a depositar na Caixa Geral de Depósitos obrigações a Longo Prazo em compensação (contrapartida?) de obrigações pagáveis à vista. Isto é, se o nosso raciocínio é exacto, e visto que a Caixa Geral de Depósitos

[18] *Ibid.*

é um corpo autónomo com poderes para empregar capitais em várias obrigações a Longo e a Curto Prazo, qual seria a proporção da Dívida à vista à Caixa Geral de Depósitos, que o Ministro das Finanças estaria preparado, em conjunto com um Empréstimo Externo, a consolidar em obrigações Internas a Longo Prazo, de acôrdo com a Administração da Caixa Geral de Depósitos?»[19].

Com respeito à situação orçamental, o vice-presidente do National City Bank gostava de obter mais esclarecimentos sobre o serviço da dívida pública:

«8. O Orçamento para o ano fiscal de 1928-29 apresenta um serviço da Dívida Pública de importância de 452,000,000 Escudos, em comparação com 401,500,000 Escudos para o ano anterior. Seria de interesse possuir alguns detalhes deste aumento de 12%, principalmente, dados indicando separadamente os encargos do Serviço das Dívidas a Longo e a Curto Prazo, nos anos fiscais de 1928/29; 1927/28 e 1913/14, respectivamente. Estes dados devem ser expressos:

(a) Em Escudos papel
(b) Em Escudos Ouro ou Esterlino»[20].

Weeks deixava entrever o próximo aumento do serviço da dívida:

«9. O proposto financiamento dará lugar a um aumento do Serviço da Dívida. Supondo que o aumento total no ano 1929/1930, incluindo qualquer acréscimo resultante de outro Empréstimo Interno, se eleva a uns 100,000,000 Escudos, como se propõe o Governo a fazer face a esta despesa adicional?»[21].

Relativamente ao chamado imposto complementar, Weeks perguntava:

«10. Gostariamos que nos fossem dados esclarecimentos sobre um imposto indirecto indicado no orçamento de 1928/29, sob a rúbrica de "Imposto complementar para reforço temporário do Tesouro", na importância de 70,000,000 Escudos, ou seja cêrca de 12% do montante dos impostos indirectos. Como é aplicado este imposto, e está previsto que ele será pago somente durante este ano?»[22].

19 *Ibid.*
20 *Ibid.*
21 *Ibid.*
22 *Ibid.*

Quanto a estradas, nova pergunta do vice-presidente do National City Bank:

«11. Com referência ao Plano Revisto prevendo uma despesa de £ 2,000,000 para estradas, mais um £ 1,000,000 "para estradas e outras obras públicas", seria do máximo interesse sabermos se foi traçado um programa definido para estes trabalhos, e em que período exacto está previsto o emprego destes fundos. Quais seriam as importâncias empregadas em novas estradas, e na reconstrução das estradas já existentes? E estão previstas quaisquer receitas adicionais directas para o Tesouro Nacional, quer por meio de impostos especiais ou por qualquer outra forma?»[23].

Weeks sublinhava a importância da publicação dos relatórios na eventualidade de ser emitido um empréstimo externo:

«12. É prática geral em Finança Governamental publicar trimestralmente relatórios de Receitas e de Despesas Governamentais, e, em alguns casos, mensalmente.

Pensa Sua Excelência na introdução de uma tal reforma em Portugal, e, sendo assim, em que data poderiamos nós esperar receber relatórios de Receitas e Despesas referentes ao trimestre findo em 30 de Setembro último? Permitimo-nos lembrar, a este respeito, que a publicação de tais Relatórios periódicos seriam sem dúvida esperados pelos prestamistas, na eventualidade de ser emitido um Empréstimo Externo»[24].

É perfeitamente natural que o vice-presidente do National City Bank desejasse conhecer realizações feitas apenas com os próprios recursos do País:

«13. Com referência à declaração de Sua Excelência de que Portugal não tem recebido benefício algum proveniente do produto de um Empréstimo Externo, desde 1896, supomos que a maior significação deste facto seria para aliviar o efeito desfavorável dos contínuos défices Orçamentais que os últimos anos têm apresentado, e que criaram uma opinião muito desfavorável nos mercados prestamistas. Sugerimos, pois, que Sua Excelência tenha preparada, sendo possível, uma exposição das despesas produtivas que tenham sido propriamente, em

[23] *Ibid.*

[24] *Ibid.*

princípio, financiadas por Empréstimos a Longo-Prazo, tanto Externos como Internos, posteriormente a 1896, dados estes que devem incluir um resumo de quaisquer Empréstimos Externos em circulação naquela data, já liquidados. Bem entendido, naturalmente, que estes dados seriam adicionados às despesas anormais ocasionadas pela Grande Guerra. Por outras palavras, esse resumo de realizações (melhoramentos) feitas por Portugal com os seus próprios recursos, seria valioso, principalmente se fosse preparado com suficiente cuidado para justificar a sua final comunicação pública antes da assinatura de Sua Excelência, num Prospecto eventual»[25].

Quanto ao problema das finanças coloniais, Weeks inquiria:

«14. Relativamente ao estudo das finanças coloniais, gostariamos de possuir uma exposição oficial, acompanhada de cópias, dos Orçamentos Coloniais para o ano fiscal corrente, e bem assim um sumário de todas as importâncias lançadas nos livros do Governo Português, devidas pelas Colónias. Ouvimos de Sua Excelência que todos os Orçamentos Coloniais, para o corrente ano fiscal, estavam equilibrados, com excepção de um pequeno défice a respeito de Timor. Este nosso raciocínio é exacto? Cremos que o Governo adiantou 70 000 Contos ao Banco de Angola, recentemente fundado, e que subscreveu indirectamente metade do capital. Estes empréstimos são considerados como um Activo ou como uma despesa corrente?»[26].

Mais adiante, ainda sobre as colónias, interrogava:

«15. Qual é, de facto, a política actual do Governo sobre as despesas ordinárias e extraordinárias das Colónias? Até que importância se propõe o Governo financiar as Colónias durante os anos mais próximos? Até que importância é indispensável este financiamento? A que fins produtivos se destinam os adiantamentos? Prevê o Governo qualquer probabilidade de ser pedido directamente pelas Colónias, em seu próprio nome, qualquer empréstimo?»[27].

Com respeito aos caminhos-de-ferro do Estado, Weeks tinha perguntas a formular:

[25] *Ibid.*
[26] *Ibid.*
[27] *Ibid.*

> «16. Com referência aos capitais que o Governo tem nos Caminhos de Ferro do Estado, e principalmente a respeito dos dados, fornecidos verbalmente, sobre receitas, perfazendo este ano cerca de £ 300 000, e despesas produtivas de cerca de £ 200 000, apreciariamos também um relatório da totalidade dos capitais pertencentes ao Governo, nos Caminhos de Ferro, igualmente das leis (estatutos) que regem este Activo do Estado, do rendimento recebido e esperado, e do carácter da responsabilidade do Governo pelas despesas de capital durante os próximos anos. Especialmente, quais as condições gerais em que o Governo alugou os Caminhos de Ferro do Estado à Companhia dos Caminhos de Ferro Portugueses, e quais os rendimentos que o Estado receberá a este respeito? Os suprimentos feitos pelo Estado aos Caminhos de Ferro são obrigatórios ou inteiramente à sua discrição?»[28].

Naturalmente, as estatísticas eram o que eram e, por muito que se tivesse feito, ainda muitíssimo faltava fazer:

> «17. As estatísticas gerais respeitantes à riqueza, produção e comércio nacionais em Portugal não estão tão completas como as que temos em dossier referentes a outros Países que temos financiado. Gostariamos particularmente de saber:
>
> (a) Os dados oficiais sobre riquezas, e receitas nacionais sofreram alteração posteriormente a 1922?
>
> (b) As avaliações sobre Companhias Portuguesas feitas em 1923 por Pinto & Sotto Maior são aceitáveis, e foram feitas quaisquer outras mais recentes?
>
> (c) Quais são os dados mais recentes relativamente à indústria, pesca, agricultura e exploração de minas, de que nos podemos servir?»[29].

A questão da balança comercial era posta por Weeks da seguinte forma:

> «18. Importações e Exportações. Gostariamos de possuir dados desde 1927. Com referência à suposta super-avaliação das Importações e à sub-avaliação das Exportações, estão em estudo algumas fórmulas que dessem lugar a que os dados publicados representassem com mais precisão a balança actual do valor entre as Importações e as Exportações? Podem ser fornecidos alguns recentes detalhes quanto ao comércio de Importação e Exportação com os Estados Unidos?»[30].

[28] *Ibid.*

[29] *Ibid.*

[30] *Ibid.*

O negócio dos Tabacos não podia deixar de ser colocado por Weeks:

«19. Com referência ao assunto dos Tabacos, e particularmente à declaração de Sua Excelência de que estavam previstas receitas adicionais, podemos ter um relatório oficial sobre a forma exacta em que são agora obtidas as receitas dos tabacos, descrevendo em alguns detalhes não só as bases em que o Imposto é aplicado, mas a maneira em que ele é cobrado?»[31].

E também o problema do desenvolvimento agrícola era equacionado:

«20. Com respeito à Agricultura, seria de interesse uma exposição dos Planos aos quais Sua Excelência aludiu, no sentido de desenvolver a irrigação e no emprego dos mais modernos instrumentos agrícolas, incluindo quaisquer previsões que foram feitas quanto à possibilidade de se aumentar as Exportações ou reduzir as Importações por via de uma exploração mais científica e efectiva dos recursos agrícolas do país»[32].

Weeks acabava a sua longa e, como dissemos, "monumental" epístola nos seguintes termos:

«Compreendemos que pedimos um grande número de informações, mas, certamente, quase todas elas seriam pedidas antes que um Plano definitivo fosse elaborado, pelo que julgamos que será de maior vantagem fornecer estas informações o mais rapidamente possível. Teriamos muito prazer em receber e transmitir aos nossos associados as informações pedidas, por partes, à medida que fossem sendo obtidas»[33].

Temos diante dos olhos as últimas cartas do mês de Novembro enviadas pelo Fonsecas, Santos & Vianna ao National City Bank. São as duas datadas do dia 30 de Novembro:

«Peço-lhe que tome conhecimento da recepção por nós da vossa carta de 23 do corrente, que foi objecto da nossa maior atenção.

[31] *Ibid.*
[32] *Ibid.*
[33] *Ibid.*

Comunicámos imediatamente o conteúdo da mesma a Sua Excelência o ministro das Finanças e esperamos, daqui a alguns dias, poder enviar-vos a informação solicitada, logo que a mesma se tornar disponível»[34].

Na segunda carta para o National City Bank, os banqueiros do Fonsecas, Santos & Vianna declaravam:

«Imediatamente após a recepção da sua primeira carta acima mencionada, enviei a Sua Excelência o Ministro das Finanças a sua nota, nela contida e dirigida a Sua Excelência.

Eu e os meus sócios não vemos razão para nos agradecerem. A vossa visita deu-nos grande prazer e forneceu uma ocasião propícia para os pôr em contacto, a si e ao Sr. Fiske, com Sua Excelência o Ministro das Finanças.

Em relação ao assunto objecto da sua segunda carta, acima referida, comunicámos o problema nela levantado a Sua Excelência o Ministro que já se encontrava oficialmente informado sobre o mesmo. Na sua opinião, a natureza do assunto não pode causar o mínimo obsctáculo»[35].

São palavras do ministro das Finanças:

«*The matter is of such a nature which cannot cause the minimum obstacle*»[36].

Uma coisa era a posição pouco nítida do Baring Brothers por motivos políticos, outra, bem diferente, a notícia vinda no *Times*:

«*Imprisonment of Mr. Brewer — Portuguese reply to Britain*»[37].

[34] Cópia da carta do Fonsecas, Santos & Vianna ao National City Company em 30 de Novembro de 1928. Arquivo cit.

[35] *Ibid.*

[36] *Ibid.*

[37] «*Imprisonment of Mr. Brewer — Portuguese reply to Britain*». Londres, *Times*, 23 de Novembro, 1928. Veja-se o documento n.º 30. Arquivo cit.

CAPÍTULO IV

A SITUAÇÃO FINANCEIRA E ECONÓMICA DO PAÍS

Muito se tem incriminado o apego ao poder dos que sem o voto popular governam, se não por força das armas, ao menos por virtude da persuasão política junto dos principais centros de decisão do Estado. No caso concreto do ministro das Finanças, Oliveira Salazar, o segredo da sua longevidade no Governo ficou-se devendo não tanto à quebra das qualidades do povo português, como à bonomia e tolerância que lhe mereceu o responsável pela regeneração financeira do País. Só que o saneamento, embora necessário, é insuficiente para melhorar a qualidade de vida de um povo. A política do "orgulhosamente sós", aferrolhada, sem horizontes para o futuro, quase provinciana, que se agravou com o tempo, comprometeu a nação inteira no seu fascínio obsessivo: o entesouramento. Dir-me-ão talvez, nesta altura, os leitores: e o Fomento? Não era ele exaltado constantemente pelo ministro das Finanças nas suas negociações com os banqueiros estrangeiros? É verdade! Simplesmente uma coisa é exaltar, outra praticar. Salazar decerto fala com muita veemência do Fomento, mas na realidade, para o futuro, pratica essencialmente o entesouramento.

Quem procurar entrever com imparcialidade a história política deste período e desse Professor, que governou autoritariamente durante 40 anos, é forçado a reconhecer que a instrução, a habitação e a segurança social, que deviam ser objecto de prioridade absoluta, se sujeitaram a níveis medíocres. Mais! É obrigado a confessar que muito pouco se fez, até na simples atribuição de verbas, para o desenvolvimento da tecnologia, cultura e investigação científica, os verdadeiros motores do progresso. E que as forças produtivas do País, nomeadamente a agricultura e a indústria, penaram com a incapacidade política para uma mudança inteligente na estratégia dos investimentos e no rejuvenescimento das instituições e das empresas para criar, renovar e reconverter.

Em todo o caso, haverá conveniência, cremos nós, em lembrar, ainda que sucintamente, o trabalho excepcional do ministro das Finanças, de Abril a Dezembro de 1928. É precisamente neste último mês que Salazar se ocupa largamente da redacção das respostas para o Fonsecas, Santos & Vianna às perguntas formuladas, em 23 de Novembro, pelo vice-presidente do National City Bank, acerca da situação financeira e económica do País e dos planos do Governo para a eventual emissão do empréstimo externo.

Antes, porém, de darmos ampla publicidade a estes textos, há que sublinhar não só os diplomas legislativos, como as declarações e exposições do ministro das Finanças. São, por ordem cronológica, as seguintes:

As primeiras bases da reforma orçamental[1]
(Relatório do Decreto n.º 15:465, de 14 de Maio de 1928).

Cambiais de exportação[2]
(Relatório do Decreto n.º 15:508, de 26 de Maio de 1928).

Incompatibilidades e acumulações[3]
(Relatório do Decreto n.º 15:538, de 1 de Junho de 1928). (Publicado pela Presidência do Ministério.)

Revisão das isenções de direitos[4]
(Relatório do Decreto n.º 15:728, de 16 de Julho de 1928).

Taxa de salvação nacional sobre o açúcar e alguns óleos importados[5]
(Relatório do Decreto n.º 15:814 de 31 de Julho de 1928).

O equilíbrio orçamental[6]
(Relatório do orçamento para 1928–1929, Decreto n.º 15:798, de 31 de Julho de 1928).

[1] *A reorganização financeira — dois anos no Ministério das Finanças, 1928–1930*, Coimbra Editora, Lda., 1930, p. 53.
[2] Ob. cit., p. 349.
[3] Ob. cit., p. 17.
[4] Ob. cit., p. 199.
[5] Ob. cit., p. 293.
[6] Ob. cit., p. 62.

Simplificação dos despachos aduaneiros pelo englobamento dos encargos[7]
(Relatório do Decreto n.º 15:815, de 4 de Agosto de 1928).
Regime do açúcar colonial[8]
(Relatório do Decreto n.º 15:829, de 10 de Agosto de 1928).
Regime do açúcar açoriano[9]
(Relatório do Decreto n.º 15:830, de 10 de Agosto de 1928).
Regime sacarino da Madeira — o álcool e a aguardente de cana[10]
(Relatório do Decreto n.º 15:831, de 10 de Agosto de 1928).
Os primeiros sacrifícios — A cobrança dos impostos[11]
(Nota oficiosa do Ministério das Finanças, de 12 de Agosto de 1928).
Política de verdade e política de mentira[12]
(Nota oficiosa do Ministério das Finanças de 12 de Outubro de 1928).
Saneamento financeiro e reorganização económica[13]
(De uma entrevista dada ao jornal *A Voz*, de 14 de Outubro de 1928).
Ainda o regime madeirense do açúcar, do álcool e da aguardente[14]
(Relatório do Decreto n.º 16:083, de 29 de Outubro de 1928).
A unificação das estampilhas fiscais[15]
(Relatório do Decreto n.º 16:186, de 4 de Dezembro de 1928).
A situação cambial[16]
(De uma entrevista dada ao jornal *O Século*, de 13 de Dezembro de 1928).

A escassez de diplomas, declarações, discursos etc. dos últimos dias do ano compreendem-se perfeitamente se tivermos em conta a quantidade de prosa que Salazar teve de escrever para o Fonsecas, Santos & Vianna no mês de Dezembro. Deverá dizer-se que são oito essas cartas e, algumas bem

[7] Ob. cit., p. 201.
[8] Ob. cit., p. 295.
[9] Ob. cit., p. 306.
[10] Ob. cit., p. 329.
[11] Ob. cit., p. 351.
[12] Ob. cit., p. 353.
[13] Ob. cit., p. 364.
[14] Ob. cit., p. 329.
[15] Ob. cit., p. 97.
[16] Ob. cit., p. 371.

extensas, com detalhadas informações sobre a situação financeira e económica do País. Estão datadas de 2, 3, 6, 10, 20, 21, 27 e 28 de Dezembro.

Vejamos em primeiro lugar a exposição de 2 de Dezembro do ministro das Finanças para o Fonsecas, Santos & Vianna:

> «Para maior facilidade na resposta e na combinação do que houver de dizer-se, regular-me-ia pela numeração adoptada na carta de M. Weeks. Os elementos posteriormente enviados obedecerão também aos números daquela carta.
>
> Folgo com a concordância de M. Weeks com grande número das minhas observações: e esperarei, sobre os restantes pontos de vista por mim manifestados, a resposta que entenda dever dar em concordância com os seus colegas.
>
> 1 – Registo apenas a declaração de M. Weeks de que não vê qualquer probabilidade em a sua organização garantir um empréstimo externo que não esteja ligado a um plano de estabilização da moeda, suficientemente estudado para se poder afirmar que a garante. É por outro lado esta também a opinião geral do mercado.
>
> Há evidentemente que tomar em conta esses dois factos. Mas devo observar que o actual estado dos câmbios no que toca à disparidade entre o câmbio oficial e o câmbio livre, e às dificuldades que deste facto advêm ao comércio de exportação, sobretudo provém da maneira como se tem trabalhado na matéria nos últimos anos e que não foi possível ainda modificar, tornando-se necessário para o conseguir criar um certo número de condições; mais confiança do público, maior soma de divisas estrangeiras, equilíbrio financeiro assegurado, diminuição de encargos — ouro Estado provenientes de operações anteriores a curto prazo, etc.
>
> Ainda que o empréstimo se não faça, a questão tem que ser e pode ser regulada, e tanto quanto se pode desde já prever o futuro e assegurar o domínio de acontecimentos desta ordem a disparidade há-de fazer-se desaparecer e há-de conseguir-se ao menos uma estabilização de facto suficiente para se poder trabalhar»[17].

O ministro das Finanças reforçava a sua ideia sobre a insuficiência da estabilização de facto e prosseguia a exposição dos seus conhecimentos sobre política e moeda:

[17] Carta do ministro das Finanças ao Fonsecas, Santos & Vianna em 2 de Dezembro de 1928. Arquivo cit.

«Para mim não há nenhum regime absolutamente garantido de estabilizar o valor da moeda; há-os mais ou menos sólidos e mais ou menos baratos.

Para países empobrecidos o gold-exchange dá vantagens apreciáveis; mas as experiências americanas e asiáticas têm posto ao que parece, em relevo a sua estreita dependência do equilíbrio financeiro e do equilíbrio económico. Eis porque se me afigura não dever sacrificar-se-lhe tudo, e eis porque não posso desviar-me deste ponto fundamental — que ao menos uma fracção importante do empréstimo contribua para o desenvolvimento da riqueza no país»[18].

É interessante ver que no fim do seu consulado o saldo positivo identificava-se mais com a estabilização da moeda do que com o progresso económico. Mas o ministro das Finanças prosseguia:

«2 – Compreendem-se facilmente os inconvenientes apontados à utilização em larga escala do pagamento de obras públicas em obrigações a colocar no mercado. Suponho entretanto conveniente a distinção seguinte:

O processo encarado na carta de M. Weeks respeita a obras realizadas por conta do Estado, confiadas a uma empresa qualquer que delas se encarrega e é paga em obrigações a uns tantos por cento, amortizáveis num certo número de anos. Ao lado disto não podemos ter empresas concessionárias que contratam empréstimos para obras relativas às suas concessões, com grupos financeiros determinados»[19].

E logo o ministro das Finanças dava um exemplo demonstrativo de quem conhecia os problemas:

«Suponhamos que uma Companhia concessionária de caminhos de ferro, ao abrigo da legislação que permite ao Estado assumir a responsabilidade da garantia de juro a uma certa taxa, se entende com um grupo financeiro americano para um empréstimo de £.2 000 000.-/-, por exemplo, para a construção de X quilómetros de linha férrea. Com este dinheiro a Companhia contrata com uma ou mais empresas nacionais ou estrangeiras, ligadas ou independentes do grupo financeiro em questão, a construção da via. A Companhia é que contrata o empréstimo, e é responsável por ele, mas o Estado assume, nos termos da legislação portuguêsa, o compromisso de dotar as receitas da

[18] *Ibid.*
[19] *Ibid.*

Companhia com a importância suficiente para garantir o juro, se aquelas não chegarem para tanto.

Convém o mais possível ao Governo saber com urgência qual a atitude dos banqueiros perante factos desta ordem. É evidente que a intervenção do Estado a garantir o juro não faz perder às obrigações o carácter de títulos emitidos por empresas privadas; por outro lado, destinando-se do projectado empréstimo uma pequena fracção para obras de fomento, não nos convém alienar quaisquer outras possibilidades de algumas se irem realizando por diferentes processos»[20].

Nada mais sensato e eloquente quanto à preocupação prioritária com as obras de Fomento. Mas o ministro das Finanças não deixava de reconhecer plenamente a reformulação do empréstimo externo:

«3 – São perfeitamente cabidas as observações que os banqueiros fazem acêrca da dívida flutuante interna e há efectivamente razão para notar a divergência entre o plano agora apresentado e o de Julho último. Que se atenda porém às razões seguintes:

1) Em Julho encarava-se a hipótese de um empréstimo de £. 12 milhões, das quais era impossível desviar a importância de £.1 500 000. -/- para consolidação da dívida flutuante interna. Agora encara-se apenas um empréstimo de £. 8 milhões; a destinação de uma importância igual para o mesmo fim, reduzia a uma quantia insignificante a parte que podia ser aplicada à obra urgente das estradas»[21].

Foi pena que esta preocupação com as estradas não estivesse presente no espírito do mesmo governante quando, mais tarde, foi confrontado com o Plano Marshall. Depois o ministro das Finanças contemplava a questão do crédito agrícola:

«2) Havendo urgência em dotar o crédito agrícola com algum dinheiro, supõe-se conveniente destinar £. 500 000.-/- para entregar à Caixa Geral de Depósitos como amortização parcial da Conta-Corrente com o Estado. Ao mesmo tempo que se diminui a dívida flutuante (mais perigosa esta que a de bilhetes do tesouro) fomentava-se, com os capitais correspondentes àquela

[20] *Ibid.*

[21] *Ibid.*

amortização, e que a Caixa empregaria em harmonia com reforma que estão preparadas, o crédito agrícola.

3) – A consolidação da dívida flutuante por meio de empréstimos internos continua fazendo parte dos planos do Governo. Nós podemos emitir (continuando a pôr de lado uma consolidação forçada) um empréstimo de valor indeterminado, para haver a maior facilidade de subscrição, ou emitir empréstimos sucessivos de montantes fixos. Em qualquer hipótese julgo difícil que num primeiro empréstimo se consiga mais que 1/5 ou 1/6 do total da dívida. Isto é porém uma previsão, não é um propósito do Governo; e não o sendo, podia abster-me de lhe fazer alusão, se fosse o desejo de mais ocultar sobre a situação portuguêsa»[22].

Depois vinha o parecer do ministro a que o Fonsecas, Santos & Vianna não era estranho:

«Calculo que £. 1 500 000 -/. de bilhetes do tesouro estejam na posse de instituições bancárias: estas não podem subscrever o empréstimo, é evidente, porque necessitam de maior mobilidade nos seus capitais. O valor restante de bilhetes do tesouro está nas mãos do público mas em condições diversas: para uns trata-se duma verdadeira capitalização com carácter de permanência – o juro é convidativo, e a confiança no Estado é maior que em muito papel da Bolsa, sobretudo depois da crise do après-guerre; para outros, trata-se de aplicações de dinheiro, transitórias – capitais que aguardam a sua colocação definitiva. É impossível calcular a proporção em que uns e outros se encontram. Os primeiros podem facilmente vir ao empréstimo que se lhe ofereça em boas condições. Os segundos não é provável que venham. No conjunto como se passarão as coisas? Impossível prevê-lo, como é impossível saber se muitos outros não interessados na dívida flutuante, virão à subscrição. Teremos as £. 4 milhões, como se previu em Genebra? Eu calculo prudentemente que se não atingirá esse montante num primeiro empréstimo e por isso me limitei aos 2 milhões: tenho para isso razões que também não oculto»[23].

Na realidade, quem analisar detalhadamente a questão sensível do crédito pode reconhecer que o ministro das Finanças tinha razão:

[22] *Ibid.*

[23] *Ibid.*

«A maneira como M. Weeks põe o problema da confiança, na última parte do N.º 3, coloca-nos num circulo vicioso, e é necessário sairmos dele. Por motivos que seria ocioso explicar em trabalhos desta natureza, o país precisa, para ter confiança em si mesmo, que o estrangeiro a tenha nele. A fácil e relativamente rápida repatriação dos títulos da nossa dívida é disso a prova. Subscrições directas de títulos são raríssimas no país; porém os títulos dos empréstimos externos regressam em grandes massas num prazo curto. Se pois não se quebra este gelo da parte de fora, será, não digo impossível, mas muito mais difícil realizar a obra. Isto pode ser dificilmente compreensível a banqueiros estrangeiros; nós porém sabemos aqui que isto é verdade, e por isso é meu dever afirmá-lo, não havendo nenhuma vantagem em nos iludirmos»[24].

A seguir, o ministro das Finanças deixava entrever o prestígio da sua imagem:

«Têm-se feito quase milagres com a confiança que o país tem na obra do Governo. Mas o que poderemos esperar desse espírito patriótico sobreexcitado no sentido da emissão dum empréstimo interno, e até que ponto virá ele desmentir o que por excesso talvez de prudência deixo enunciado? É-me impossível responder a esta pergunta»[25].

Em todo o caso, o ministro das Finanças não depositava toda a sua esperança no empréstimo externo:

«Eu tenho, é evidente, estudado a hipótese de um empréstimo interno independente do empréstimo externo. Creio que a questão se modificaria em sentido mais favorável com a emissão em Portugal duma fracção do mesmo empréstimo externo de que se trata. Esta hipótese não foi porém ainda suficientemente estudada.

Tenho de dizer ainda, seguindo uma outra ordem de ideias, que a dívida flutuante interna, desde que se amortize uma parte e esteja definida a política de amortização da restante, não oferece em Portugal qualquer perigo, podendo contar-se que os novos capitais em busca da colocação em bilhetes do tesouro compensem os levantamentos de dinheiro.

O equilíbrio orçamental, uma vez consolidado, actuará no mesmo sentido»[26].

[24] *Ibid.*
[25] *Ibid.*
[26] *Ibid.*

Por último, nessa exposição do dia 2 de Dezembro para o Fonsecas, Santos & Vianna, a fim de este transmitir ao National City Bank, o ministro das Finanças declarava:

«4) – Dívida flutuante externa. O que os banqueiros dizem é perfeitamente razoável e não levanta qualquer dificuldade prática. Não havendo sequer possibilidades de empregar rapidamente em obras de fomento todo o produto do empréstimo, um momento há em que a dívida flutuante externa pode e deve estar integralmente paga. É evidente porém que, querendo dar ao dinheiro integralmente a aplicação prevista, a dívida externa renascerá exactamente no quantitativo acerca do qual fiz as minhas reservas – a importância dos créditos concedidos pelos dois bancos de Londres que são actualmente os banqueiros do Governo Português.

Fico por aqui na minha resposta a toda a primeira parte, subordinada à epígrafe – Observações Gerais – da carta de M. Weeks»[27].

No dia seguinte, o ministro das Finanças prosseguia a sua exposição para o Fonsecas, Santos & Vianna sobre questões que não dependiam de estatísticas ou de longas pesquisas:

«Continuo a minha carta de ontem em resposta às observações e pedidos de esclarecimentos de M. Weeks na sua carta de 23 (Londres). Responderei a alguns pontos versados na 2ª parte da mesma carta subordinando-me, como disse na minha de ontem, à numeração empregada»[28].

Enquanto o 1.º e o 2.º pontos estavam em preparação, o ministro das Finanças esclarecia dúvidas relativas à dívida pública, enviando os números pedidos por Weeks[29]:

«3. Como é publicada semanalmente a situação do Banco de Portugal, podem extrair-se do respectivo balancete os números relativos ao total das notas em circulação e às notas emitidas (já incluídas no N.º anterior) para cumprimento da Convenção de 29-XII-922 (aquisição de divisas estrangeiras). Da nota facultada

[27] *Ibid.*

[28] Carta do ministro das Finanças ao Fonsecas, Santos & Vianna em 3 de Dezembro de 1928. Arquivo cit.

[29] *Ibid.* Veja-se o documento n.º 31.

diariamente à Fazenda Pública extraem-se as importâncias em esterlino das mesmas divisas. A comparação dos números referidos em 2.º e 3.º lugar, traduz o prejuízo sofrido pelo Estado, devido à valorização do escudo desde 1924. Este prejuízo tem de ser liquidado quando da regularização das demais dívidas do Estado ao Banco de Portugal.

O prejuízo tem sido compensado em parte com lucros provenientes da desvalorização do mesmo escudo»[30].

Entretanto, o ministro das Finanças deixava entrever a necessidade da reorganização da contabilidade pública:

«4. Acho perfeitamente cabidas as observações feitas por M. Weeks sob este número. A dívida em questão não está provavelmente bem classificada.

Os 102 000 000$ são formados por três verbas:

a) 70 000 000$ emprestados ao Banco Nacional Ultramarino a 7% — 30 anos.
b) 25 000 000$ emprestados à Provincia de Angola a 6% — 30 anos.
c) 7 000 000$ emprestados à Província de Angola a 6% — 20 anos a começar em 1-1-930.»

Estas entidades são responsáveis perante o Estado e este é responsável perante o Banco de Portugal. O empréstimo é feito por este ao Estado ao juro de 1%.

Legislação aplicável: contrato aprovado por Dec. N.º 1190 de 19-VII-926 e Dec. N.º 12.022 de 30-VII-926»[31].

Mas nesta área de questões formuladas na carta do vice-presidente do National City Bank, designadamente com os pontos 5 e 6, a resposta estava em preparação. Quanto aos outros pontos, o ministro declarava:

«7. Por virtude da lei orgânica da Caixa Geral de Depósitos esta pode entregar no Banco de Portugal em Conta-Corrente com o Tesouro o excedente das suas disponibilidades. Ora, uma parte importante dos depósitos feitos na Caixa pertencia afinal a serviços públicos com maior ou menor autonomia. Estes fun-

[30] *Ibid.*
[31] *Ibid.*

dos atravessando a Caixa e passando daí para o Banco de Portugal, obrigavam ao pagamento de juros, engrossando a Conta Corrente com o Tesouro. A ordem dada para que as receitas dos serviços públicos entrassem todas no Banco de Portugal, como Caixa Geral do Tesouro, diminuiu em 150 a 180 000 000$ o saldo desta Conta-Corrente. Ela é no entanto ainda muito elevada. Como se diz noutra parte, prevê-se o desvio de uma fracção do empréstimo de £. 500.000 para amortização desta Conta-Corrente; mas fica-se ainda longe duma situação normal»[32].

Em seguida, o ministro das Finanças fazia uma longa exposição sobre a Caixa Geral de Depósitos — segundo ele «uma iniciativa admirável do Estado português, que tem prestado ao País, ao desenvolvimento da sua economia, sobretudo nestes últimos anos, incalculáveis serviços»[33].

E na carta dizia:

«A Caixa Geral de Depósitos funciona hoje como um banco qualquer, realizando todas as suas operações, à excepção da emissão de notas. É por isso conveniente levá-la à situação que lhe é imposta pelas suas responsabilidades. Pensa-se em promover a amortização da Conta-Corrente por meio de obrigações a prazo curto, uma parte ainda indeterminada, em que se suponha que é razoável dar uma certa liquidez ao seu activo. Por uma parte importante da Conta-Corrente pode a Caixa adquirir títulos dos empréstimos a longo prazo, mantendo-os em carteira como seus ou passando-os lentamente aos seus clientes. A reforma mais importante é porém separar absolutamente as disponibilidades da Caixa das disponibilidades do Tesouro, de modo que este deixe de contar como dinheiro à sua ordem, os saldos da Caixa no Banco de Portugal. Escusado é repetir que isto só é praticamente possível com o equilíbrio orçamental. Contando-se com o deste ano, as indicações dadas à Caixa foram já no sentido de que o Estado se desinteressava do aumento do saldo na Conta-Corrente e por isso a Caixa vai fazendo livremente as suas operações dentro do aumento das suas disponibilidades.

Uma maior precisão neste plano só é possível quando determinado por uma vez o que respeita ao quantitativo do empréstimo e à sua distribuição»[34].

[32] *Ibid.*

[33] ANTÓNIO FERRO, *Salazar – o homem e a sua obra*, 1933, p. 65.

[34] Carta do ministro das Finanças ao Fonsecas, Santos & Vianna em 3 de Dezembro de 1928. Arquivo cit.

Mais uma vez, o ministro das Finanças demonstrava a importância do equilíbrio orçamental, depois prosseguia:

«8. Vai junto um mapa com os elementos pedidos sob este N.º. Explicou-se no relatório do decreto que aprovou o orçamento a razão de parte do aumento. Em primeiro lugar não se deve perder de vista que em qualquer orçamento os N.os que traduzem os encargos reais da dívida se obtêm subtraindo dos inscritos no orçamento das despesas, os números que no orçamento das receitas traduzem os juros dos títulos na posse da Fazenda.

Assim, no orçamento de 28-29 a despesa total é de .... 452 000 000$
a receita a deduzir é de .... 124 335 000$

e a despesa efectiva é de .... 327 665 000$

Em segundo lugar, houve um erro de cálculo no orçamento de 27-28 relativamente à dívida flutuante que no orçamento deste ano se corrigiu. Foram umas dezenas de milhares de contos a mais. As restantes diferenças provêm do seguinte:

1) centralização no Ministério das Finanças dos encargos de empréstimos que eram pagos por diferentes Ministérios. (Não traduz qualquer aumento da dívida).
2) agravamento do câmbio. No orçamento de 27-28 contou-se com um ágio de 2.000%; no de 28-29 com um ágio de 2.100%.
3) as prestações da dívida de guerra a pagar à Inglaterra são este ano maiores. Só esta última despesa se pode considerar como aumento da dívida»[35].

Já então o ministro das Finanças escrevia na carta:

«Deve, entretanto, haver algum aumento real dos encargos da dívida flutuante no ano corrente, visto que, não havendo saldos orçamentais, a dívida flutuante externa tem sido paga em parte com o produto de bilhetes do tesouro internos (que têm um juro um pouco mais elevado) e pelo mesmo processo se pagará o deficit do ano de 27-28, para o qual em Genebra se destinava uma fracção do empréstimo. Ainda que a taxa de juro seja agora meio ponto mais baixa,

[35] *Ibid.* Veja-se o documento n.º 32.

é provável que a economia por este motivo realizada não nos compense inteiramente de qualquer aumento no capital da dívida.

9. Temos no orçamento actual:

a)	para estradas	81 000 000$
b)	para caminhos de ferros (livres)	20 000 000$
c)	para portos (receitas das juntas administrativas dos portos, exceptuado Lisboa	12 000 000$
		113 000 000$»

Pode ter-se clara ideia de como pensava o ministro pelas seguintes palavras:

«Sendo a fracção do empréstimo destinada a obras de fomento relativamente pequena e possivelmente quase só destinada a estradas na metrópole e a portos coloniais, é minha opinião que se não disponha das verbas acima para caminhos de ferro e portos, e se conte apenas com a verba das estradas, que desaparecem do orçamento por aquelas passarem a ser construídas e reparadas (grandes reparações) por conta do empréstimo. No caso portanto de o aumento de encargos subir a 100 000 000$, teremos que obter ainda cêrca de 20 000 000$. A hipótese está prevista, mas não se pode neste momento tomar qualquer compromisso a este respeito, com indicação das verbas precisas que sofrerão o aumento. A solução definitiva depende do exame das contas relativas ao semestre Julho-Dezembro corrente. Para já temos garantido o seguinte:

a)	contrato de aguardente da Madeira e novo regime do açúcar	3 000 000$
b)	imposto de selo que acaba de ser reformado	10 000 000$
c)	contr. predial urbana (por aplicação automática de preceitos já em vigor em parte deste ano)	15 000 000$
d)	receitas dos Tabacos (só por efeito da concorrência de outra empresa que vai começar a trabalhar e por pequenos aperfeiçoamentos no regime actual e sem qualquer alteração de preços ou direitos aduaneiros)	10 000 000$
		38 000 000$»

Depois assiste-se a uma exposição singular, mas realista, por parte do ministro das Finanças:

«Nota-se que algumas receitas excedem no exercício corrente em muito as previsões orçamentais, mas é prudente esperar pelas contas de um semestre, como se disse acima. Deve notar-se que há serviços que terão de ser um pouco mais bem dotados, e há impostos (como o de salvação pública que recai nos vencimentos dos funcionários públicos) que não poderão manter-se, ao menos com a taxa actual. Tudo isso precisa vagarosa e prudentemente ser revisto, é por isso que se continuam estudando reformas para fazer economias onde fôr possível e para obter aumentos de receitas em certos regimes económicos especiais, sem gravame para o contribuinte. Salvo qualquer crise mais grave da produção nacional, o equilíbrio do orçamento deve manter-se e consolidar-se, mesmo com o novo encargo»[36].

À sombra das receitas multiplicadas por força dos impostos, podia defender-se o equilíbrio orçamental. Confessava o ministro:

«10. O imposto indirecto não tem o nome que se lhe atribui. Está inscrito no orçamento (cap. 2.º art.º 25.º) com a designação de Taxa de salvação nacional. Terá de continuar não se sabe porque prazo. Incide apenas sobre o açúcar (estrangeiro e colonial) o petróleo e a gazolina. Eram os únicos produtos que podiam suportar esta taxa, que é imposta nas Alfândegas. Trata-se de artigos de exclusiva produção estrangeira ou colonial, de largo consumo e preço relativamente baixo. As taxas foram calculadas de modo a arrecadar-se a receita prevista. Este ano vigora apenas durante 11 meses além disso escaparam à sua incidência algumas quantidades já existentes no país. Por este motivo não se estranhará uma pequena falha nesta receita. Tendo sido calculada sobre a importação dos três respectivos artigos, importação que não pode diminuir e tende pelo contrário a aumentar, trata-se duma receita segura»[37].

Aqui as previsões do ministro das Finanças mostram-se 100 por cento certas. Mas voltemos ao caso das estradas. Na mesma epístola, Salazar dizia:

[36] *Ibid.*

[37] *Ibid.*

«11. Poder-se-há pedir ao Ministério do Comércio uma nota mais precisa do plano de construção e reconstrução de estradas. Para já bastam talvez as considerações seguintes:

Desde 1926-1927 que se inscreve no orçamento uma verba de 81 000 000$ para construção e grandes reparações de estradas. Temos portanto nos dois anos decorridos e no ano corrente uma despesa de 243 000 000$, importância que no fim do ano deve estar comprometida em contratos diversos, mas não inteiramente gasta.

Devo acrescentar que ainda há pouco estavam por liquidar 2/3 dos contratos feitos ao abrigo da dotação de 26-27 e estava quase intacta a verba de 27-28.

É provável que no fim do corrente ano estejam gastos apenas, por conta dos três anos, 160 000 000$ a 180 000 000$.

A construção e as grandes reparações de estradas estão calculadas em importância superior a 500 000 000$, sendo portanto necessário dispôr de pelo menos £. 3 000 000 ou 300 000 000$ para ter assegurada a execução do plano. É preciso notar que muitas estradas há que têm de ser construídas de novo, aproveitando-se só o traçado ou pouco mais.

A experiência demonstra-nos que pelos processos que temos empregado, não se gastarão anualmente mais que 100 a 120 000 000$ nos trabalhos de estradas, e ainda que com as verbas previstas poucas estradas novas se construirão.

Não está prevista a criação de impostos especiais. Mas desde que tenhamos boas estradas, poderá agravar-se nalguma coisa o imposto de trânsito que já actualmente é pago pelas entidades que mais uso dão às estradas (proprietários de carros, automóveis, camiões)»[38].

Ao passar-se em revista esta série de escritos sobre o melhoramento das estradas, cabe perguntar uma vez mais: será o ministro das Finanças de 1928 o mesmo homem de 1968? A outra pergunta do National City Bank, Salazar esclarecia:

«12. A legislação portuguesa prevê a publicação de uma conta mensal com as receitas, despesas e movimentos de fundos. Envia-se um exemplar da conta do mês de Setembro, abrangendo os três primeiros meses do ano económico. Essa conta é mais minuciosa do que as contas usadas nalguns países, não sendo de leitura muito fácil para quem não conheça regularmente as finanças portuguesas e a nossa organização administrativa. A conta provisória aparece 45 dias depois de terminado o mês a que se refere.

[38] *Ibid.*

Mando um exemplar da conta relativa a Setembro de 1927, para comparação. Com esta conta não costuma nunca ser distribuído qualquer relatório do Ministro das Finanças.

Separadamente da conta, é também publicada a nota mensal da dívida flutuante interna e externa e os balancetes do banco emissor, que nalguns países aparecem em conjunto»[39].

No dia seguinte, a 4 de Dezembro, os banqueiros do Fonsecas, Santos & Vianna informavam o National City Bank que iam enviar em breve as respostas do ministro das Finanças ao questionário formulado a 23 de Novembro:

«Como tem conhecimento pela carta que os Srs Baring Brothers nos enviaram no passado dia 9 de Novembro, penso que será conveniente para sua informação pessoal enviar-lhe inclusa a cópia da nossa carta do dia 30 do mesmo mês aos referidos senhores contendo, a pedido de Sua Excelência o Ministro das Finanças, cópia da carta que Sua Excelência nos enviara no dia 29 de Novembro e que foi sugerida na carta acima referida dos Srs. Baring Bros.

Aproveito a oportunidade para o informar de que espero poder começar amanhã a enviar-lhe algumas das respostas ao questionário que foi objecto da sua carta do passado dia 23»[40].

Horas depois, a 5 de Dezembro, o Fonsecas, Santos & Vianna enviava nova carta para o National City Bank, remetendo inclusa a resposta de Salazar de dia 2 de Dezembro:

«Em referência à nossa carta do passado dia 30, temos o prazer de vos enviar em anexo uma cópia duma tradução para francês da primeira carta que Sua Excelência o Ministro das Finanças nos enviou no dia 2 do corrente, contendo algumas respostas ao questionário constante da vossa carta do último dia 23.

Acrescentamos para vossa informação que também enviámos ao Sr. W. M. L. Fisks uma cópia adicional desta tradução.

Aproveitamos esta oportunidade para vos comunicar que muito apreciaríamos que nos pusessem ao corrente, assim que vos fôr possível, de qualquer

[39] *Ibid.*

[40] Cópia do Fonsecas, Santos & Vianna ao National City Company em 4 de Dezembro de 1928. Veja-se o documento n.º 33. Arquivo cit.

informação relativa à vossa audiência com o "Foreign Affairs" — isto com vista a transmiti-la à principal parte interessada»[41].

Nesse mesmo dia, os banqueiros do Fonsecas, Santos & Vianna remetiam para Dillon Read Co. o trabalho do ministro das Finanças, igualmente enviado para o National City Bank, com as seguintes palavras:

«Temos o prazer de vos enviar inclusa, para vossa informação particular, uma cópia da primeira carta que Sua Excelência o Ministro das Finanças nos enviou no dia 2 do corrente, contendo algumas respostas ao questionário que foi objecto da carta que o Sr. G. K. Weeks nos escrevou no passado dia 23.

Esperamos enviar-vos pelo correio de amanhã resposta adicionais de Sua Excelência relacionadas com o mesmo»[42].

No dia seguinte, 6 de Dezembro, Mário Luís de Souza, do Fonsecas, Santos & Vianna, mandava para o National City Bank a segunda carta do ministro das Finanças:

«Confirmando a nossa carta com data de ontem, temos o prazer de vos enviar em anexo uma cópia da tradução para francês da segunda carta que Sua Excelência o Ministro das Finanças nos enviou no dia 3 do corrente, contendo mais algumas respostas ao questionário constante da vossa carta do passado dia 23.

Incluímos também dois anexos e duas cópias de suplementos do jornal oficial relacionados com alguns pontos da referida carta.

Tal como foi feito no caso anterior, também enviámos ao Sr. Fisks cópias adicionais destes documentos anexos»[43].

Igualmente era confiada ao Dillon Read Co., a 6 de Dezembro, pelo Fonsecas, Santos & Vianna, a segunda carta do ministro das Finanças:

«Em confirmação da vossa carta com a data de ontem, temos o prazer de enviar em anexo, para vossa informação particular, uma cópia adicional da

[41] Cópia da carta do Fonsecas, Santos & Vianna ao National City Company em 5 de Dezembro de 1928. Veja-se o documento n.º 34. Arquivo cit.

[42] Cópia da carta do Fonsecas, Santos & Vianna ao Dillon Read Co. em 5 de Dezembro de 1928. Veja-se o documento n.º 35. Arquivo cit.

[43] Cópia da carta do Fonsecas, Santos & Vianna à National City Company em 6 de Dezembro de 1928. Veja-se o documento n.º 36. Arquivo cit.

tradução para francês da segunda carta que Sua Excelência o Ministro das Finanças nos enviou no dia 3 do corrente, contendo mais respostas ao questionário constante da carta que nos foi enviada pelo Sr. G. K. Weeks datada do passado dia 23»[44].

Três dias depois da última carta para o Fonsecas, Santos & Vianna, o ministro das Finanças respondia às perguntas n.os 5 e 6 formuladas pelo National City Bank.

Pois bem, a 6 de Dezembro, ainda sobre a Caixa Geral de Depósitos, Salazar escrevia uma longa prelecção como se se tratasse de uma lição de finanças do curso do 3.º ano jurídico:

> «5. Vai dito noutro número (7) que a Caixa Geral de Depósitos funciona como qualquer outro Banco no que respeita às operações realizadas. Há porém que notar o seguinte:
>
> Os depósitos que afluem à Caixa são de duas ordens:
>
> I) – depósitos voluntários, divididos em depósitos à vista
depósitos a prazo
>
> II) – depósitos obrigatórios, estes provenientes de duas fontes principais:
>
> a) depósitos obrigatoriamente feitos na Caixa por serviços públicos com algum grau de autonomia administrativa ou financeira, ou por instituições (de assistência etc.) que recebem qualquer subsídio do Estado. O seu Banco é obrigatoriamente a Caixa Geral de Depósitos.
>
> b) depósitos derivados do funcionamento de instituições judiciais (depósitos para garantia do cumprimento de obrigações – devedores, inquilinos – fianças, depósitos de garantia de empresas que negoceiam com o Estado, valores pertencentes a menores ou incapazes, etc.)
>
> Quanto aos empréstimos feitos ao Estado temos:
>
> 1) Conta-Corrente que se estabelece com o Tesouro através do Banco de Portugal, como vai explicado em outro número (7). Esta Conta-Corrente faz parte da dívida flutuante interna.
>
> 2) Empréstimos a longo prazo. Estes empréstimos constituem dívida amortizável, e são contados quase todos na nota geral em poder dos banqueiros e que se vai actualizar a seu pedido para 31 de Outubro.
>
> Sob este último aspecto, temos:

[44] Cópia da carta do Fonsecas, Santos & Vianna ao Dillon Read Cº em 6 de Dezembro de 1928. Veja-se o documento n.º 37. Arquivo cit.

a) Um empréstimo, produto da conversão de numerosos empréstimos feita por Dec. N.º 15 806, de 30 de Julho de 1928 (Este Dec. aprovou o contrato com a Caixa). Valor do empréstimo unificado 76 139 520$03. Prazo: 25 anos, a contar de 1-X-928.

b) Empréstimos contratados, mas não utilizados ainda, para escolas de ensino médio e superior – 43 500 000$ (quarenta e três mil e quinhentos contos).
Prazo: 25 anos, a contar de 1-X-931, em relação a 40 000 000$, e 15 anos, a contar de 1-VII-929, para 3 500 000$.

c) Empréstimos feitos aos Caminhos de Ferro do Estado. Os encargos são pagos directamente por conta do <u>Fundo dos Caminhos de Ferro</u>.

Saldo em dívida destes empréstimos em 31 de Outubro – 22 157 624$00.

– Estes empréstimos não fazem parte da dívida pública nem os seus encargos vêm inscritos no Orçamento Geral do Estado»[45].

Vale a pena referir, por último, as derradeiras declarações do ministro das Finanças, a 6 de Dezembro:

«Faz-se ainda referência, por lembrança, a empréstimos feitos a Colónias ou a Empresas privadas, pelos quais o Estado assumiu qualquer responsabilidade, avalizando-os. Estão encarregadas duas Comissões especiais de estudar, uma, as condições em que se encontram essas empresas financiadas e de rever todos os contratos entre elas e a Caixa Geral ou o Estado; outra, de estudar as dívidas coloniais e a solvabilidade de cada uma das Colónias. Só depois desse estudo se poderá saber até onde a <u>eventual</u> responsabilidade do Estado se transformará numa responsabilidade <u>efectiva</u>[46].

As importâncias indicadas nas alíneas a), b) e c) do N.º 2, não são sujeitas a deduções e traduzem débitos líquidos do Estado, embora sob outro ponto de vista se possa deduzir a esses débitos o saldo dos depósitos obrigatórios (acima II — alínea a)), visto a maior parte pertencer a serviços públicos, como se disse. Eu não farei a dedução porque juridicamente se trata de patrimónios distintos, e porque em geral se não trata de activo das instituições mas de receitas suas que aguardam aplicação.

[45] Carta do ministro das Finanças ao Fonsecas, Santos & Vianna em 6 de Dezembro de 1928. Arquivo cit.

[46] *Ibid.*

1) Depósitos voluntários:		
a)	à ordem	713 185 663$08
b)	a prazo	92 771 836$53
		805 957 499$61
2) Depósitos obrigatórios:		
a)	serviços públicos	34 866 978$22
b)	judiciais	143 288 032$34
	diversos	11 890 956$32
		190 045 966$88

Esta nota refere-se a 22 de Outubro do corrente ano»[47].

A terceira carta do ministro das Finanças era expedida pelo Fonsecas, Santos & Vianna para Weeks a 8 de Dezembro:

«Confirmarmos a nossa carta do dia 6 do corrente e temos hoje o prazer de vos enviar em anexo uma cópia da tradução para francês da terceira carta que Sua Excelência o Ministro das Finanças nos escreveu datada de 6 do corrente, respondendo aos pontos n.os 5 e 6 do questionário constante da vossa carta do passado dia 23.

Incluímos, para além dela, a folha de Balanço da Caixa Geral de Depósitos realizada em 30 de Junho de 1928, relativa ao ponto n.º 6 acima mencionado»[48].

Também nesse mesmo dia, 8 de Dezembro, o Fonsecas, Santos & Vianna confiava ao Dillon, Read & Co. a terceira carta do ministro das Finanças:

«Confirmamos a nossa carta do dia 6 do corrente e temos hoje o prazer de vos enviar em anexo, para vossa informação particular, uma cópia adicional da tradução para francês da terceira carta que Sua Excelência o Ministro das Finanças nos escreveu datada de 6 do corrente, respondendo aos pontos n.os 5 e 6

[47] *Ibid.*

[48] Cópia da carta do Fonsecas, Santos & Vianna à National City Company em 8 de Dezembro de 1928. Veja-se o documento n.º 38. Arquivo cit.

do questionário constante da carta enviada pelo Sr. G. K. Weeks no passado dia 23»[49].

É elucidativo ler todas estas exposições do ministro das Finanças. Vê-se imediatamente a força da personalidade que nelas domina. É a do trabalhador orientado pelo princípio da concentração máxima. Apesar das suas inúmeras ocupações no ministério, ainda encontra tempo para, no dia 10 de Dezembro, escrever para o Fonsecas, Santos & Vianna o seguinte:

> «Continuo as minhas cartas anteriores de resposta à exposição de M. Weeks de 23 de Novembro.
>
> 13. Mandei preparar todos os elementos necessários à eventual exposição em que se fala neste número. Comunicarei a V. Ex.as os dados indispensáveis para se fazer um juízo da situação»[50].

E com conhecimento de causa, o ministro das Finanças punha ponto final na questão do último empréstimo externo:

> «Repito que desde 1896 se não emitiu nenhum empréstimo externo, a não ser que consideremos como tal o financiamento das despesas de guerra feito pelo Banco de Inglaterra ao Governo Português. Mesmo empréstimos internos, naquele período, em que o Governo Português recebesse ouro, só um pequeno empréstimo de 1912, na importância de 2 400 000$.
>
> Tudo o mais que nestes 32 anos se gastou, incluindo as despesas de guerra feitas no País ou nas Colónias, as obras de fomento realizadas aqui e lá, o reembolso integral dos empréstimos externos de 1891 e 1896 (£. 10 800 000) e o reembolso parcial dos outros, como se mostrará, tudo o mais, repito, o País pagou com os seus próprios recursos»[51].

Depois, o ministro das Finanças detinha-se detalhadamente na difícil e onerosa questão das colónias, muito ao contrário do que se possa pensar:

[49] Cópia da carta do Fonsecas, Santos & Vianna ao Dillon Read Cº em 8 de Dezembro de 1928. Veja-se o documento n.º 39. Arquivo cit.

[50] Carta do ministro das Finanças ao Fonsecas, Santos & Vianna em 10 de Dezembro de 1928. Arquivo cit.

[51] *Ibid.*

«14. Mandei arranjar uma colecção dos orçamentos das Colónias. Como os orçamentos das diferentes colónias tiveram de ser revistos e refeitos em cada uma delas, em harmonia com os princípios fundamentais da reforma orçamental que se publicou aqui em 15 de Maio (Dec. 15.465), e como nem de todas as colónias nós temos ainda, por aquele motivo, os orçamentos completos mas apenas resumos, é provável alguma demora para satisfazer integralmente os desejos de M. Weeks.

As informações que temos, são efectivamente, como aqui verbalmente expuz, que, com excepção de Timor, todos os orçamentos coloniais, depois da revisão acima referida, puderam apresentar-se equilibrados.

As importâncias neste momento devidas pelas diferentes colónias ao Governo da Metrópole são as constantes da nota entregue aos peritos dos banqueiros. Nenhum outro financiamento se lhes fez posteriormente.

Há equivoco no empréstimo dc 70 000 contos ao Banco de Angola. Talvez M. Weeks se queira referir a um empréstimo da mesma importância feito ao Banco Nacional Ultramarino. Faz-se referência a este no N.º 3 da minha segunda carta (3-XII); é evidentemente um crédito do Estado.

Os 25 000 contos a que no mesmo lugar se faz referência, é que foram emprestados à Provincia de Angola para esta subscrever metade do capital do Banco de Angola. Considero esta parte perfeitamente reembolsável, visto que está representada em acções do Banco, cuja propriedade pode passar da Colónia para o governo da Metrópole, desde que aquela não pague a importância do empréstimo que lhe foi feito para o ajudar a fundar.

Quanto aos 70 000 contos emprestados ao Banco Nacional Ultramarino devo advertir o seguinte:

Este empréstimo foi feito para mobilizar o avultado crédito que o Banco Nacional Ultramarino tem sobre a Província de Angola. Angola não tem pago ao Ultramarino os juros e amortizações da sua dívida, e o Ultramarino por seu lado não tem pago ao Estado, ficando com uma compensação entre as duas contas, compensação que lhe dá um saldo credor. De facto a compensação não pode ser feita, porque, se economicamente há uma estreita ligação entre o crédito do Banco Ultramarino sobre Angola e o débito do Banco Ultramarino ao Estado, juridicamente não pode dar-se entre as duas contas qualquer compensação directa visto que os créditos e débitos têm sujeitos diferentes, nem indirecta, através do Tesouro, pois que este não é devedor de Angola mas igualmente credor. A situação é no entanto embaraçosa, dada a quase impossibilidade de Angola pagar ao Banco Ultramarino, porque ou a Metrópole há-de tomar sobre si todas ou parte das dívidas de Angola, e então liquida facilmente com o Banco

Ultramarino, ou há-de forçar o Banco Ultramarino a pagar a sua dívida ao Estado sem que aquele cobre duma parte do mesmo Estado, duma sua colónia, os créditos que tem.

Para evitar qualquer equívoco, devo acrescentar que os 70 000 contos de que aqui se trata, estão já compreendidos na nota dada dos banqueiros como dívida do Estado ao Banco de Portugal, e que as considerações acima são apenas para aquilatar do valor de parte dos 102 000 contos que na mesma nota aparecem como <u>saldo credor</u> do Estado (aliás considerado indevidamente, como já se explicou, na dívida flutuante)[52].

15. A política actual do Governo sobre as despesas ordinárias e extraordinárias das Colónias e sobre os empréstimos destas, é a que foi definida no meu primeiro diploma sobre a reforma orçamental (Dec. 15.465).

Esta política cifra-se em dois princípios:

1) equilíbrio orçamental,
2) proibição de emitir empréstimos externos (os que sejam precisos, devem ser emitidos directamente pela Metrópole, ficando as Colónias responsáveis perante esta e não perante o estrangeiro).

As colónias têm pois que bastar-se financeiramente a si próprias; e estão vivendo nesse regime. A questão porém não pode dizer-se resolvida. É necessário exceptuar Angola que por virtude duma crise grave cujas causas seria ocioso explicar aqui, não consegue colocar-se em condições financeiras regulares nem conquistar o equilíbrio, senão

1) dispensando-a a Metrópole de pagar os encargos de todos ou quase todos os empréstimos que lhe fez;
2) tomando sobre si a Metrópole <u>ao menos nos primeiros anos</u> os encargos do empréstimo externo necessário a duas ou três obras das mais urgentes e importantes para a economia daquela.

Já ficou dito noutro lugar que uma Comissão especial estuda neste momento as dívidas das Colónias à Metrópole para se ver como há-de ser resolvido o problema. Pode derivar daí o adiamento dos encargos de empréstimos por largo prazo. É talvez esta a solução mais razoável, porque permite às Colónias reconstituirem-se, e além disso não defrauda a Metrópole mais do que o necessário.

[52] *Ibid.*

(É claro que esta solução pode aplicar-se a todos ou simplesmente a parte dos empréstimos coloniais: o estudo da situação financeira de cada colónia é que há-de determinar a medida dos favores a conceder-lhes).

Sob o ponto de vista de equilíbrio orçamental da Metrópole – chamo a atenção dos banqueiros para este ponto – esta questão não interessa grandemente, porque algumas dívidas estão já em regime legal de adiamento de encargos, e quanto a outras, como de facto a Metrópole não recebe juros nem amortizações, também os não inscreve no seu orçamento das receitas.

A solução radical (aliás não encarada) de perdoar pura e simplesmente as dívidas de Angola à Metrópole, exceptuados os empréstimos de que aquela tem pago juros à Caixa Geral de Depósitos, não alterava em nada a nossa situação presente.

Quanto ao segundo ponto – tomar a Metrópole sobre si durante os primeiros anos os encargos de algumas obras de fomento urgentes em Angola – é ponto que podemos também considerar assente na política financeira do Governo acêrca das Colónias. Algumas obras como o Porto do Lobito e um ou dois troços de caminho de ferro parecem urgentes, e reconhece-se por outro lado que o orçamento da Província, apertado por uma economia pouco desenvolvida, não comporta maiores encargos que os actuais. A Metrópole não terá mais remédio que reservar para aqueles fins ao menos – e é pouco –

£.1 500 000, no caso de fazer o empréstimo. Não se fazendo, reputo fácil fazer para Angola os pequenos empréstimos indispensáveis, desde que a Metrópole os garanta. Mas não é este ponto que nos interessa agora»[53].

Pondo ponto final na questão dos dinheiros para as Colónias, para responder ao questionário do National City Bank, o ministro das Finanças debruçava-se, de seguida, sobre a problemática dos caminhos-de-ferro:

«16. A classificação, agrupamento e concessão de linhas férreas, são actualmente reguladas pelo Dec. N.º 13.829, de 17 de Junho de 1927, Dec. este que instituiu o "Fundo Especial de Caminhos de Ferro.

Este é constituído (Art.º 13 do citado Dec. N.º 13829)

1.º Pelo produto do imposto ferroviário em todas as linhas do País, depois de deduzida para o Tesouro a quantia equivalente a 20 por cento do mesmo imposto;

[53] *Ibid.*

2.º Pelas receitas fora do tráfego dos caminhos de ferro explorados pelo Estado, excluindo-se os juros de capitais, e as receitas destinadas pelo Governo a fins de assistência ao pessoal;

3.º Pelo excesso das receitas líquidas dos caminhos de ferro explorados pelo Estado, além da quantia fixada para ser entregue ao Tesouro;

(A execução deste número e do antecedente está evidentemente suspensa enquanto durar o contrato de arrendamento feito pelo Estado à Companhia dos Caminhos de Ferro Portugueses).

4.º Por todos os reembolsos de adiantamentos para complemento de juro ou de anuidade garantidos e respectivos juros para a construção de linhas portuguesas do continente que tenham sido ou venham a ser concedidos por conta do fundo especial;

5.º Pelo produto eventual de adicionais às contribuições gerais do Estado em determinados concelhos, lançados de acordo com as respectivas câmaras municipais, para ocorrer às despesas de construção ou a garantias de juro de caminhos de ferro que os sirvam.

6.º Pela participação do Estado nas receitas das linhas cuja exploração seja confiada a empresas por arrendamento ou por outra espécie de contrato, depois de deduzida a parte que deve reverter para o Tesouro, como renda fixa;

7.º Pelos juros de depósitos das receitas pertencentes a fundo especial;

8.º Pelos depósitos de garantia de quaisquer contratos de concessão, construção ou fornecimentos relativos a caminhos de ferro, quando revertam para o Estado;

9.º Pelo produto de operações de crédito para obras e aquisições da conta de estabelecimento de caminhos de ferro contraídas pelas forças do fundo especial;

10.º Pelas quantias que forem destinadas extraordinariamente pelo Governo ou por corpos administrativos para este fundo.

Todas estas receitas são obrigatoriamente depositadas na Caixa Geral de Depósitos.

O Art.º 14 do citado Dec. 13 829 determina que o Fundo Especial de Caminhos de Ferro, cuja gerência está a cargo da Direcção Geral dos Caminhos de Ferro, é exclusivamente destinado:

1.º – A construções, obras complementares e aquisições de material de qualquer espécie que devem figurar em conta de estabelecimento de linhas construídas por conta do Estado e exploradas pelo mesmo ou por empresas arrendatárias;

2.º – A adiantamentos reembolsáveis para complemento de juro ou anuidades garantidas nos termos do artigo 46.º ou outras subvenções a linhas portuguesas do continente concedidas a empresas;

3.º – A estudos de novas linhas, mandados fazer pelo Governo;

4.º – Aos encargos de operações de crédito que recaiam sobre o Fundo Especial de Caminhos de Ferro do Estado e aos dos previstos no artigo 13.º, n.º 10.º;

5.º – A subsidiar a construção e grande reparação das estradas de acesso às estações de Caminhos de ferro até 10 quilómetros das mesmas, e a subsidiar a construção de variantes de estradas para supressão de passagens de nível de reconhecida importância.

6.º – A cobrir as despesas da Direcção-Geral de Caminhos de Ferro.

Todas as receitas do Fundo Especial de Caminhos de Ferro figuram no Orçamento Geral do Estado deste ano (1928-29) em 30 000 000$00 (cap.º 8.º art.º 201), figurando por igual soma no cap. 19 de Despesa do Ministério do Comércio e Comunicações o total das despesas a fazer no mesmo ano económico pelo referido Fundo.

Desta verba de 30 000 000$00 serão – como verbalmente disse aos Snrs. Weeks e Fisks – empregados em trabalhos produtivos (estudo e construção de novas linhas férreas, renovação de vias, obras complementares, etc.) 20 493 000$00.

O Estado, além de linhas (1 281 quilómetros de via larga e 168 quilómetro de via reduzida) que com as competentes oficinas e estações arrendou à Companhia dos Caminhos de Ferro Portugueses, e do respectivo material circulante, este no valor, já apurado, superior a £.1 600 000 -/-, possue ainda na Companhia dos Caminhos de Ferro Portugueses 72 000 obrigações privilegiadas do 1.º grau, cuja última cotação foi de 285$00 e 33 000 acções cuja última cotação foi de 690$00.

Para melhor conhecimento das condições em que pelo Estado foi feito o arrendamento das suas linhas férreas à Companhia de Ferro Portuguêses, envio dois exemplares do mesmo contrato celebrado em 11 de Março de 1927.

Por virtude deste contrato, a Companhia dos Caminhos de Ferro Portugueses pagou ao Estado, pelo período de 11 de Maio a 31 de Dezembro de 1927, de renda fixa 4 258 759$06 e de renda variável 698 953$00, sendo assim absolutamente justificado que no Orçamento Geral do Estado para o ano corrente (art.º 135 do cap. 5.º) tenham sido orçadas as rendas fixa e variável respectivamente em 6 050 000$00 e 1 000 000$00»[54].

[54] *Ibid.*

Era o tempo em que os caminhos-de-ferro ainda davam receitas para o Estado; bons tempos... E o ministro das Finanças concluía nos seguintes termos:

> «O Governo Português não faz suprimentos a Companhias de caminhos de ferro. Dá, quando muito, garantias de juro»[55].

Mas no dia 10 de Dezembro o ministro das Finanças não se ficava por aqui. Como é notoriamente sabido, a carência de informação estatística não era um problema só daquele tempo, e o ministro das Finanças tinha a coragem de o reconhecer:

> «17. Reconhecemos exacta a observação feita às nossas estatísticas. Andam sobretudo atrazadas, e não têm sido suficientes os esforços empregados nos últimos tempos para serem postas em dia. Não sofrendo todas porém do mesmo atrazo, é difícil responder às perguntas feitas por M. Weeks neste número, a não ser que nos sejam pedidos especificamente determinados dados estatísticos. Verei então se é possível fornecê-los ou não»[56].

Naturalmente, para o ministro das Finanças, conseguir dar ao exportador melhores condições, era um imperativo categórico da hora. Só que o trabalho estava por fazer. A subavaliação das exportações só podia ser vencida depois de resolvida a questão cambial:

> «18. Creio que a última estatística de comércio fornecida aos peritos dos banqueiros foi a de 1926. Vou mandar a estatística de 1927. Quanto a 1928 só se pode nesta altura do ano obter o boletim comercial que se publica de três em três meses.
>
> O problema da sub-avaliação das exportações não está resolvido. As medidas tomadas ultimamente para a fixação do valor das exportações pode ter modificado algum tanto o antigo estado de coisas, mas não pode ter resolvido satisfatoriamente a questão.
>
> É sabido que há um écart (cêrca de 10%) entre o valor oficial da libra e o seu valor no mercado livre, e que os exportadores são obrigados a ceder ao Estado 50% do valor das exportações ao câmbio oficial. Por este processo os

[55] *Ibid.*

[56] *Ibid.*

exportadores estão onerados com um imposto teoricamente igual a 5% do valor da exportação. Economicamente é indefensável esta tributação, tanto mais quanto é certo que os exportadores são obrigados a pagar salários e matérias primas cuja tendência de preços é para se equilibrarem com o valor real da Libra no mercado.

Mensalmente modifica-se a tabela de valores dos produtos exportados, para o efeito da cedência ao Estados dos 50% das cambiais, e esta tabela é comunicada às Alfândegas para o cálculo dos valores exportados. Mas as razões acima apontadas levam naturalmente a uma certa modicidade de valores de exportação, como maneira indirecta de beneficiar ou, melhor, de não agravar tanto o exportador.

Vê-se do exposto que o problema da sub-avaliação das exportações só podemos tentar a sério resolvê-lo, quando por seu turno esteja também resolvida a questão cambial.

Quanto à última parte deste n.º 18, vou mandar preparar os dados mais recentes relativos ao comércio com os Estados Unidos»[57].

É esclarecedor entrever adiante, no último capítulo deste livro, a posição da Banca internacional sobre a questão dos monopólios, nomeadamente dos tabacos, para garantirem um empréstimo externo. E é extremamente eloquente a maneira desafrontada como Mário Luís de Souza reage contra todo e qualquer monopólio susceptível de trazer as maiores perturbações aos interesses nacionais. Sobre os tabacos, escrevia o ministro das Finanças:

«19. As receitas que o Estado aufere dos Tabacos provêm da execução:

- Do Dec. com força de lei N.º 13 587, de 11 de Maio de 1927, regulamentado pelo Dec. 13 591, de 12 do mesmo mês, estabeleceu o regime geral da importação, fabricação, venda e exportação de tabaco, e
- Do contrato de 29 de Julho de 1927, aprovado pelo Decreto N.º 13:999, da mesma data, que regula as relações entre o Estado e a Companhia Portuguêsa de Tabacos, locatária das fábricas e marcas àquele pertencentes, contrato que entrou em vigor em 1 de Agosto de 1927»[58].

Mais adiante, Salazar esclarecia:

[57] *Ibid.*

[58] *Ibid.*

«Nos termos do aludido contrato de 29 de Julho de 1927, a arrendatária, Companhia Portuguesa de Tabacos, paga ao Estado, além dos direitos mencionados na alínea a), que lhe competirem como importadora:

1) a renda anual de 85 000$00 ouro (£ = a 4$50);
2) o imposto de fabricação ad valorem de 10%, nos primeiros 10 anos, aumentando de 2% por cada período de 5 anos até ao máximo de 18%, sobre o preço de venda ao público de todo o tabaco vendido anualmente pela Companhia. Este imposto é liquidado por trimestre e pago, por meio de guia, até ao dia 10 do mês seguinte ao trimestre a que disser respeito. Incluo uma nota referente ao período decorrido de 1 de Agosto de 1927 a 30 de Novembro de 1928, das vendas de tabaco fabricado pela Companhia Portuguesa de Tabacos e da receita cobrada pelo Estado a título de imposto ad valorem e de imposto de venda relativamente a esse tabaco, sendo de notar que, se durante todo o corrente exercício se mantiver o aumento de venda manifestado dos quatro meses já decorridos, a receita para o Estado será manifestamente superior à calculada no Orçamento Geral do Estado (22 500 000$00 para o imposto de fabrico de tabacos).
3) $25, ouro, £= a 4$50 por cada quilograma de tabaco que a Companhia Portuguesa de Tabacos vender anualmente acima de 3 300 000 quilogramas.
4) Metade do excesso que, nos lucros líquidos da Companhia, haja sobre 20% do seu capital inicial. (Da aplicação deste preceito, e em face das contas apresentadas pela Companhia àcerca do seu primeiro ano social, conta o Estado receber cêrca de 7 000 000$00, receita esta que não foi prevista no Orçamento para o corrente ano)»[59].

Como é notoriamente sabido, o ministro das Finanças tinha uma visão singular do nosso mundo agrícola. Embora de origem rural, mas sem conhecimento de ciência agronómica, supunha a nossa agricultura pouco susceptível de prosperidade e riqueza. Em todo o caso, em 1928, ainda parecia disposto a fazer qualquer coisa pela agricultura:

«20. Duas notas apenas relativas à agricultura. A feição predominantemente agrícola do País deduz-se com evidência de duas ordens de números:

[59] *Ibid.*

a) a proporção da população rural para a população urbana e dos trabalhadores agrícolas para os operários industriais;
b) o claro predomínio dos géneros de origem agrícola (matérias primas animais e vegetais e substâncias alimentícias) na nossa exportação. O problema agrícola porém como o problema do aproveitamento da terra está longe de ser resolvido; daqui vem que o abastecimento do País em géneros de maior consumo não é feito pela sua produção própria, mas em grande parte pela importação que nos leva anualmente uma soma equivalente, quando não maior, à exportação de substâncias alimentícias. O País compra sobretudo trigo, algum milho, todo o açúcar (hoje quase todo vindo das colónias portuguesas) e quase todo o arroz. Se acrescentarmos a estes artigos o bacalhau, temos as maiores verbas da importação de géneros alimentícios.

O País cultiva tradicionalmente o trigo sobretudo no sul, mas deve dizer-se que as condições climatéricas não são as mais próprias, ao que parece, para esta cultura. Em todo o caso anos houve já em que o trigo produzido bastou para o consumo. Em geral o trigo nacional não dá para mais que 7 a 9 meses, e tem de importar-se o restante[60].

O facies cultural do País podia modificar-se com largas obras de irrigação no centro e no sul. No extremo sul (província do Algarve) e em todo o norte pode dizer-se que há já água bastante, mas a aplicação da electricidade aos engenhos primitivos, utilizados geralmente para o aproveitamento das águas do subsolo, permitiria o barateamento das regas e uma diminuição sensível do custo de produção. Tanto os canais e albufeiras para irrigação como a electrificação dos campos custam dinheiro, e estão ligados ao plano de fomento que tem de realizar-se, mas em que se não pode pensar a propósito do projectado empréstimo, por ser pequeno o seu montante e estar todo adstrito, como se disse noutro lugar, à reforma do banco emissor, às estradas, a algumas obras em Angola e nada mais. Sem dúvida não se fazerem estas obras por conta do Estado não quer dizer que nada também faça a iniciativa privada; as quedas de água existentes (e que só demandam um pouco de dinheiro para se converterem em abundantíssimos mananciais de energia hidro-eléctrica) podem remunerar largamente os capitais que nelas se empreguem[61].

A vocação do País é para as culturas arbustiva e florestal. Somos o País do vinho por excelência — não é verdade que o Porto, aquele Porto de 1815, é o

[60] *Ibid.*
[61] *Ibid.*

melhor do mundo? — e só falta ao nosso vinicultor um pouco mais de técnica para fazer das massas vinícolas existentes vinhos preciosos. Infelizmente há uma tal restrição dos mercados externos e cada vez é maior a concorrência de outros vinhos[62].

O País tem uma riqueza florestal apreciável, mas há dezenas de milhares de hectares susceptíveis de serem reduzidos a essa cultura e que esperam apenas dinheiro para serem valorizados. Tendo o Estado português matas importantes, e propondo-se continuar o povoamento florestal dos terrenos baldios e mesmo das propriedades particulares que para esse efeito lhe são confiadas, chega a ser um crime não dotar o fundo dos serviços florestais com as somas bastantes ao rápido aproveitamento dos incultos. Gastam os serviços florestais de 6 a 7 mil contos (£ 60 a 70 000) e se bem que estes serviços passam no País por modelares pouco podem avançar, mesmo empregando anualmente todas as receitas provenientes da exploração (4 900 contos). Com £ 1 000 000 ou 1 500 000 (cálculo de leigo que sou no assunto) gastos em 3 ou 4 anos, multiplicar-se-ia em enormes proporções esta riqueza e obter-se-ia para o orçamento do Estado, dentro de quinze anos, uma receita largamente compensadora dos encargos daquela operação. A maneira porém como está posta a questão do projectado empréstimo não nos permite, como tem sido explicado, encarar este aproveitamento»[63].

E por fim, naquele dia 10 de Dezembro, o ministro das Finanças concluía:

«Creio ter dado os elementos principais de apreciação e uma idéia geral dos problemas e das suas soluções, segundo o desejo de M. Weeks.

Estimarei que sejam notadas todas as deficiências de números ou de informação das minhas cartas, porque com o maior prazer esclarecerei o que não tenha ainda sido à medida que me fôrem sendo presentes os mapas que mandei organizar far-vos-ei remeter»[64].

No dia 18 de Dezembro, o Fonsecas, Santos & Vianna despachava pelo correio para Weeks a primeira parte do 4.º memorando do ministro das finanças, datado de 10, ainda relativo ao questionário de 23 de Novembro:

[62] *Ibid.*
[63] *Ibid.*
[64] *Ibid.*

«Confirmamos a nossa última carta do dia 8 do corrente e recebemos entretanto a vossa carta de 14 cujo conteúdo estudámos atentamente e do qual damos agora conhecimento a Sua Excelência o Ministro das Finanças.

A vossa carta do dia 10 do corrente também chegou.

Com vista a evitar mais atrasos, temos hoje o prazer de vos enviar uma cópia da tradução para francês de grande parte do 4.º memorandum que nos foi enviado por Sua Excelência o Ministro das Finanças no dia 10 do corrente, contendo mais algumas respostas ao questionário constante da vossa carta do passado dia 23»[65].

Decorridos dois dias, seguia para Weeks a segunda parte do memorando do ministro das Finanças enviado pelo Fonsecas, Santos & Vianna:

«Confirmamos a nossa carta datada de ontem e temos o prazer de vos enviar uma cópia da tradução para francês da segunda e da última parte do 4.º Memorandum que nos foi enviado por Sua Excelência o Ministro das Finanças no dia 10 do corrente, contendo mais algumas respostas ao questionário constante da vossa carta do passado dia 23»[66].

Há nas exposições do ministro das Finanças um não sei quê que impressiona, se não pela sua persistente determinação, ao menos pelo espectáculo de uma vontade concentrada. Como é lógico enaltecia a sua previsão para os números dados para os bilhetes do Tesouro. Confessava a 20 de Dezembro ao Fonsecas, Santos & Vianna:

«Mandei ontem a V. Ex.as um pequeno mapa sobre a importância dos Bilhetes do Tesouro em 31 de Outubro do corrente ano, conforme o prazo de vencimento 3 meses, 6 meses e 1 ano. Esse mapa deve ser integrado na minha carta (a segunda de resposta a M. Weeks) de 3 de Dezembro, no N.º 2, como nele indiquei. Mostram os números (agora exactos) que não andei longe do cálculo que havia feito sobre elementos diferentes, e que a proporção em que entram no total os Bilhetes do Tesouro a um ano de prazo é mais favorável do que se suponha, para o nosso ponto de vista»[67].

[65] Cópia da carta do Fonsecas, Santos & Vianna ao National City Company em 18 de Dezembro de 1928. Veja-se o documento n.º 40. Arquivo cit.

[66] Cópia da carta do Fonsecas, Santos & Vianna ao National City Company em 20 de Dezembro de 1928. Veja-se o documento n.º 41. Arquivo cit.

[67] Carta do ministro das Finanças ao Fonsecas, Santos & Vianna em 20 de Dezembro de 1928. Arquivo cit.

No dia seguinte, o ministro das Finanças era bem mais prolixo na carta para o Fonsecas, Santos & Vianna:

«Envio hoje a V. Ex.as o mapa da dívida pública portuguesa em 31 de Outubro, conforme foi pedido por M. Weeks. Este mapa é previsto no N.º 1 da minha carta (a 2ª) de 3 de Dezembro, na qual pode ser integrado.

Vê-se do referido mapa que nos três meses do ano económico corrente se deram modificações importantes na dívida flutuante tanto interna como externa. Interessa M. Weeks saber as repercussões que sobre a dívida interna teve a amortização parcial da dívida flutuante externa.

Vejamos o estado desta, em primeiro lugar. Não falando nos saldos credores dos depósitos feitos nos dois banqueiros de Londres e no banqueiro de Paris, saldos que aumentaram bastante duma época para a outra, nota-se que a dívida ao Midland Bank baixou de £.1 000 000 para £. 575 000, tendo-se pago £. 425 000, e que a dívida aos Baring Brothers baixou de £. 250 000 para £. 200.000, tendo-se pago £. 50 000, ou seja aos dois banqueiros £. 475 000 (Escudos aproximadamente 47 500 000$).

Observe-se agora a dívida flutuante interna: a) os Bilhetes do Tesouro-ouro mantêm a mesma posição: b) os Bilhetes do Tesouro-papel diminuem na importância aproximada de 36 000 contos (36 000 000$); c) a c/c na Caixa Geral de Depósitos baixa também 81 000 contos (81 000 000$).

A dívida flutuante tanto interna como externa diminuiu. Com que foi pois paga?»[68].

E o ministro das Finanças dava a explicação:

«Lendo-se a conta provisória da gerência no mesmo período, encontra-se um saldo de 214 000 contos (214 000 000$). Foi por conta deste saldo que se amortizou a dívida.

Devo acrescentar que a diminuição que se nota na Caixa Geral de Depósitos pode não traduzir uma diminuição das disponibilidades da Caixa postas no referido período à ordem do Governo, através do Banco de Portugal. Na verdade, como já tenho por mais de uma vez explicado, uma parte importante do saldo credor da Caixa era constituído por depósitos dos serviços públicos feitos nela, os quais foram levantados para entrarem no Tesouro como receita do Estado.

[68] Carta do ministro das Finanças ao Fonsecas, Santos & Vianna em 21 de Dezembro de 1928. Arquivo cit.

Não está rigorosamente apurada esta importância; quando o esteja, há que diminuí-la ao saldo credor em 30 de Junho e comparar a importância encontrada com o saldo em 31 de Outubro. Só esta operação nos dará, a meu ver, a certeza sobre se foi o Estado que reembolsou algum dinheiro à Caixa ou se foi esta que continuou a abastecer o Tesouro»[69].

Daqui a urgência que o ministro das Finanças manifestava quanto à decisão sobre o empréstimo externo:

«É evidente que esta situação não pode manter-se durante todo o ano económico, visto não haver para todo ele saldo comparável ao que existiu nos três primeiros meses, em virtude da arrecadação dos impostos directos em fortes proporções em Julho e Agosto, e da entrada no Tesouro dos tais saldos dos serviços públicos. Mantido rigorosamente o equilíbrio das contas, no fim do ano económico a dívida flutuante no seu conjunto não pode diminuir (salvo, é claro, o caso de qualquer operação financeira), e terá mesmo que aumentar na proporção em que se tenha pago o deficit do ano findo. Teremos nós um saldo de algum valor que nos sirva para este fim? Só poderemos dizer alguma coisa com relativa segurança depois das contas do primeiro semestre. É ainda cedo para o fazer»[70].

Mais adiante, na mesma epístola, o ministro das Finanças revelava o segredo da redução do montante dos bilhetes do Tesouro:

«Far-se-á juízo mais perfeito da situação, dizendo-se que a diminuição da importância de Bilhetes do Tesouro é sobretudo devida ao reembolso propositado que se mandou fazer de importâncias avultadas aos bancos, sobretudo ao Banco de Portugal. Não só se evitou o pagamento de juros, como se deu aos bancos reembolsados a possibilidade de prestarem à praça um maior auxílio»[71].

Mas para dar com certo relevo uma ideia do que o ministro das Finanças fez pelo saneamento financeiro, teremos de ler a sua longa carta de 27 de Dezembro para o Fonsecas, Santos & Vianna:

«Recebi uma cópia da carta de M. Weeks, datada de Londres de 19 de Dezembro corrente, e do memorial junto, do qual constam alguns dos números mais

[69] *Ibid.*
[70] *Ibid.*
[71] *Ibid.*

importantes relativos às finanças portuguesas. Os números e as observações que os acompanha são perfeitamente correctos, com as poucas excepções a que vou referir-me. Corrigidos como indico, não teria a menor dúvida em subscrever quando preciso»[72].

Relativamente à dívida pública, o ministro das Finanças declarava:

«Os dados que serviram a M. Weeks são relativos a 30 de Junho. Deve já ter recebido o mapa relativo a 31 de Outubro, que talvez queira aproveitar. Ponho lado a lado os números encontrados por M. Weeks e os encontrados por mim sobre os mapas de 30 de Junho e 31 de Outubro. Encontram-se algumas diferenças numa ou noutra verba, mas no conjunto não há diferenças sensíveis. M. Weeks considera a dívida ao Banco de Portugal como dívida flutuante. De preferência a consideraríamos dívida amortizável. O regime desta dívida é tal que ela se encontra ligada ao privilégio do Banco emissor que termina em 31/12/937. Se nesta data a dívida não estiver paga e se o privilégio do Banco de Portugal não fôr renovado, tem de ser então paga.

Nestes termos parece-me preferível ou manter num quadro da dívida a sua inscrição separadamente, devido à sua natureza muito especial (de ser representada por um volume igual de notas em circulação) ou então adicioná-la à dívida amortizável. São isto simples reparos que ofereço à consideração de M. Weeks, que poderá apresentar os respectivos números, como melhor entenda. Para comparação dos números que a seguir apresento tomo porém o critério que foi seguido no "memorandum" e incluo a dívida ao Banco de Portugal entre a dívida flutuante:

Dívida a longo prazo	Memor. de M. Weeks	30 de Junho	31 de Outubro
Externa	3 543 353 280	3 543 353 280	3 541 249 390
Interna	821 904 332	935 558 596	934 612 164
Dívida Flutuante:			
Externa	82 251 252	82 251 252	+17 422 932
Interna	3 423 055 435	3 294 287 772	3 180 409 261
Dívida de Guerra:			
(£.5.500.000-/-)	540 000 000	594 000 000	

1 £ = 108$00

[72] Carta do ministro das Finanças ao Fonsecas, Santos & Vianna em 27 de Dezembro de 1928. Arquivo cit.

Notas: a) a dívida flutuante externa apresenta em 31 de Outubro um saldo positivo porque se subtrairam os saldos credores dos depósitos nos banqueiros, como fez M. Weeks. Não se subtraindo, a dívida flutuante externa é representada em 31 de Outubro por 83 700 000$.

b) Na dívida flutuante interna subtraiu-se o saldo credor do Estado no Banco de Portugal. Não se subtraindo esta dívida é representada por 3 239 236 261$.

c) A dívida de guerra não deve ser somada. O capital indicado representava apenas a possibilidade para o País de a pagar por uma só vez até 31/12/927. Passado esse prazo, só importa o valor da anuidade»[73].

Quanto às receitas e despesas, ouçamos as palavras do ministro das Finanças:

«As proporções entre as receitas e as despesas que encontro para os anos citados pelo Snr. Weeks não concordam com as do seu "memoradum". Como não me é possível com a urgência deste trabalho estar a investigar donde nasce o equívoco, mando os números que acho para hipóteses diferentes.

Assim, tomando os números dos respectivos orçamentos, expressos em milhares de escudos, temos:

	Receitas	Despesas	%
1923-1924	707 617	865 310	81,7
1924-1925	1 237 986	1 324 188	93,4
1926-1927	1 289 032	1 555 304	82,8
1927-1928	1 459 377	1 848 045	78,9

Tomando os números das contas de gerência de cada um dos anos temos: (deduzidos os serviços autónomos)

	Receitas	Despesas	%
1923-1924	796 034	1 025 552	77,6
1924-1925	1 373 420	1 616 287	84,9
1926-1927	1 412 372	2 053 973	68,7

[73] *Ibid.*

Tomando as contas de gerência, mas abatendo o produto de empréstimos, temos:

	Receitas	Despesas	%
1923–1924	827 632	1 071 620	77,2
1924–1925	1 233 710	1 647 815	74,8
1926–1927	1 446 739	2 109 785	68,5

Quanto a 1928-29, há decerto um equívoco, porque os números não correspondem aos que constam das contas de gerência de Julho a Setembro.

Devem adoptar-se os seguintes:

$$\text{Receitas orçamentais} - \frac{1\,919\,000\,000}{4} = 479\,750\,000$$

$$\text{Despesas orçamentais} - \frac{1\,918\,000\,000}{4} = 479\,500\,000$$

Receitas arrecadadas
(Julho a Setembro de 1928).................... 625 774 622$

Despesas pagas
(Julhos a Setembro de 1928).................. 411 789 965$

Saldo 213 984 657$

Receitas arrecadadas
(Julhos a Setembro de 1927).................. 395 576 756$

Despesas pagas
(Julhos a Setembro de 1927).................. 362 665 919$

Saldo 32 910 837$

Ano económico de 1928-29

Um trimestre de receitas orçamentais	
(¼ 1 919 000 000)	479 750 000$
Um trimestre de receitas cobradas	625 774 622$
Excesso na cobrança	146 024 622$
Um trimestre de despesas orçamentais	479 500 000$
Um trimestre de despesas pagas	411 789 965$
As despesas reais são inferiores às despesas segundo o orçamento	67 819 035$»[74]

E o ministro das Finanças, na mesma epístola, do dia 27 de Dezembro, submetia-se a um prévio trabalho de selecção do léxico e consequente adaptação dos números:

«A diferença principal entre estes números e os números de M. Weeks provém da distinção que nas nossas contas se encontra entre as receitas que respeitam ao ano económico em que são cobradas e as que respeitam ao ano económico anterior. Umas e outras são receitas da gerência corrente, mas como, segundo os preceitos da nossa contabilidade, uma receita tem o nome do ano em que é liquidada, e como os grandes impostos (contribuição predial, industrial, etc.) que se começam a cobrar em Julho, são liquidados no ano económico anterior, nas contas de cada gerência vêm também subordinados à rúbrica do ano económico anterior. Repete-se porém que tanto as receitas próprias do ano económico corrente como do anterior, são receitas da gerência, previstas no orçamento, para fazerem face às despesas previstas também nele»[75].

Entretanto nova interpretação das percentagens dava o ministro das Finanças nessa carta:

[74] *Ibid.*

[75] *Ibid.*

«A percentagem em que os impostos directos e indirectos e as taxas entram nas receitas totais, parece que deve ser modificada para 82,4 em vez de 77,3. A percentagem de M. Weeks foi certamente achada em face dos quatro primeiros capítulos do orçamento das receitas. Mas, no capítulo oitavo, há também, de mistura com receitas várias, importâncias avultadas de impostos e de taxas que estão afectados a fins especiais. Deduzindo-se do capítulo oitavo a importância dos juros dos títulos na posse da Fazenda, as outras receitas podem adicionar-se aos primeiros quatro capítulos do orçamento, o que nos leva à percentagem, um pouco superior, acima indicada»[76].

Depois de toda esta longa carta afigura-se bem compreensível a declaração final do ministro das Finanças:

«Nenhuma outra observação tenho a fazer às restantes cifras do "memoradum" de M. Weeks. A maior parte são o resultado dos cálculos que aqui empregámos sobre as mesmas matérias, e que, escusado é dizê-lo, não têm a mesma precisão e rigor dos números até aqui discutidos»[77].

Finalmente, na última epístola do ministro das Finanças, para se dar resposta às questões levantadas pelo vice-presidente do National City Bank, pode ver-se a sua preocupação em esclarecer os banqueiros americanos com mais dados, estatísticas e outras informações:

«Mando junto, a V. Ex.as, para terem a amabilidade de os fazer chegar até M. Weeks, uma colecção dos orçamentos das colónias portugueses, a que falta simplesmente o orçamento da colónia de Timor. Mandou-se pedir este último e logo que se obtenha enviá-lo-ei.

Mando também o Boletim Comercial relativo ao ano de 1927 (quatro trimestres) e a nota do total de importação e exportação relativa ao primeiro trimestre de 1928. Como nos boletins não se faz a distinção do comércio por países, a qual é feita apenas na Estatística Comercial (anual) não se podem neste momento obter, relativamente ao comércio com os Estados Unidos, dados estatísticos mais recentes que aqueles que há tempos forneci aos peritos dos banqueiros.

Não tenho apontamentos de quaisquer outras estatísticas ou de quaisquer outros elementos que houvessem sido pedidos por M. Weeks na sua exposição.

[76] *Ibid.*
[77] *Ibid.*

Mas se forem necessárias explicações mais completas sobre qualquer assunto dos que temos tratado, espero que se obterão com urgência»[78].

Escusado será dizer que tanto o ministro das Finanças como os banqueiros do Fonsecas, Santos & Vianna não podiam ter um momento de desatenção.

Mas para além da Banca internacional havia ainda a política... E o ministro afirmava que nada sabia de política, que não tinha sensibilidade nenhuma para acompanhar toda aquela maquiavélica concepção, quer interna quer externa, para não se deixar levar... Só que as contas pareciam poder responder pela política. Os saldos positivos substituíam os défices. Oxalá o País compreendesse as dificuldades decorrentes do saneamento financeiro. Realmente era difícil encontrar em toda a história da regeneração da moeda quem tivesse conseguido congregar tantos esforços, tanta vontade, para resolver definitivamente os problemas delicados e complexos, herdados pelo desleixo da política financeira do passado. Era preciso, portanto, para defender Portugal, não deixar nenhuma impressão de que entre nós a recuperação financeira não surgiria como consequência lógica do saneamento financeiro.

[78] Carta do ministro das Finanças ao Fonsecas, Santos & Vianna em 28 de Dezembro de 1928. Arquivo cit.

CAPÍTULO V

AS ÚLTIMAS NEGOCIAÇÕES DO EMPRÉSTIMO EXTERNO

Vimos no capítulo anterior como no mês de Dezembro o ministro das Finanças equacionava os problemas económicos e financeiros do País. Vamos ver agora como a Banca americana reagia não só perante as respostas dadas, como face às novas condições do empréstimo externo.

No dia 10 de Dezembro de 1928, Weeks, vice-presidente do National City Bank, escrevia para o Fonsecas, Santos & Vianna uma carta de que vale a pena transcrever o seguinte:

> «Apresso-me a acusar a recepção das suas prezadas cartas de 4, 5 e 6 de Dezembro, respectivamente, com as inclusas mencionadas, todas muito interessantes.
>
> Foi-me impossível, durante o tempo de que dispuz hoje, estudar a fundo todas as respostas de Sua Excelência o Ministro das Finanças ao meu Questionário, incluídas respectivamente nas suas cartas de 5 e 6. Rogo, pois, a V. Sas. tenham a bondade de aguardar um dia ou dois para eu poder fazer uma referência exacta a estas cartas extremamente apreciáveis»[1].

[1] Carta do National City Company ao Fonsecas, Santos & Vianna em 10 de Dezembro de 1928. Veja-se o documento n.º 42. Arquivo cit.

Depois, na mesma epístola, Weeks deixava entrever os esforços feitos para dar execução a uma política de relações públicas, na imprensa americana, ao serviço da emissão do empréstimo para Portugal.

> «Com referência ao Jornal Americano *Foreign Affairs*, devo dizer-lhe que escrevi para New York logo após o meus regresso a Londres, por se tratar manifestamente de um assunto a respeito do qual não seria conveniente telegrafar. Ainda não recebi resposta alguma, a qual, porém, em tempo regular, devo receber pelo próximo vapor correio, e logo que a receba terei satisfação em avisar V. Sas. confidencialmente da reacção que se conseguiu dos Editores deste jornal»[2].

Igualmente, no mesmo dia 10 de Dezembro, a Dillon Read Corporation agradecia ao Fonsecas, Santos & Vianna a remessa dos documentos relativos à situação financeira e económica do País:

> «Acusamos a recepção das vossas várias cartas registadas e enviadas com os documentos mencionados e agradecemo-vos a gentileza de no-los terem enviado»[3].

Quatro dias depois, o vice-presidente do National City Bank, em Londres, apesar do conforto do bom lume inglês, deixava transparecer o frio enregelado do desconforto da situação financeira internacional, cada um vivendo dentro de si e procurando mostrar, o menos possível, aquilo de que dispõe, que sente ou pensa verdadeiramente... para a concessão de créditos. Em todo o caso, traduzimos e transcrevemos da carta de 14 de Dezembro o seguinte:

> «Acusei previamente, na minha carta de 10 do corrente, a recepção das v/prezadas cartas de 5 e 6 do corrente. Desde então, eu e os meus associados em Paris temos estudado cuidadosamente os elementos fornecidos. Tenho aguardado a recepção de informações complementares, mas em vista de se estar passando o tempo, talvez não seja inoportuno fazer agora as seguintes observações, com os meus melhores cumprimentos, para Sua Excelência o Ministro das Finanças.

[2] *Ibid.*

[3] Carta da Dillon Read Corporation ao Fonsecas, Santos & Vianna em 10 de Dezembro de 1928. Arquivo cit.

Com referência a estudos estatísticos, estes estão sendo feitos em Paris. A nossa Direcção em New York tem sido posta ao corrente dos progressos, porém, adiámos a apresentação de um plano vasto até que nos sejam fornecidos os mais importantes elementos pedidos na minha carta de 23 de Novembro.

Pedi ao Snr. Pictet para se entender directamente com V. Sas. a respeito de quaisquer pontos técnicos sobre os quais julgamos ser necessário possuir mais esclarecimentos, e, por conseguinte, a esta espécie de elementos, farei apenas uma ou duas observações gerais.

A questão da Dívida Flutuante, tanto aquela em poder do público como no das Organizações especiais, tais como a Caixa Geral de Depósitos, é, em nossa opinião, da maior importância. Consideraria, pois, de essencial valor possuir a cifra exacta do Descoberto do Tesouro, com a Caixa Geral de Depósitos até uma data recente, e que parece não estar exactamente indicado nos elementos que temos agora presentes. Depreendo das informações fornecidas por Sua Excelência, na página 3 da sua carta de 6 de Dezembro, que os depósitos voluntários da Caixa Geral de Depósitos, até 31 de Outubro, se elevaram a 713 185 663 Escudos.

Mais depósitos a Prazo 92 771 836

O montante dos depósitos à ordem, em confronto com o montante de 733 320 262, até 30 de Junho, mostra um decréscimo importante. Desejava saber se há alguma razão especial para este decrescimo»[4].

Nas respostas de Salazar nem tudo parecia se não inteligível ao menos perceptível, como decorre da afirmação seguinte, de Weeks:

«Além disso, não vejo que Sua Excelência responda definitivamente à minha pergunta sobre se a Caixa Geral de Depósitos está autorizada a empregar capitais em obrigações do Governo a Longo-Prazo, mas concluo pelas suas explicações que tal é possível»[5].

Mas como era melhor prevenir do que remediar, e «candeia que vai à frente alumia duas vezes», sobretudo quando se trata de juros, Weeks sugestionado por esta salutar filosofia, continuava:

[4] Carta do National City Company ao Fonsecas, Santos & Vianna em 14 de Dezembro de 1928. Veja-se o documento n.º 43. Arquivo cit.

[5] *Ibid.*

«Referindo-me aos interessantes comentários que Sua Excelência faz no seu "Memorandum" datado de 2 de Dezembro, a propósito das "Observações Gerais" da minha carta de 23 de Novembro, é talvez natural que Sua Excelência considere alguns destes assuntos sob um ponto de vista ligeiramente diferente em contraste com o dos banqueiros. Praticamente, uma nova discussão numa forma abstracta será provavelmente de pouco valor, sendo mais possível chegar-se a um acôrdo prático do que apresentar uma proposta realizável. Limitar-me-ei, portanto, às seguintes breves indicações gerais[6].

Sobre o financiamento de Obras Públicas especiais com uma garantia do Governo e por intermédio de outras vias financeiras, não será inoportuno acentuar que o facto importante é o efeito no mercado. Inevitavelmente, o preço no mercado de qualquer obrigação de um determinado Governo, quer essa obrigação seja um título por ele próprio emitido, ou apenas uma garantia prestada, afecta o nível do preço a que o Governo em questão pode obter dinheiro. Se, pois, admitindo as próprias explicações de Sua Excelência, aparecessem no mercado, (quer por via de venda por parte de um contratante, ou por qualquer outra forma), determinados títulos de uma Companhia de Caminhos de Ferro, com a garantia incondicional do Governo Português, cujos títulos pudessem ser adquiridos no mercado, por exemplo, numa base de juro de 9%, isto, só por si, tornaria completamente impossível a emissão de um empréstimo do Governo, digamos, numa base de juro de 7%, porquanto, qualquer deles representando iguais obrigações do mesmo Governo, ninguém adquiriria uma obrigação numa base de 7%, quando poderia obter uma outra numa base de 9%. É, pois, a questão do efeito no mercado que precisa de ser encarada, relativamente à ideia do financiamento de Obras Públicas por intermédio de Contratantes (Empreiteiros)»[7].

Mais adiante, o vice-presidente do National City Bank explicava o lado prático da questão:

«Devo também referir-me, de passagem, à indicação de Sua Excelência de uma tendência no sentido de "um círculo vicioso" quanto a estabelecer a confiança suficiente para consolidar internamente uma importância considerável da Dívida Flutuante. Sem dúvida que uma fórmula prática pode ser desenvolvida uma vez que o plano de um importante Empréstimo Externo se torne realizável.

[6] *Ibid.*

[7] *Ibid.*

Sobre isto, apenas a título de esclarecimento, voltarei simplesmente a sugerir a possibilidade de um tal plano, como segue:

Autorizar um Empréstimo Interno, possivelmente de importância não determinada, que podia ser intitulado, por exemplo, "Empréstimo de Consolidação de 1929".

A fim de atrair as diversas classes de compradores de títulos, emitir o Empréstimo sob dois tipos: -

(a) Um, amortizável em Cinco Anos, e

(b) Outro, amortizável a Longo Prazo, por exemplo, 30 anos, ou mais»[8].

Ainda na mesma epístola Weeks dir-se-ia mais condescendente com as prioridades absolutas do empréstimo para o saneamento financeiro:

«Este Empréstimo, uma vez autorizado, poderia ser utilizado no sentido de reembolsar as Organizações especiais, às quais o Governo é devedor, principalmente, a Caixa Geral de Depósitos, e, possivelmente, também o Banco de Portugal»[9].

A ideia do empréstimo externo destinado ao Fomento também tocava à sensibilidade do banqueiro americano. Em todo o caso, era preciso ver bem como e quando...

«Uma emissão pública podia ser feita simultaneamente com a emissão no estrangeiro do Empréstimo Externo. Podia haver uma determinada modificação de comum acordo, quanto ao produto de um Empréstimo Externo destinado a novas Obras Públicas, dependendo da importância da consolidação feita internamente. Isto é, uma determinada parte do Empréstimo Externo podia ser "afectada" como um auxílio à consolidação da Dívida Flutuante, sujeito a ser liberado e aplicado a novas Obras Públicas, no caso de ser realizado, por meio da Emissão Interna acima sugerida, um certo e determinado mínimo de consolidação.

Se os resultados obtidos em França e na Checoslováquia pudessem ser considerados um precedente, não seria impossível — contando que uns 100 000 000 escudos do produto de um Empréstimo Externo fossem destinados à consolidação — efectuar dentro de um ano, por exemplo, uma conversão do saldo, possivelmente 20% em Bilhetes do Tesouro a prazo de Dois Anos, 50%

[8] *Ibid.*

[9] *Ibid.*

em Bilhetes do Tesouro a prazo de Cinco Anos, e, por exemplo, 30% em Títulos a Longo Prazo.

Devo de novo acentuar que as cifras dadas acima são somente elucidativas, e dei-as simplesmente para pôr em evidência, por um lado, a nossa opinião quanto à necessidade indispensável de uma vasta coesão entre a Dívida Flutuante e qualquer Empréstimo Externo, e, por outro lado, a possibilidade de desenvolver planos práticos para a condução deste assunto.

Parece agora que os estudos concludentes que tencionávamos apresentar aos nossos colegas de New York, como base das recomendações que devíamos fazer-lhes, não estarão terminados antes de cêrca do fim deste mês, mas na primeira oportunidade terei uma conferência com o Snr. Fiske e poderei então, provavelmente, apresentar a V. Sas. um projecto mais definido do nosso programa»[10].

Escusado será dizer que nem toda a gente estava satisfeita com a política seguida. E se os europeus ricos estavam cada vez mais desorientados, os europeus menos afortunados desatinavam por completo. É de 19 de Dezembro a carta do vice-presidente do National City Bank sobre a eventual mensagem de propaganda política do ministro das Finanças, relativa ao saneamento financeiro e económico do País. São suas palavras textuais:

«Peço-lhe agora para voltarmos à questão relativa a um artigo especializado para o conhecido periódico americano "Foreign Affairs" que Sua Excelência o Ministro das Finanças mostrou vontade em preparar durante uma das audiências que eu e o Sr. Fisk com ele mantivemos em Lisboa.

Os meus colegas de Nova Iorque avisaram-me de que, por sua sugestão, o Chefe de redacção do "Foreign Affairs" escreveu a Sua Excelência o Dr. Salazar pedindo-lhe para preparar um artigo subordinado ao título "Recentes desenvolvimentos financeiros e económicos em Portugal". Penso que Sua Excelência receberá esta carta no devido tempo.

O Chefe de redacção alerta-nos para o facto de que, de acordo com a política deste periódico, os artigos não podem ser controversos e devem ser aprovados pelo Conselho Editorial. Penso que esta advertência do Chefe de redacção quer significar o seu desejo em que nenhuma referência seja feita no artigo em questão a um artigo anterior elaborado por certa individualidade espanhola. Penso que esta advertência agradará ao Ministro das Finanças pois calculo que ele

[10] *Ibid.*

deseja preparar uma declaração positiva estabelecendo a política do Governo, os progressos realizados na realização desta política e os elementos financeiros e económicos de força detidos por Portugal na metrópole e nas suas importantes colónias»[11].

Finalmente, a 20 de Dezembro, o National City Company, já de posse de muita informação concreta sobre a situação financeira e económica do País, colocava Salazar entre a espada e a parede, enviando inclusa à sua carta um considerável memorando, com cifras, para que este o autenticasse com a sua própria assinatura. Vale a pena registar desta epístola o seguinte:

> «Aguardamos o recebimento de mais algumas respostas adicionais ao nosso recente Questionário, antes de prepararmos de uma forma definitiva um modelo de uma Carta-Esboço para informação dos nossos associados de New York sobre a possibilidade de efectuar este negócio logo após o fim do ano»[12].

Assim, a 20 de Dezembro ainda havia as maiores esperanças quanto à emissão do empréstimo externo. Mais adiante Weeks confessava:

> «Devido à aproximação do fim do ano, decidimos proceder sem mais demora utilizando os nossos próprios elementos confidenciais, mas antes de enviar (a carta) para New York apreciaria muitissimo que V. Sª pedisse a Sua Excelência o ministro das Finanças a fineza de examinar as cifras do "Memoradum" junto, para nos avisar, sendo possível antes do fim do ano, se as cifras que usamos a título de ensaio, estão correctas, e se Sua Excelência está disposto finalmente a mencioná-las numa carta com a sua assinatura, na eventualidade de se julgar possível um Empréstimo Externo nas condições que temos discutido»[13].

Vejamos agora a transcrição completa do *Memoradum* enviado pelo vice-presidente do National City Bank para o Fonsecas, Santos & Vianna, com os dados estatísticos necessários para uma circular:

[11] Carta do National City Company ao Fonsecas, Santos & Vianna em 19 de Dezembro de 1928. Veja-se o documento n.º 44. Arquivo cit.

[12] Carta do National City Company ao Fonsecas, Santos & Vianna em 20 de Dezembro de 1928. Veja-se o documento n.º 45. Arquivo cit.

[13] *Ibid.*

«Damos abaixo um certo número de cifras cuja correcção desejariamos que nos fosse confirmada pelo ministro das Finanças.

Em vários casos os elementos que possuimos são bastante antigos. Seria necessário ter pelo menos as cifras de 1928; no que diz respeito à Dívida Pública, torna-se necessário possuir um relatório até 31 de Dezembro de 1928.

Dívida

A dívida total de Portugal até 30 de Junho de 1928, era de 8 410 564 299 Escudos, assim distribuídos:

Dívida a Longo Prazo	
Externa	3 543 353 280
Interna	821 904 332
Dívida a Curto Prazo	
Dívida Flutuante	
Externa	82 251 252
Interna	3 423 055 435
Dívida de Guerra	540 000 000
Dívida total	8 410 564 299

equivalente a $ 378 500 000 ou seja uma Dívida de $60.50 per capita baseada numa população de 6 257 000 habitantes.

A Dívida total acima indicada, inclui a Dívida de Guerra de Portugal ao Reino Unido da Grã-Bretanha, cuja importância principal foi fixada por mutuo acordo em £ .20 133 589 pagável em anuidades numa escala crescente num período de 63 anos. Estes pagamentos são mais que saldados pelas Prestações a receber da Alemanha segundo o Plano Dawes. Eliminando a Dívida de Guerra à Grã-Bretanha, como logicamente deve ser feito, a Dívida total reduz-se portanto a 7 870 564 299 Escudos, equivalente a uma Dívida de $56.60 per capita.

Receitas e despesas

Nos últimos anos, a percentagem das receitas actuais sobre as despesas, foi como segue:

Ano fiscal	
1923-24	50%
1926-27	67%
1927-28	80%

O orçamento do ano 1928-29 está saldado com um pequeno excedente. Os dados provisórios do primeiro trimestre do ano fiscal de 1928-29, mostram receitas no montante de 385 753 000 Escudos, em contraste com 271 906 000 do mesmo período do ano 1927-28, e um cálculo orçamental de

$$\frac{(1\,919\,000\,000)}{4} = 479\,750\,000.$$

As cifras correspondentes das despesas são as seguintes: 411 789 965, 363 939 554 e 479 500 000.

Pelo orçamento de 1928, as taxas directas e indirectas representam 77,3% das receitas totais e correspondem a uma taxação per capita de $10.70.

Circulação fiduciária

A importância das notas em circulação variou durante os últimos 3 anos entre 1 751 385 000 Escudos e 1 947 820 000, a diferença entre estes algarismos corresponde mais ou menos à importância das notas devidas pelo Banco de Portugal pela compra de moedas estrangeiras. Até 24 de Outubro de 1928 havia em circulação 250 251 000 Escudos de notas sob esta rubrica.

Balança de pagamentos

As cifras da Alfândega de Portugal, de Importações e Exportações, tomadas ao seu valor facial, não são satisfeitas. As Estatísticas Oficiais, porém, são inteiramente mal orientadas: Em resultado de restrições no mercado Cambial, restrições que desaparecerão com o presente plano de estabilização, os Negociantes estrangeiros mostraram uma tendência de desvalorizar as Exportações e de valorizar as Importações. Tomando por base o valor das mercadorias exportadas indicadas aos preços do Mercado de Origem, calcula-se que as verdadeiras cifras de Exportações são pelo menos 70% mais elevadas do que as publicadas pela Administração da Alfândega. Para os quatro anos 1923-1926 as cifras oficiais de Exportação deram uma média anual de 776 000 000 Escudos, o que poderia pois corresponder à importância real de 1 309 000 000 Escudos. Por outro lado, calcula-se que as cifras de Importação tenham sido valorizadas em pelo menos 10%. Isto significaria uma redução da média de Importações de 1923-26 da cifra oficial de 2 403 000 000 para uma cifra actual de 2 163 000 000 Escudos. O saldo Comércio contrário para estes quatro anos teria sido mais de 854 000 000 Escudos por ano, isto é: $38 400 000.

Em contrapartida a isto, as remessas dos Emigrantes são avaliadas em cerca de $20 000 000. Os pagamentos feitos só por intermédio da Agência do Governo no Rio de Janeiro montaram a $4 300 000 em 1926-27. Além disto, a colocação de capitais feita no estrangeiro por cidadãos Portugueses principalmente em garantias esterlinas é avaliada conservadoramente em $500 000 000. Estas duas fontes de Exportações invisíveis podiam só por si cobrar mais do que o saldo aparente do défice comercial.

Observações gerais

Portugal, politicamente, é uma República desde 1910. Em 1926 instalou-se um Governo militar sob a Ditadura do General Carmona. Numa eleição geral realizada em Março de 1928, o General Carmona tornou-se Presidente.

Área — Portugal tem uma área de 35 490 milhas quadradas, incluindo 1236 milhas das ilhas dos Açores e Madeira. Isto corresponde à área do Estado de Indiana. Outras Colónias Portuguesas em África representam uma área de cerca de 460 000 milhas quadradas: A mais importante é Angola, a qual está favoravelmente situada na Costa do Atlântico entre o Congo Belga e a África do Sudoeste (South West Africa). Portugal é atravessado por quatro rios importantes, todos eles navegáveis até consideráveis distâncias do interior e oferecendo possibilidades de potência hidráulica, principalmente o Rio Douro.

População – Portugal e as Ilhas adjacentes têm uma população de 6 257 000 habitantes – número este que é igual à população do Estado do Ohio e maior do que a população da Dinamarca, Finlândia ou Noruega – correspondendo a 170 habitantes por milha quadrada. O povo é inteligente e muito trabalhador: mas há desemprego. 50% da população ocupa-se na agricultura, 21% na Indústria e minas, 10% no Comércio. As cidades principais são Lisboa e Porto com uma população de 486 203 e 203 000, respectivamente. As Colónias Africanas têm uma população de 7 806 000 habitantes, o que coloca Portugal em quarto lugar entre as potências Europeias em África.

Agricultura – A flora de Portugal é a mais rica da Europa. Crescem lado a lado, com abundância, plantas das zonas temperadas e das zonas tropicais. Algumas cordilheiras de serras, a maioria das quais corre através de toda a Península, dão ao país uma variedade de pastagens e de climas. A percentagem da população empregada na agricultura, isto é 56%, é muito maior do que é em França (40,4%). Os Produtos Agrícolas representam 60% do total das exportações. Os principais são:

Vinho: Portugal ocupa o 5.º lugar entre os países europeus produtores de vinho. A exportação de vinho em 1924 elevou-se a $15 000 000, constituída principalmente pelas muito conhecidas marcas Porto e Madeira.

Cortiça: Portugal tem ricas florestas cobrindo cerca de 6% do seu território. A produção anual de cortiça é de cerca de 70 000 toneladas, com um valor mercantil de cerca de $14 000 000.

Cereais: A área cultivada em milho e trigo é de 8,5% do território e as colheitas em conjunto em 1926 produziram 19 500 000 alqueires ou seja 75% do consumo do país. O actual programa do Governo, estabelecendo melhores facilidades de crédito e uma melhoria geral nos métodos da agricultura é susceptível de fazer com que Portugal possa rapidamente prover, pelo menos, às suas próprias necessidades.

Pescarias: As sardinhas são pescadas em grandes quantidades ao longo das costas e são metidas em latas para exportação. Muitas das sardinhas cujas latas têm rótulos sem ser em português vêm também de Portugal. A média do valor das exportações de peixe nos anos 1924-25 é de $8 300 000 por ano. Os Pescadores Portugueses estão limitados pela carência de potentes equipamentos. Esta situação está sendo remediada actualmente, sistematicamente, pelo que se pode esperar um aumento importante no rendimento da pesca»[14].

Não vamos, evidentemente, pôr em dúvida a importância da transcrição de todo este texto. Nele está expresso, talvez de uma forma demasiado simplista, o Portugal económico, as suas fontes de prosperidade e riqueza, à luz da Banca americana, em 1928. Decerto o enfado ou o fastio, ou mesmo a insensibilidade por este documento, só pode vir não de quem se interessa, mas de quem não tem a mínima curiosidade pela história dos problemas financeiros e económicos do País. Em todo o caso, não é indiferente observar com atenção as feições determinantes da nossa situação económica, as cifras reveladoras da real dependência ou independência nacional, num

[14] *Memorandum covering statistical data required for a circular* em 20 de Dezembro de 1928. Veja-se o documento n.º 46. Arquivo cit.

período em que se realizava o saneamento financeiro do País. São palavras de um célebre economista: «Na história financeira, as situações repetem-se. E os remédios possíveis são sempre em pequeno número». Embora hoje as questões e os números tenham outra dimensão e complexidade, há que reconhecer que é possível fazer das fraquezas forças e acabar por vencer as actuais dificuldades, por maiores que sejam.

Ora, continuando a documentar a história da «alternativa ao empréstimo da Sociedade das Nações», verifica-se que, no dia 20 de Dezembro de 1928, o Fonsecas, Santos & Vianna enviava para o Dillon, Read & Co. a seguinte carta confidencial:

> «Confirmamos a nossa carta datada de ontem e temos o prazer de vos enviar inclusa, para vossa informação particular, mais uma cópia da tradução para francês da segunda e última parte do 4.º Memoradum que Sua Excelência o Ministro das Finanças nos enviou no dia 10 do corrente, contendo mais respostas ao questionário constante da carta do Sr. Weeks do passado dia 23[15].
>
> Este envio vai acompanhado de uma nota[16] acerca dos bilhetes do Tesouro em circulação no dia 31 de Outubro de 1928»[17].

Decorridos quatro dias, os banqueiros do Fonsecas, Santos & Vianna remetiam missivas para o National City Bank Company e Dillon, Read & Co. Na primeira diziam o seguinte:

> «Confirmamos a nossa carta datada de ontem e tempos o prazer de vos enviar inclusa, para vossa informação particular, cópias da tradução para francês das duas cartas que nos foram dirigidas por Sua Excelência o Ministro das Finanças datadas dos dias 20 e 21 do corrente, relativas ao questionário constante da sua carta do passado dia 23.
>
> Os anexos vão acompanhados de uma tabela do endividamento do Governo em 31 de Outubro de 1928, como foi pedido no n.º 1 da segunda parte da sua mencionada carta.
>
> Enviamos também ao Sr. Fiske cópias adicionais destes documentos»[18].

[15] Cópia da carta do Fonsecas, Santos & Vianna ao Dillon Read L Co. em 20 de Dezembro de 1928. Arquivo cit.

[16] *Ibid.* Veja-se o documento n.º 47.

[17] *Ibid.*

[18] Cópia da carta do Fonsecas, Santos & Vianna ao National City Company em 24 de Dezembro de 1928. Arquivo cit.

Na segunda carta para o Dillon, Read & Co., Mário Luís de Souza, do Fonsecas, Santos & Vianna, escrevia:

> «Confirmamos a nossa carta de 20 do corrente mês e temos hoje o prazer de lhe enviar em anexo, para sua informação particular, cópias adicionais da tradução francesa das duas cartas que recebemos de Sua Exa. o Senhor Ministro das Finanças, datadas de 20 e 21 do corrente mês e relacionadas com o questionário referido na carta do Senhor Weeks de 23 anterior.
>
> Os anexos são acompanhados de um quadro com as dívidas do Estado a 31 de Outubro de 1928, como foi solicitado na mesma carta do Senhor Weeks»[19].

Com o tempo a passar, o empréstimo por fazer e a despesa a crescer, não sabemos se os banqueiros do Fonsecas, Santos & Vianna abriam ainda com ansiedade os envelopes das cartas do National City Bank e se precipitavam sobre as suas folhas. O que sabemos é que as respostas dos banqueiros americanos não eram propriamente o que esperavam para animar. É de 28 de Dezembro, do National City Bank, a carta que pela sua importância traduzimos e transcrevemos integralmente. Sublinhava o vice-presidente Weeks:

> «Chegaram ao nosso poder, durante os feriados, as vossas presadas cartas de 18, 20 e 24 de Dezembro, respectivamente, com os anexos mencionados. Rogamos a V. Sas. a fineza de transmitirem a Sua Excelência o Ministro das Finanças, Salazar, o nosso apreço pelos elementos e explicações que, de uma forma tão completa, pôs à nossa disposição. Agradecemos também a V. Sas, pelos seus bons ofícios na preparação e transmissão destes elementos.
>
> Já preparámos, para informação dos nossos Colegas e Associados, um projecto preliminar de um Memorandum e Plano; igualmente um projecto preliminar de uma eventual Carta Prospecto, documentos estes que esperamos agora poder rever e completar dentro de alguns dias.
>
> Entramos agora num exame das possibilidades actuais para o lançamento próximo de um Empréstimo Internacional de carácter geral daquele que tem estado em discussão.
>
> Pelos nossos anteriores estudos da situação estamos convencidos, por um lado, que é eficaz a insistência do Ministro das Finanças em obter o dinheiro necessário para melhoramentos públicos produtivos. Somos levados a concordar

[19] Cópia da carta do Fonsecas, Santos & Vianna ao Dillon Read L Cº em 24 de Dezembro de 1928. Arquivo cit.

que isto é de interesse público e para desejar, a fim de colocar Portugal e as suas Colónias à altura do progresso comercial e industrial moderno. Por outro lado, os nossos estudos ulteriores e os pontos de vista preliminares dos nossos Associados Americanos, reafirmam a importância essencial do princípio que temos mantido desde o começo, isto é, que podiamos patrocinar um Empréstimo Internacional, unicamente no caso do mesmo ser baseado num Plano suficientemente sólido e tendente a colocar as finanças do Governo Português numa base firme. Isto envolve o restabelecimento de um Padrão de Moeda Ouro, e a consolidação ou a liquidação da Dívida Flutuante de forma a eliminar esta dívida à vista como um factor que possa ameaçar a continuação da estabilidade monetária a conseguir por meio do Empréstimo Internacional. Os nossos Colegas manifestam alguma dúvida sobre se a aplicação de £.4 000 000 do produto de um Empréstimo Internacional daria alguma margem suficiente de garantia para a estabilização monetária, na falta de um Crédito suplementar ao Banco de Portugal, frisando, a este respeito, que, no caso de todos os recentes Planos de Estabilização, a começar pela estabilização da moeda Inglesa, tem havido um Crédito de um Banco Central ou, de qualquer maneira, um Crédito Bancário, além dos fundos permanentemente garantidos por intermédio de um empréstimo a Longo Prazo. A única excepção é o caso da França, cujo Governo, porém, acumulou mais de £ 250 000 000 de Divisas estrangeiras antes de empreender uma estabilização legal, da moeda numa base de Ouro»[20].

Dir-se-ia, no entanto, que no National City Bank nem todos alinhavam pelo mesmo diapasão de optimismo acerca da capacidade dos Portugueses. Exactamente ao contrário do que supunham em Nova Iorque, Portugal podia fazer se não melhor do que a França, ao menos com igual independência o seu saneamento financeiro. Mas Weeks, na mesma epístola, era também intérprete do sentimento pouco favorável de certos colegas e associados no negócio bancário.

«Deve também ser tido em conta, considerando os recursos a obter por um Empréstimo Internacional, que, independentemente do valor facial dos títulos, é necessário emiti-los abaixo do par, independentemente da "margem reservada" para os banqueiros, de modo que o produto recebido pelo devedor seja com um desconto de pelo menos 10% da importância nominal do Empréstimo.

[20] Carta do National City Company ao Fonsecas, Santos & Vianna em 28 de Dezembro de 1928. Veja-se o documento n.º 48. Arquivo cit.

Os dados fornecidos por Sua Excelência o Ministro das Finanças, tomámo-los como representando o produto efectivo de um Empréstimo que o Governo necessita como um mínimo para os vários fins em vista. Portanto, a nossa conclusão é que um produto efectivo de £. 9 000 000, representando um Empréstimo presumivelmente de uma Importância Nominal de £. 10 000 000, seria a importância mínima absoluta que satisfaria, por um lado, as necessidades do Ministro das Finanças, e, por outro lado, a nossa opinião de um sólido financiamento Internacional.

Somos, pois, obrigados, a considerar como valor nominal mínimo de um proposto Empréstimo, na nossa discussão definitiva com os nossos Colegas Americanos e Associados Europeus, a importância de £. 10 000 000, a qual é o meio termo entre os pontos de vista da Sociedade das Nações e a importância sugerida pelo Dr. Salazar»[21].

É curioso assinalar que, não obstante o extraordinário progresso, opulência e riqueza dos americanos, nenhum complexo de inferioridade afligia o ministro das Finanças. Muito ao contrário, cada vez se convencia mais do valor da gente portuguesa. Não eram as remessas dos emigrantes avaliadas em cerca de $20 000 000? Não tinham os Portugueses, favorecidos da fortuna, no estrangeiro, em esterlinos uma soma avaliada em $ 500 000 000? E não podiam estas duas fontes de exportações de invisíveis, só por si, cobrir os défices do País? Então como aceitar as imposições dos potenciais mutuantes? O inglês — tinha-se visto — cultivava o género de se afastar, enquanto o americano cultivava o género oposto, de se aproximar. Dizia ainda Weeks nesse dia 28 de Dezembro para o Fonsecas, Santos & Vianna:

«Passamos agora a tratar da nossa posição vis-a-vis do Mercado de Londres. Devem V. Sas. recordar-se que, desde o começo das nossas conversações em Junho passado, manifestámos francamente a importância que ligamos à colaboração do Mercado de Londres em qualquer Empréstimo Internacional para o Governo Português. A nossa posição a este respeito foi baseada primitivamente em duas considerações. Primeiro, o facto de que seria difícil colocar no Mercado Americano, nas condições actuais do mercado, uma emissão tão grande como a que é pedida para prover inteiramente às necessidades da situação Portuguesa. Segundo, o facto de, conquanto os Banqueiros de New York tenham tomado a seu cargo o papel principal de financiar todo o Hemisfério Ocidental, a opinião nos Estados Unidos,

21 *Ibid.*

tanto política como financeiramente, é a favor, no caso do financiamento Europeu, de uma colaboração com os mercados onde este financiamento tenha sido anteriormente feito. Nos Estados Unidos, pelo que diz respeito a Empréstimos Europeus, tem uma grande influência a atitude dos Banqueiros e das Instituições, que empregam capitais em fundos públicos nos mercados da Europa, que estejam tradicionalmente familiarizados com tais créditos»[22].

Mas, por vezes, embora indevidamente o valor de um pouco calcula-se pela soma de moedas disponíveis a curto prazo. E Weeks vinha com uma nova proposta, enfim, qualquer coisa verdadeiramente de espantar!

«Achámos que, depois das divergências um tanto fortes que se levantaram no Outono passado entre o ponto de vista Português e o ponto de vista dos Banqueiros de Londres, seria conveniente deixar passar um certo tempo, a fim da situação poder ser reexaminada numa nova base. Submetemos agora aos nossos mútuos amigos, Baring Brothers, os resultados mais importantes dos nossos últimos estudos, e esperamos ter uma conferência com eles, na segunda ou terça feira, quanto à possibilidade de eles voltarem a entrar connosco na situação. Porém, julgámos conveniente dar a V. Sas. antecipadamente esta indicação dos nossos planos.

Devo acrescentar que, depois das nossas conferências aqui, tenciono ir pessoalmente a New York discutir este assunto com os nossos Colegas de ali. Espero na próxima semana poder dar a V. Sas. uma indicação razoavelmente definitiva sobre as possibilidades de continuar a ocupar-nos do assunto, em Janeiro, nas bases gerais indiciadas durante as nossas conferências pessoais em Lisboa, sujeito, porém, à correcção acima indicada da importância nominal do Empréstimo proposto»[23].

Desconhecendo ainda o teor da última carta de Weeks, os banqueiros do Fonsecas, Santos & Vianna, a 28 de Dezembro, respondiam à epístola e Memorandum, do dia 20, do National City Company, nos seguintes termos:

«Acusamos a recepção das vossas duas cartas de 19 e 20 do corrente, esta última contendo um memorandum cobrindo dados estatísticos, das quais demos imediato conhecimento a Sua Excelência o Ministro das Finanças.

[22] *Ibid.*

[23] *Ibid.*

Sua Excelência apreciou muito o interesse que demonstraram na publicação de um artigo no "Foreign Affairs" relativo à presente situação financeira e económica de Portugal e aguarda o convite do Chefe de redacção do referido periódico.

Em relação aos dados incluídos no vosso mencionado memorandum, recebemos uma carta de Sua Excelência o Ministro das Finanças datada de ontem e temos o prazer de vos enviar junto cópia da tradução para francês da mesma.

Nela verá que, havendo urgência em responder, Sua Excelência apenas pode confirmar os números relativos à Dívida Pública e aos Rendimentos e Despesas.

Por esta razão, tomo a liberdade de chamar a vossa atenção para os números constantes do parágrafo do vosso mencionado memorandum relativos à área de Portugal e das suas colónias. Parece que a área atribuída às colónias portuguesas em Africa não está correcta, sendo antes de 927 292 milhas quadradas, 484 800 das quais constituem apenas a província de Angola.

Os números que mencionamos são também os que constam do "Statesman's e Year Book", o que poderão por vós ser corrigidos»[24].

O ano de 1928 tinha sido trabalhoso a valer. No Fonsecas, Santos & Vianna tinha-se a convicção de se ter marcado uma posição favorável a Portugal. Oxalá a Banca internacional ultrapassasse a finalidade do maior lucro exequível com o menor esforço possível... Naturalmente, o Fonsecas, Santos & Vianna tinha tomado certo número de atitudes de conciliação e moderação, que divergiam um pouco das instruções recebidas. Mas nem toda a sua contemporização parecia bastar. No 1 de Janeiro de 1929, o vice-presidente do National City Bank escrevia para o Fonsecas, Santos & Vianna uma longa carta que transcrevemos integralmente pelo interesse do seu conteúdo:

«Acuso a recepção da sua carta de 28 de Dezembro, incluindo o "Memorandum", em Francês, de Sua Excelência o ministro das Finanças, datado de 27 de Dezembro, que estudámos com interesse.

Entretanto tive ontem uma longa conferência com os nossos mútuos amigos, os Snrs. Barings, sobre toda a questão de um Empréstimo Internacional para o Governo Português, e particularmente sobre a possibilidade do Mercado Inglês participar em tal operação.

[24] Cópia da carta do Fonsecas, Santos & Vianna ao National City Company em 28 de Dezembro de 1928. Veja-se o documento n.º 49. Arquivo cit.

Devo referir-me aqui à carta que escrevi a V. Sas. em 28 de Dezembro, a qual peço o favor de consultarem com relação à presente carta, evitando assim a necessidade de repetir o nosso procedimento e os nossos pontos de vista.

Os Snrs. Barings avisam-nos de que, em sua opinião, seria impossível fazer actualmente, com sucesso, um Empréstimo para Portugal, no Mercado de Londres, fora da Sociedade das Nações. Eles manifestam o maior interesse nos programas financeiros de Portugal, e uma esperança de poderem colaborar, mais tarde, num financiamento Internacional, declarando peremptoriamente, ao mesmo tempo, que a situação aqui não sofreu nenhuma alteração desde a data da sua comunicação oficial a V. Sas. sobre o assunto.

Quando o Snr. Fiske e eu estivemos em Lisboa, eramos decididamente optimistas quanto à possibilidade de se fazer num futuro próximo, um financiamento Externo para o Governo Português, em duas bases principais:

1. Mantinhamos a opinião de que, se pudessemos apresentar, um tanto completo, um Plano sólido e adequado para o qual pudessemos garantir a adesão definitiva do nosso Mercado, os nossos amigos Inglêses estariam dispostos a reconsiderar na sua insistência no patrocínio da Sociedade das Nações, como fizeram anteriormente no caso da Polónia, e em alguns outros países Continentais, -
2. Considerámos que, com uma menor Emissão Autorizada de, por exemplo, $40 000 000. — Valor Nominal, poderia haver a possibilidade de realizar o negócio inteiramente no Mercado de New York, caso as condições do nosso mercado se apresentassem de uma forma favorável.

Em consequência da nossa entrevista de ontem devemos, na presente ocasião, pôr de parte a primeira alternativa e considerar o problema exclusivamente sob o ponto de vista de uma operação de Empréstimo em Dollars»[25].

Mas que probabilidades de êxito de realização prática tinha então o empréstimo externo? E o vice-presidente do National City Bank confessava na mesma epístola do dia 1 de Janeiro de 1929:

«Antes de chegarmos a esta conclusão, o Snr. Fiske e eu considerámos também a possibilidade de nos dirigirmos a outros Bancos no Mercado de Londres. Abandonámos, porém, esta idéia pelas razões seguintes:

[25] Carta do National City Company ao Fonsecas, Santos & Vianna em 1 de Janeiro de 1929. Veja-se o documento n.º 50. Arquivo cit.

Em primeiro lugar, como V. Sas. sabem, os Snrs. Baring Brothers tiveram, nos seus estudos da situação Portuguêsa, a colaboração dos Snrs. Rotschild e dos Snrs. Schroeders. O seu Grupo foi pois composto pelas três mais importantes Casas Bancárias do Mercado de Londres. Nenhuma outra combinação de igual importância seria possível. Além disso, em nossa opinião, era provável que, quaisquer outros Banqueiros Inglêses, que estudassem o assunto, chegassem às mesmas conclusões dos Snrs. Baring Brothers, pelo menos, quanto à acção destes Snrs. durante o mês de Janeiro. Poderia muito bem ser que, Casas menos importantes, ambicionando lançar mão a novos negócios, mostrassem interesse pela situação Portuguêsa, o que porém, achamos não dever encorajar na altura em que Sua Excelência, o Ministro das Finanças, tem o direito de esperar de nós um relatório definitivo das nossas conclusões.

Devemos, portanto, voltar à possibilidade de tratar o negócio proposto, inteiramente no Mercado Americano, e isto, dentro dos pontos de vista expressos pelos nossos associados Americanos, de que uma sólida operação não podia ser efectuada a menos que se tratasse de um Empréstimo produzindo uma cobrança efectiva de, por exemplo, $.45 000 000»[26].

A Banca internacional dir-se-ia orientada por um excessivo culto da prudência, após ter praticado em excesso, por toda a Europa, a vocação do risco. Até parecia que certas precauções, tomadas em Lisboa, nada eram em relação às assumidas pelos americanos. Weeks concluía a sua carta, do dia 1 de Janeiro de 1929, já sem esperanças:

«Não tenho muitas esperanças em podermos tratar do negócio inteiramente em New York, em vista da nossa atitude geral sobre financiamentos Europeus explicada no parágrafo 7.º da nossa carta de 28 de Dezembro, e em virtude do estado algo pouco satisfatório do Mercado monetário Americano. Não desejamos, porém, abandonar as negociações sem um exame completo de todas as fórmulas possíveis no sentido de dar satisfação às actuais necessidades do Governo Português.

Preparei-me para partir definitivamente, amanhã, no "Mauretania", com destino a New York, e, imediatamente após a minha chegada, discutirei todo este problema com os meus associados dali, e telegrafar-lhe-ei prontamente, por intermédio do Snr. Fiske ou do Snr. Pictet, quaisquer propostas concretas que possamos apresentar»[27].

[26] *Ibid.*
[27] *Ibid.*

Entretanto, no dia seguinte, era recebido no Fonsecas, Santos & Vianna o seguinte telegrama:

> «"NAVEGANDO NEW YORK HOJE MAURITÂNIA ESCREVI TUDO ONTEM MELHORES CUMPRIMENTOS - WEEKS"»[28].

É perfeitamente natural que ao Fonsecas, Santos & Vianna, desfeita em grande parte a ideia de qualquer compensação material, lhe ficasse a consciência do dever cumprido. O grande benefício era outro! Estava na sua imensa capacidade de trabalho, de desenvolver cada vez mais actividade, em constante e persistente anseio para se melhorar, para que os seus se pudessem alguma vez orgulhar da sua obra, para que o seu exemplo pudesse ser seguido pelas gerações do futuro. Essa era, na verdade, a real contrapartida pelos relevantes serviços prestados nas negociações com a Banca internacional, para a emissão de um empréstimo externo destinado ao saneamento financeiro do País. No dia 3 de Janeiro de 1929, o Fonsecas, Santos & Vianna informava o ministro das Finanças:

> «Acusando a recepção das duas cartas, de 27 e de 28 de Dezembro do ano findo, que V. Exª se dignou enviar-nos, e de cujo teor demos conhecimento, por tradução a M. Weeks, temos a honra de, com as traduções das referidas cartas, enviar a V. Exª a cópia e respectiva tradução de uma carta datada de 28 do aludido mês, que ontem recebemos de M. Weeks.
>
> Aproveitamos o ensejo para também comunicar a V. Ex.ª que por um telegrama ontem recebido de M. Weeks sabemos que este Snr. partiu já de Londres para New York, tendo-nos dirigido no 1.º dia do corrente uma carta, que contamos receber amanhã, e de cujo conteúdo nos apressaremos a dar conhecimento a V. Ex.ª»[29].

Finalmente, no dia 16 de Janeiro, era enviada pelo National City Company para o Fonsecas, Santos & Vianna a decisão final sobre a solicitação do empréstimo externo. Claro que a Banca americana, que tinha feito a defesa dessa emissão, não podia deixar de proceder com a necessária

[28] Telegrama do vice-presidente do National City Bank ao Fonsecas, Santos & Vianna em 2 de Janeiro de 1929. Arquivo cit.

[29] Cópia da carta do Fonsecas, Santos & Vianna ao ministro das Finanças em 3 de Janeiro de 1929. Arquivo cit.

imparcialidade. Sem equívocos nem dissimulações, martelava os pontos que convinham à sua posição e que nós traduzimos:

«Com referência à nossa conversa telefónica de ontem, recebi esta manhã um telegrama do National City Company, New York, instruindo-me para pedir a V. Sas. para transmitirem a Sua Excelência, o Ministro das Finanças que, em colaboração com os nossos associados, os Snrs. Dillon Read & Company, estudámos com o maior interesse a Exposição de Sua Excelência, acompanhada dos elementos elaborados com referência à situação financeira e aos planos do Governo Português.

Estamos impressionados com os progressos feitos por Sua Excelência no seu programa de reforma fiscal e consideramos que existe uma base para um são financiamento internacional, subordinado à efectivação de um plano financeiros nos mesmo moldes do elaborado pela Sociedade das Nações, com as modificações feitas nas nossas conferências posteriores. Sentimos, porém, que a falta de interesse que há presentemente no mercado de New York por títulos de juros fixos, acrescida da não disposição de Londres em cooperar em bases aceitáveis para o Governo Português, torne neste momento completamente impossível fazer-se com sucesso a emissão de um importante Empréstimo Internacional.

Reconhecemos que o Ministro das Finanças nos deu todo o tempo que ele achou justificado conceder-nos para um estudo das possibilidades de Financiamento Externo, e hesitamos em sugerir um novo adiamento de qualquer medida que Sua Excelência considere ser possível tomar para melhorar a situação por um esforço interno. No entanto, tendo agora compiladas informações tão completas sobre a situação Portuguêsa, é nossa intenção, logo que se torne praticável fazer-se uma emissão bem sucedida de um Empréstimo Internacional, apresentarmos a Sua Excelência propostas concretas»[30].

Dois dias depois era a vez de o banqueiro do Dillon Read Corporation informar o Fonsecas, Santos & Vianna. Tinha sido uma renhida luta contra forças ocultas. De modo que nem os estudos realizados e os números obtidos pelo ministro das Finanças bastavam para "reprimir certas influências estranhas". Escrevia Fiske:

«Acabo de regressar de uma vigeliatura a S. Moritz e imediatamente retomei a marcha dos negócios Portuguêses. Os Snrs. Weeks e Griffith puzeram-me

[30] Carta do National City Company ao Fonsecas, Santos & Vianna em 16 de Janeiro de 1929. Veja-se o documento n.º 51. Arquivo cit.

ao corrente do assunto durante a minha ausência. Estou, portanto, muitíssimo desapontado por termos sido forçados a chegar à conclusão contida na carta do National City para V. Sas. Infelizmente, não pudemos reprimir certas influências estranhas, e com toda a melhor vontade do mundo — que todos nós realmente tivémos — vimo-nos obrigados a dizer a V. Sas. francamente, que, neste momento, cremos não ser possível fazer-se uma emissão com sucesso. Pelo que nos diz respeito, esperamos sinceramente que a porta não está definitivamente fechada. Tenho grandes esperanças em que, dentro de um razoável período, as negociações poderão ser reatadas.

Foi para nós um enorme prazer tratar com V. Sas., e lamento particularmente a necessidade, que espero seja apenas temporária, de termos de fazer a V. Sas. esta comunicação»[31].

Por último, a 21 de Janeiro de 1929, era a vez do Fonsecas, Santos & Vianna dar ao ministro das Finanças justificação do longo arrazoado da Banca internacional:

«Temos a honra de, com a presente, enviar a V. Ex.ª a cópia e respectiva tradução da carta, cujo original tivémos ocasião de apresentar a V. Ex.ª, datada de 16 do corrente e que nos foi dirigida de Paris por Mr. Richard Pictet, representante naquela cidade no National City Bank of New York»[32].

Somos levados a crer que é preciso trabalhar muito, mas mesmo muito, para nunca perder a paciência. E a 2 de Fevereiro de 1929, o ministro das Finanças, em carta para o Fonsecas, Santos & Vianna, utilizava palavras apropriadas para traduzir, com precisão, a ideia de que dava por findas as negociações para o empréstimo externo, destinado ao saneamento financeiro do País. São suas palavras textuais:

«Recebi, com a carta de V. Ex.as de 21 de Janeiro findo, cópias e respectivas traduções das cartas enviadas por V. Ex.as recebidas do National City Bank e da Dillon Read Corporation sobre o empréstimo externo para Portugal. Fico ciente de que os banqueiros, estudada cuidadosa e profundamente a situação

[31] Carta do Dillon Read Corporation ao Fonsecas, Santos & Vianna em 18 de Janeiro de 1929. Veja-se o documento n.º 52. Arquivo cit.

[32] Cópia da carta do Fonsecas, Santos & Vianna ao ministro das Finanças em 21 de Janeiro de 1929. Arquivo cit.

portuguêsa, encontram, no estado actual das nossas finanças, base suficiente para um são financiamento internacional, mas que a situação do mercado americano e sentirem-se desacompanhados, relativamente à operação portuguêsa, pelo mercado de Londres, lhes não permitem neste momento tomar a emissão do empréstimo.

Tendo pessoalmente acompanhado em tanto quanto me foi possível todas as negociações e estudos feitos sobre os principais elementos da nossa vida financeira e económica, e sobre os efeitos da política de equilíbrio que se vem seguindo há meses, não tenho o menor motivo para duvidar do cuidado e interesse que mereceram aos banqueiros as nossas coisas, e da seriedade com que trataram o negócio. Sendo-me agradável registá-lo, peço a V. Ex.as tenham a bondade de transmitir àqueles Snrs. os meus melhores agradecimentos por tudo isso e por todas as suas atenções pessoais.

Em face da conclusão a que se chegou, considero o Governo português desligado do compromisso tomado com o National City Bank para a representação financeira do Governo nos Estados Unidos, e recupero por isso toda a minha liberdade de acção.

Renovo a V. Exas os meus sinceros agradecimentos por todos os cuidados e pela dedicação que têm prestado a este assunto, e o meu grande apreço pela inteligência e segura reserva com que V. Exas colaboraram nas longas negociações que dou agora por findas»[33].

[33] Carta do ministro das Finanças ao Fonsecas, Santos & Vianna em 2 de Fevereiro de 1929. Arquivo cit.

CAPÍTULO VI

O SANEAMENTO FINANCEIRO E O FONSECAS, SANTOS & VIANNA

«O Fonsecas, Santos & Vianna e a alternativa ao empréstimo da Sociedade das Nações» foi o título que pareceu mais ajustado para a publicação de uma obra que desse amplo conhecimento à crítica historiográfica dos manuscritos existentes no Banco Fonsecas & Burnay, relativos à solicitação de um empréstimo externo em 1928.

Não é difícil entrever nos esforços empreendidos pelo ministro das Finanças e por entre os comportamentos exigentes, embora controversos, da Banca internacional, e os procedimentos criteriosos do Fonsecas, Santos & Vianna, o prenúncio das condições decisivas que tornaram possível o êxito espectacular do saneamento financeiro, num prazo *record*, mesmo sem o esteio do empréstimo externo.

Naturalmente, o sucesso da regeneração financeira não se deve exclusivamente ao ministro das Finanças. A história imparcial leva-nos a crer que o Fonsecas, Santos & Vianna desempenhou um papel importantíssimo. Os serviços inestimáveis da sua experiência profissional de apoio à política do saneamento financeiro, nomeadamente na área da estabilização legal da moeda, não são para esquecer. São palavras insuspeitas do Prof. Fernando Emygdio da Silva[1], vice-governador do Banco

[1] FERNANDO EMYGDIO DA SILVA, "O perfil de um homem", *Diário de Notícias*, 13 de Novembro de 1966.

de Portugal, a propósito da acção do Fonsecas, Santos & Vianna, neste período histórico:

> «Mas era óbvio também que o Ministério das Finanças carecia, para sua tranquilidade nessa emergência, do saber técnico e experiência bancária aptos a assegurar, com o satisfatório maneio de um então escasso fundo de divisas a empreendida estabilidade da moeda. Na casa bancária, a que Álvaro de Souza tinha ligado o seu nome, encontrou o Ministério das Finanças esse adequado conselho técnico».

São, aliás, do próprio Álvaro de Souza[2], do dia 27 de Maio de 1961, por ocasião do centenário do seu estabelecimento de crédito, as seguintes palavras:

> «O Banco Fonsecas, Santos & Vianna prestou ao País serviços da mais alta importância, desde a sua intensa e eficiente colaboração no saneamento e restauração das finanças públicas, até à administração de múltiplas economias particulares e até à concessão de numerosos e avultados descontos, empréstimos e financiamentos, quer em favor de empreendimentos do mais largo alcance para o fomento e desenvolvimento económico do País, quer em favor de grandes organismos essenciais ao seu abastecimento e à sua vida, gozando por tudo isto, entre os seus pares, tanto internamente como no estrangeiro, de um respeito e de um prestígio de que legitimamente podemos orgulhar-nos».

Podia supor-se que pelo facto de o ministro das Finanças haver dado por findas, a 2 de Fevereiro de 1929, as negociações do empréstimo externo, esfriassem as relações para o diálogo cordial com o National City Company. Mas não! Quatro dias depois, o vice-presidente Weeks escrevia para Mário Luís de Souza, revelando o interesse do seu banco em trabalhar com o Fonsecas, Santos & Vianna:

> «Espero sinceramente que, no devido tempo, tenhamos a oportunidade de desenvolver as relações bancárias comerciais que mantemos com a vossa firma. Tal como foi indicado durante a nossa entrevista particular em Lisboa, as possibilidades da nossa filial em Londres, no que se refere aos contratos em

[2] ÁLVARO PEDRO DE SOUZA, "Comemorações do Centenário do Banco Fonsecas, Santos & Vianna", *Diário de Notícias*, 28 de Maio de 1961.

esterlinos, foram em grande parte reservadas para as nossas filiais e interesses mais próximos, tendo em conta o facto de os nossos contratos em esterlinos não serem passíveis de desconto no Banco de Inglaterra e, por esta razão, preferimos mantê-las em limites muito restritos. Estou ceto de que, no entanto, haverá no devido tempo nova alteração nas condições monetárias internacionais de forma a tornar o mercado monetário de Nova Iorque novamente atraente, tal como era em 1927, no qual se poderão financiar negócios de aceitação, e neste ou noutro sentido, espero, tal como disse, vir a estar devidamente preparado para desenvolver substancialmente as relações bancárias comerciais com a vossa firma»[3].

Mais adiante, na mesma epístola, o vice-presidente do National City Bank voltava a referir as restrições e dificuldades nos mercados do dinheiro:

«No que diz respeito ao financiamento do Governo Português, penso que o telegrama enviado após uma longa série de conferências em Nova Iorque, e que lhe foi transmitido pelo Sr. Pictet na sua carta de 16 de Janeiro, estabelece a nossa opinião institucional de forma tão completa que muito pouco fica por acrescentar. Fiquei muito contente de saber que os meus associados de Nova Iorque estudaram com seriedade a situação financeira do seu país e mostraram-se favoráveis ao desenvolvimento das relações de agenciamento fiscal na altura em que o mercado permitir um financiamento internacional bem sucedido de características fundamentalmente sólidas. Por outro lado, os nossos funcionários concordaram unanimemente que seria impossível, de acordo com as actuais condições do mercado, apresentar qualquer proposta recomendável ao Governo Português. Estamos cientes de que uma operação internacional será provavelmente levada a cabo para o Governo da Roménia, mas ela apenas foi possível pelo forte apoio e grande pressão exercida pelo Banco de França e pelo monopólio dos fósforos sueco e, mesmo assim, numa base de custos que não julgamos de recomendar a nenhum cliente.

Espero, no entanto, que se Sua Excelência o Ministro Salazar conseguir desenvolver as suas reformas financeiras internas, seja possível, de acordo com uma melhoria nas condições gerais do mercado, apresentar-mo-nos ao Governo através de si com uma proposta concreta de natureza prática»[4].

[3] Carta do National City Company ao Fonsecas, Santos & Vianna em 6 de Fevereiro de 1929. Veja-se o documento n.º 53. Arquivo cit.

[4] *Ibid.*

No dia seguinte, a 7 de Fevereiro, os banqueiros do Fonsecas, Santos & Vianna, colocando-se à altura dos tempos sem mergulharem na mediania ou sumirem-se na vulgaridade de quem muito fez e nada recebeu, escreviam para Fiske, do Dillon, Read & Co.:

«Recebi a sua carta de 18 de Janeiro último à qual só hoje respondo por a nossa casa só hoje ter recebido da parte de Sua Excelência o Ministro das Finanças a carta da qual lhe envio cópia traduzida e através da qual poderá verificar que a minha casa deu, no devido tempo, conhecimento ao mesmo senhor da carta a que agora respondo.

Junto envio também uma cópia da carta que enviámos no mesmo dia ao Sr. Weeks.

Antes de terminar, desejo em meu nome e dos meus associados, agradecer-lhe os amáveis cumprimentos que nos quis transmitir na sua carta e confio-lhe o grande prazer que nos deu a colaboração com V. Exas»[5].

Nesse dia ainda, Mário Luís de Souza remetia duas cartas para o National City Company. A primeira para a filial de Paris, nos seguintes termos:

«Tendo recebido, no devido tempo, a carta de 16 de Janeiro último que, como representante geral da National City Company, me enviou, venho informá-lo de que escrevemos hoje ao Sr. Weeks para Londres, enviando-lhe, traduzida, a cópia da carta que, sobre esta questão, recebemos de Sua Excelência o Ministro das Finanças.

Apesar de na sua carta Sua Excelência o Ministro considerar terminadas, em total concordância com as suas afirmações anteriores, as negociações estabelecidas com o National City Bank e os seus amigos sobre a emissão de um empréstimo externo para Portugal, e pese o facto de Sua Excelência ter resolvidos adoptar desde agora uma orientação adaptada às circunstâncias derivadas da não realização desse empréstimo, somos, no entanto, de opinião, que lhe transmitimos a título confidencial, que as negociações em causa poderão ser retomadas no caso do National City Bank apresentar uma proposta de financiamento na base e de acordo com os objectivos estudados»[6].

[5] Cópia da carta do Fonsecas, Santos & Vianna ao Dillon Read Co. em 7 de Fevereiro de 1929. Arquivo cit.

[6] Cópia da carta do Fonsecas, Santos & Vianna ao National City Company em 7 de Fevereiro de 1929. Arquivo cit.

A segunda carta do Fonsecas, Santos & Vianna para o National City Company, de Londres, pretendia dar um sopro de esperança para alterar aquela massa inerte que envolvia a Banca internacional perante a crise que se avizinhava:

«Confidencialmente, devemos dizer-vos que, apesar da atitude demonstrada por Sua Excelência o Ministro na referida carta, atitude essa impecavelmente correcta e coerente com as afirmações anteriores, a nossa opinião é de que Sua Excelência, embora tenha decidido dar a partir de agora à sua acção ministerial uma orientação especial resultante da impossibilidade de se realizar nesta altura, com êxito, a emissão de um empréstimo externo para Portugal, não hesitará retomar as negociações que por ora considera terminadas se o National City Bank e os seus amigos puderem apresentar-lhe uma proposta concreta com vista a um financiamento em bases aceitáveis e tendentes à realização dos objectivos que vos foram propostos.

Aproveitamos esta ocasião para vos transmitir uma vez mais o quão agradável foi para nós cooperar convosco, com o National City Bank e os seus amigos e pedimos-lhe que aceite, caro Senhor, os nossos melhores cumprimentos»[7].

Decorridos cinco dias, isto é, a 12 de Fevereiro, o National City Company de Paris respondia ao Fonsecas, Santos & Vianna:

«Tenho a honra de acusar a recepção da vossa carta de 7 de Fevereiro através da qual me informam que já escreveram ao Sr. Weeks a transmitir-lhe a resposta do Senhor Ministro das Finanças.

Tomei igualmente nota da informação que me forneceram a título confidencial e, agradecendo-vos os vossos conselhos, peço-vos que aceitem, caros Senhores, a expressão da minha elevada consideração»[8].

No dia seguinte, a 13 de Fevereiro, o National City Company de Londres enviava para o Fonsecas, Santos & Vianna o seguinte telegrama:

«Agradecemos a vossa carta de 7 do corrente endereçada ao Sr. Weeks, incluíndo a cópia da carta do Ministro das Finanças datada de 2 de Fevereiro,

[7] Cópia da carta do Fonsecas, Santos & Vianna ao National City Company em 7 de Fevereiro de 1929. Arquivo cit.

[8] Carta do National City Company ao Fonsecas, Santos & Vianna em 12 de Fevereiro de 1929. Arquivo cit.

cujas cópias enviámos ao Sr. Weeks (que se encontra actualmente no continente), aos Srs. Dillon, Read & Company, Paris e à nossa sede em Nova Iorque»[9].

Ainda nesse mês, a 18 de Fevereiro, os banqueiros do Fonsecas, Santos & Vianna escreviam para o National City Company o seguinte:

> «Muito apreciei e agradeço a informação e a impressão favorável que amavelmente me comunicou e aproveito esta oportunidade para chamar a sua particular atenção para o assunto referido na sua carta de 19 de Dezembro de 1928, da qual no devido tempo demos conhecimento a Sua Excelência o Ministro das Finanças.
>
> Sua Excelência espera o convite que refere na sua carta e pensamos que seria altamente desejável que esse convite fosse feito o mais depressa possível»[10].

Três meses depois, precisamente no dia 17 de Maio, o National City Company voltava a contactar com o Fonsecas, Santos & Vianna sobre a questão do mercado do dinheiro internacional. O problema alemão subsistia. Era necessário continuar a mesma política de restrições draconianas e de máxima prudência:

> «Os mercados financeiros internacionais, como sabe, continuam na mesma e o panorama imediato é desfavorável a qualquer nova operação importante. Esperamos, no entanto, uma resolução permanente e satisfatória do problema da indemnização alemã. Qualquer solução deve obviamente revestir o carácter de um compromisso e, em consequência, mesmo se fôr conseguida deixará provavelmente as partes temporariamente insatisfeitas. A longo prazo, no entanto, basta-me que qualquer solução concordante com a orientação adoptada seja uma contribuição adicional importante para a estabilidade da Europa. Por isso, após as decepções que sofremos, esta conclusão seria propícia ao desenvolvimento de mercados internacionais mais alargados e seguros»[11].

[9] Telegrama do National City Company ao Fonsecas, Santos & Vianna em 13 de Fevereiro de 1929. Arquivo cit.

[10] Cópia da carta do Fonsecas, Santos & Vianna ao National City Company em 18 de Fevereiro de 1929. Arquivo cit.

[11] Carta do National City Company ao Fonsecas, Santos & Vianna em 17 de Maio de 1929. Veja-se o documento n.º 54. Arquivo cit.

No dia 5 de Junho, era a vez de o Dillon Read Corporation persistir na sua cruzada junto do Fonsecas, Santos & Vianna:

> «Lamentamos não ter estado consigo na sua última viagem via Paris e Londres. Apesar das condições nos nossos mercados não terem permitido grandes avanços nas nossas negociações com vista ao empréstimo gostaríamos no entanto de manter o contacto convosco. Existem alguns indícios de melhoria na Bolsa de acções de Nova Iorque e estamos confiantes de que o acordo relativo à indemnização propiciará mercados europeus mais prósperos e estáveis. Com melhores condições, conseguiremos realizar progressos relativamente ao empréstimo.
>
> Por vezes, são-nos traduzidas propostas de maior envergadura para financiamentos em Portugal. Declinámos, no entanto, o seu estudo tendo na mira a possibilidade de discutir com os nossos amigos do National City e consigo um plano mais alargado»[12].

Precisamente a 17 de Junho, um mês depois da carta do National City Company e na ausência temporária de Mário Luís de Souza, o Fonsecas, Santos & Vianna retorquia de maneira a marcar bem a posição que convinha ao País:

> «Na ausência do Sr. Mário Luís de Souza, tomei a liberdade de abrir a carta que lhe dirigiu datada de 17 de Maio último e, como o referido senhor se encontrará ausente por algum tempo, venho acusar a recepção da mesma carta e agradecer-lhe as informações que achou por bem comunicar-nos.
>
> Aproveito a ocasião para lhe enviar, em anexo, dois exemplares de uma brochura contendo o "Resumo da exposição feita perante o Conselho de Ministros", no dia 2 de Março de 1929, pelo Ministro das Finanças, Dr. António de Oliveira Salazar, sobre a situação financeira em Portugal nesta data»[13].

Em final do mês de Junho, o ministro das Finanças podia bem afirmar no preâmbulo do Decreto n.º 17:047, o seguinte: «resta apenas, pode dizer-se, um grande problema de ordem financeira a resolver, que é a reforma do

[12] Carta do Dillon Read Corporation ao Fonsecas, Santos & Vianna em 5 de Junho de 1929. Veja-se o documento n.º 55. Arquivo cit.

[13] Cópia da carta do Fonsecas, Santos & Vianna ao National City Company em 17 de Junho de 1929. Arquivo cit.

Banco de Portugal com a estabilização legal da moeda e a regularização da dívida do Estado.

Mas feito isso o período mórbido das finanças portuguesas terá definitivamente passado»[14].

Em qualquer caso, já em pleno Verão, o vice-presidente do National City Bank informava Mário Luís de Souza, do Fonsecas, Santos & Vianna, que a política financeira portuguesa derrubara a posição intransigente dos britânicos, quanto à necessidade de voltarmos a negociar com a Sociedade das Nações. Dir-se-ia não ser pequena a vitória, nem de menor importância o serviço prestado pelo Fonsecas, Santos & Vianna. São de 21 de Agosto de 1929 as seguintes palavras de Weeks:

> «Tive o prazer de me encontrar, na semana passada, com o Snr. Fred Morris Dearing, Ministro da América em Lisboa, que esteve em Londres em férias e com o qual falei sobre o desenvolvimento da situação portuguesa.
>
> O Snr. Dearing pôs-nos pouco mais ou menos ao corrente dos progressos técnicos e incidentalmente manifestou optimismo sobre os progressos financeiros e políticos no vosso país.
>
> Tive particularmente prazer em saber que Sua Excelência o Dr. Salazar está convalescendo de um infeliz acidente e espero que, logo que a ocasião se proporcione, V. terá a bondade de lhe apresentar os meus cumprimentos e felicitações pelo seu restabelecimento.
>
> Como V. bem sabe, os Mercados prestamistas pioraram depois das nossas últimas discussões, o que fez com que se nos tornasse impossível sugerir qualquer plano construtivo de utilidade imediata para o Tesouro Português, todavia, continuamos a seguir a situação com o mais amigável interesse. Permita-me, porém, que lhe diga, muito confidencialmente, que tenho a impressão de que o Mercado de Londres renunciou finalmente à ideia de que Portugal devia apresentar a questão de financiamento Internacional, quando o mercado tornasse tal financiamento praticável, pela mediação da Liga das Nações»[15].

Naturalmente, iam aparecer novas relações bancárias e ideias peregrinas, próprias de quem é capaz de as entrever na carência de outros grandes

[14] Decreto nº 17:045, de 29 de Junho de 1929. *A reorganização financeira – Dois anos no Ministério das Finanças*, 1928 – 1930, Coimbra Editora, Lda., 1930, p. 93.

[15] Carta do National City Company ao Fonsecas, Santos & Vianna em 21 de Agosto de 1929. Arquivo cit.

negócios. Depois da vitória muitos aparecem, se não a reclamar os despojos, ao menos a propor avultados interesses. Dizia Weeks, ainda na mesma epístola:

«Entretanto, os nossos amigos de New York, Snrs. Lee, Higgison & Company, têm falado connosco sobre algumas ideias especiais que têm e que julgam poder ser postas em prática com vantagem para o seu Governo, não obstante os mercados se apresentarem actualmente desfavoráveis. Manifestá-mo-lhes a nossa melhor vontade em pôr à sua disposição as nossas informações e facilidades e em trabalhar com eles no caso de se verificar que as suas ideias seriam aceitáveis para o Governo Português. Se, o que se fizer, mostrar que há conveniência para nós de discutir activamente os projectos agora em estudo, não deixaremos de avisar imediatamente V»[16].

Vale a pena, a este propósito, analisar as considerações formuladas pelos banqueiros do Fonsecas, Santos & Vianna, a 9 de Setembro, para o National City Company. Ouçamos Mário Luís de Souza:

«Acuso, com os meus agradecimentos, a recepção da vossa prezada carta de 21 de Agosto p.p., devendo, antes do mais, comunicar-lhe que transmiti a S. Exª o Doutor Oliveira Salazar, os vossos cumprimentos, que S. Exª muito apreciou e me encarregou de agradecer e de retribuir.

Na mesma ocasião, e em obediência à absoluta franqueza e lealdade que, como V. Sª sabe, caracterizam as nossas relações com S. Exª o Ministro das Finanças, julguei de meu dever pôr S. Exª ao corrente do assunto da vossa referida carta, e, porque já então conhecia a especial orientação das negociações dos Snrs. Lee, Higgison & Co., eu não pude dispensar-me de declarar a S. Exª o Ministro que, dada tal orientação, a minha Casa se encontrava impossibilitada de colaborar na operação projectada por aqueles Snrs., acrescentando eu ainda que logo que do estrangeiro regressasse pelo menos um dos meus sócios ausentes, eu responderia a V. Sª nessa conformidade»[17].

Era assim! O banqueiro do Fonsecas, Santos & Vianna não se interessava por negócios que brigassem com os seus escrúpulos ou que não servissem

[16] *Ibid.*

[17] Cópia da carta do Fonsecas, Santos & Vianna ao National City Company em 9 de Setembro de 1929. Arquivo cit.

os verdadeiros interesses nacionais. Mais adiante, Mário Luís de Souza comentava:

> «Por outro lado, e poucos dias após a recepção da carta a que estou respondendo, eu recebia a visita dos Snrs. Leon Fraser e W. Gormick Blair, os quais me declararam que, tendo-se associado os Snrs. Lee, Higgison & C.º com o National City Bank, para o estudo e realização de um empréstimo estrangeiro a Portugal, desejavam, dadas as nossas relações com o National City Bank, trocar comigo impressões sobre esse assunto, que fôra a razão da sua vinda a Lisboa.
>
> No decurso da sua exposição, disseram-me os Snrs. Fraser e Blair que uma das condições da operação projectada seria o estabelecimento do monopólio, senão declarado pelo menos disfarçado, da indústria dos fósforos em Portugal.
>
> Agradecendo a visita que me era feita, respondi ao Snrs. Fraser e Blair que não considerando vantajosa para o meu País, nem por este aceitável, a operação projectada sob a indicada condição, sentia ter de lhes dizer que a minha Casa não podia colaborar nas suas "démarches"»[18].

Havia probidade inteira no Fonsecas, Santos & Vianna. O ganho só pelo ganho, sem questionar os meios, não interessava a esta instituição bancária. Ainda na mesma epístola de 9 de Setembro, Mário Luís de Souza declarava:

> «Acrescentei que esta atitude da minha Casa em nada poderia prejudicar as "démarches" que estavam fazendo os Snrs. Lee, Higgison & C.º, não só porque estes Snrs. têm quem os represente em Lisboa mas também porque, findas em Junho último, as negociações feitas em comum pelo National City Bank e por Fonsecas, Santos & Vianna, aquele não carece da nossa colaboração para poder cooperar nas referidas "démarches".
>
> Feita assim a rápida resenha da conversa que tive com os referidos Snrs., desejo ainda, pela muita consideração pessoal que V. Sª tão justificadamente me merce, acrescentar algumas palavras que melhor expliquem a nossa atitude.
>
> Como V. Sª sabe, foi em face da situação dos mercados de Londres e de New York que nos vimos forçados a reconhecer a impossibilidade da emissão em condições vantajosas, de um empréstimo estrangeiro para Portugal.
>
> Findas, em consequência dessa constatação, as negociações que em íntima e honrosa colaboração com o National City Bank, durante muitos meses fizémos junto do nosso Governo, e readquirindo assim a nossa liberdade de acção, nós

[18] *Ibid.*

não tomámos depois disso compromisso algum, tendo resolvido esperar que, modificadas as condições dos mercados, se proporcione o ensejo de, se o nosso Governo a isso então nos autorizar, trabalharmos em colaboração com Londres ou New York, e com a quase certeza do êxito, para a realização em termos vantajosos, de uma operação externa para Portugal.

Dentro desta orientação e mantendo-se infelizmente como V. Sª reconhece, e até talvez agravadas, as circunstâncias que determinaram a inviabilidade das nossas "démarches", é evidente que nós não poderiamos dar aos Snrs. Blair e Fraser resposta diferente da que lhe demos, tanto mais justificadamente quanto é certo que, como banqueiros portugueses, a quem incumbe o indeclinável dever de interpretar fielmente a vontade e os sentimentos nacionais, nós não desejamos, nem podemos, colaborar na realização de qualquer operação que tenha por base um monopólio, embora disfarçado, sabido como é que foi precisamente contra os monopólios existentes no tempo da Monarquia que se levantou uma das mais veementes e justificadoras campanhas políticas por parte do partido que levou a cabo a proclamação da República em Portugal»[19].

Era nestes termos desafrontados que o banqueiro Mário Luís de Souza, do Fonsecas, Santos & Vianna, respondia às propostas de monopólios, ainda que disfarçados. Não se lhe pode fazer maior elogio do que repetir a sua resposta confidencial ao National City Bank.

Não vamos, evidentemente, pôr em dúvida que a aspiração pelo grande negócio não se tenha verificado nas crises dos mercados do dinheiro e sempre em considerável intensidade. Assim, no desejo de não estacionar, na necessidade contínua de ascensão, sem temor dos monopólios, o vice-presidente do National City Bank declarava para o Fonsecas, Santos & Vianna a 20 de Setembro:

«De regresso duma pequena viagem pelo Continente, encontro a sua estimada carta de 9 de Setembro, que li com o maior cuidado. Muito aprecio a franqueza com que V. examinou comigo esta delicada questão do financiamento ao Governo. Posso talvez resumir o meu próprio ponto de vista nos seguintes capítulos:

1. No decorrer das nossas primeiras discussões em princípio, durante Maio e Junho do ano passado, em Londres, eu compreendi que o "sine qua non" de qualquer Plano para um Empréstimo Externo era que o mesmo devia

[19] *Ibid.*

ser negociado livre da fiscalização da Sociedade das Nações. Temos mantido firmemente este ponto de vista, e hoje, creio, que qualquer questão relativa à Sociedade das Nações está definitivamente abandonada nos círculos financeiros. Disse-me V. ao mesmo tempo que, como o Monopólio dos Tabacos tinha terminado recentemente, não era, em sua opinião, prático desenvolver um Plano baseado num restabelecimento desse Monopólio. Além destas fundamentais restrições, reconheci que a questão era acessível a um estudo imparcial de um Plano prático que pudesse dar lugar ao financiamento desejado. Gostaria ainda de examinar a situação nesta base.

2. Concordámos em estudar o Plano Higgison em colaboração com esta muito importante Casa, porque me pareceu introduzir novos e prometedores elementos na situação, – especialmente a disposição da Swedish Match para tomar e retirar do mercado uma parte importante de um Empréstimo Externo eventual. Este factor, em relação ao progresso da situação financeira do seu Governo realizado por virtude da grande energia e inteligência do Ministro das Finanças, Salazar, pensámos nós que poderia modificar fundamentalmente a perspectiva de um Empréstimo com sucesso. Particularmente, quando fômos forçados a retirar-nos em Janeiro, pelo motivo do mercado não ser favorável, encaravamos a necessidade, como vimos, de um Empréstimo de $40 000 000. – Devido à relutância do Mercado Inglês, pareceu-nos que o montante deste Empréstimo teria de ser distribuído nos Estados Unidos. Hoje posso dizer a V. confidencialmente que os nossos amigos, os Snrs. Higgison, consideram que, em virtude das condições acima referidas, podia fazer-se com sucesso uma operação compreendendo um Empréstimo Público inicial nos Estados Unidos de $.12 000 000,-a $.15 000 000,- Trata-se aqui naturalmente, de uma situação muito diferente e que, em nossa opinião, é digna do mais cuidadoso estudo. Posso dizer-lhe francamente que ainda não chegámos a um resultado final sobre se, em nossa opinião, seria possível nesta base uma sólida operação, mas estamos estudando o assunto de uma forma tão compreensiva quanto possível. Creio que, quando os Snrs. Blair e Fraser saíram de Lisboa, ficou entendido entre o Ministro das Finanças e eles que a questão continuaria a ser estudada por ambas as partes, e que se seguiriam novas conversas de um carácter mais definido»[20].

[20] Carta do National City Company ao Fonsecas, Santos & Vianna em 20 de Setembro de 1929. Veja-se o documento n.º 56. Arquivo cit.

Parar naquela altura equivalia a retroceder e Weeks insinuava que, se o negócio não fosse além, se reflectiria na eficácia do próprio Fonsecas, Santos & Vianna.

«3. Permita-se agora que eu tenha a liberdade de uma sugestão amigável e pessoal com referência à posição da sua Firma nestas circunstâncias. Reconheço perfeitamente a evidência das observações que V. me fez na ocasião da nossa última entrevista, por a sua Casa ter empregado muito do seu tempo em discussões de Financiamento Externo, que não conduziram a um resultado positivo, e que, àparte a perda de tempo, V. reconhecia que a continuação destas discussões inconcludentes se reflectiria na eficácia da sua própria Firma. O nosso insucesso em chegar a um resultado, foi, em minha opinião, devido a circunstâncias fóra do seu contrôle, como do nosso próprio, e ouso acreditar que os esforços que V. fez de forma alguma enfraqueceram a sua posição perante o Governo Português. No entanto, por agora, não insisto com V. senão para continuar a manter uma atitude neutral, estudando, como nós estamos estudando, uma opinião livre, as possibilidades do novo Plano. Caso os resultados dos nossos próprios estudos se apresentem favoráveis quanto às possibilidades de se fazer uma operação concreta, esperaríamos certamente que a situação da sua própria Firma seria tal que nós poderiamos arranjar uma base de colaboração inteiramente satisfatória para V. Em consequência, tenho o prazer de notar pela sua carta que V. não tomou nenhum outro compromisso de qualquer espécie desde o fecho das nossas negociações activas e esperar que V. poderá manter claramente, da mesma maneira, uma atitude de benevolente neutralidade durante as discussões do Plano Higgison que estejam decorrendo nos círculos governamentais»[21].

Temos diante dos olhos a cópia da carta que a 8 de Outubro os banqueiros do Fonsecas, Santos & Vianna escreveram para o National City Company:

«Muito me sensibilizou a vossa estimada carta de 20 de Setembro último através da qual me quiseram informar do estado e da orientação geral nas negociações relativas ao Plano Higgison.

Apreciando a vossa franqueza e lealdade, constato que, no entanto, e dado que não há razão que justifique uma alteração de atitude pela nossa parte, não

[21] *Ibid.*

me resta – a mim e à minha casa – senão manter a atitude que se nos impõe de acordo com os pontos de vista expressos na minha carta de 9 de Setembro último»[22].

Estava claro que o Fonsecas, Santos & Vianna não iria colaborar numa terceira via alternativa para negociar um empréstimo externo, *maxime* condicionado ao estabelecimento de um monopólio da indústria dos fósforos; parecia confirmar-se, assim, o termo das negociações ocorrido em Junho de 1929[23].

Apesar de tudo, o penúltimo trimestre de 1929 tinha também trazido notícias que poderiam vir a alterar esse cenário, pois, como se viu, os britânicos teriam finalmente aceitado realizar uma operação à margem da Sociedade das Nações, tal como Weeks transmitiu no fim do Verão de 1929.

Neste contexto, um ambiente favorável da opinião pública internacional poderia de novo vir a revelar-se importante e, desse modo, é bem acolhido o convite que, em Setembro de 1929, Hamilton Fish Armstrong (editor da *Foreign Affairs*) dirige pessoalmente ao ministro das Finanças para escrever um artigo sobre a reestruturação económica e financeira de Portugal.

Não podemos ignorar que, em Dezembro de 1928, Weeks, que intermediou junto da *Foreign Affairs* a possibilidade de se vir a concretizar essa publicação, já lembrava o Fonsecas, Santos & Vianna que o artigo não deveria ser «controverso» e carecia de ser aprovado pelo Conselho Editorial da *Foreign Affairs*, dando, assim, nota de que não seria adequado fazer menção ao artigo de Araquistáin publicado em Outubro de 1928 pela revista e que muito havia agastado o ministro das Finanças.

Volvido mês e meio, a 14 de Novembro de 1929, Salazar responde directamente a Hamilton Fish Armstrong, agradecendo o convite e dando algumas notas adicionais e pessoais sobre a situação. São suas palavras textuais:

[22] Cópia da carta do Fonsecas, Santos & Vianna ao National City Company em 8 de Outubro de 1929. Arquivo cit.

[23] Como se deixou entrever no início deste trabalho, já tinha havido uma pressão de *lobby* internacional, inclusive com a publicação de notícias falsas de um empréstimo a realizar pela Match and Tobacco Timber Company a Portugal no *Financial News* no Verão de 1928. Notícias essas que exigiram desmentido público e confirmação de que o ministro das Finanças se havia recusado a receber os representantes da Tobacco Timber Company.

«- agradeço tanto mais vivamente a oportunidade que me é dada de falar sobre o meu país, quanto é certo que o artigo publicado na revista em Outubro de 1928 pelo Senhor Luis Araquistáin foi bastante injusto para Portugal e até em certas passagens incluiu factos menos verdadeiros.

Por inadiáveis e permanentes trabalhos não pude imediatamente escrever o que desejava dizer e da demora peço desculpa a V. Exa. Terá agora pronto o artigo e supondo que nisso poupava tempo e trabalho a V. Exa., fi-lo traduzir aqui para inglês, esperando que ainda esta semana seja enviado para New York. Creio não ter ultrapassado o espaço indicado na carta de V. Exa., embora, para me mostrar dentro dos limites marcados, fosse necessário resumir muitos factos de certa importância. Não respondi - directa ou indirectamente - e não encontrará no meu artigo referência ao artigo do Senhor Araquistáin: compreendo que além de desagradável a V. Exa. é contrária à tradição da sua revista, e será inútil para o país, ao qual mais que discussões estéreis sobre pontos doutrinais, interessa neste momento que todos saibam os factos da sua vida económica e financeira, as dificuldades que têm enfrentado e as soluções que tem adoptado para os seus problemas mais urgentes. Nesta orientação sacrifiquei inteiramente tudo o que de pessoal poderia pôr no artigo em questão, para juntar maior número de elementos que facilitem os seus leitores a fazer uma ideia exacta da situação portuguesa e da obra financeira realizada pelo actual regime transitório da ditadura.

Escusado será dizer que todos os números que podem ter verificação estatística são números oficiais, tirados dos documentos oficiais e, portanto, não sujeitos a qualquer contestação.

Espero ter compreendido bem o pensamento de V. Exa. e devo-lhe por isso o favor da publicação do artigo.

Com os meus agradecimentos antecipados, subscrevo-me com os mais cordiais cumprimentos e a expressão de elevada consideração.

Aproveito a ocasião para oferecer e enviar a V. Exa. exemplares dos relatórios publicados por mim sobre as finanças portuguesas do ano anterior e deste ano»[24].

Decorridos uns dias, Salazar remetia o artigo, «A reestruturação económica e financeira de Portugal», directamente em inglês, contrariamente às sugestões anteriormente recebidas do Citi, via Fonsecas, Santos & Vianna, e do próprio editor da *Foreign Affairs*, Armstrong. Certamente, não pretendeu

[24] Arquivo Salazar, Torre do Tombo, AOS/CO/PC - 1.º - 4.ª subdivisões, pp. 105–110.

deixar essa tarefa «em mãos alheias», ainda que, alegadamente, muito competentes para a tradução.

Não respondendo directamente ao artigo de Araquistáin, que havia opinado sobre vários factos da nossa história e à psicologia do nosso povo de forma especialmente apaixonada (*«Those who know the psychology of the Portuguese people will ask why they do not solve their economic problems by selling some of the their numerous and extensive colonies.»*[25]), Salazar não resiste a começar pela história de Portugal, explicando, ainda que sumariamente, em discurso e trajecto histórico, quase académico, o curso dos acontecimentos desde o século XV até ao ano de 1926. E, daí em diante, explicando, passo a passo e com detalhe estatístico, os acontecimentos e, em particular, a reconstrução económica e financeira que empreendeu após ter tomado posse do cargo de ministro das Finanças em Abril de 1928, sublinhando naturalmente com especial enfâse os equilíbrios financeiros e os *superavits* logo conseguidos nos orçamentos de 1928/29 e 1929/30. Aliás, adiantava que mesmo a gravíssima crise que, entretanto, havia eclodido no mês anterior em Nova Iorque, e que teve imediato impacto negativo nas taxas de juro das obrigações externas portuguesas, não fez soçobrar nem os esforços nem os resultados apresentados pelo Governo Português.

Aparentemente chegara o momento oportuno para a publicação, no *Foreign Affairs*, de um estudo do ministro das Finanças[26], que contribuiria para o esclarecimento sobre o mundo português, sobretudo da regeneração da política financeira. Aliás, já no dia 15 de Outubro, o National City Company havia informado o Fonsecas, Santos & Vianna das suas diligências nesse sentido:

> «No meu regresso a Londres, encontrei a vossa valiosa carta de 8 de Outubro, da qual tomei a devida nota.
>
> Ao mesmo tempo, encontrei uma carta do Sr. Hamilton Fish Armstrong, Chefe de redacção da revista trimestral americana "Foreign Affairs", na qual o Sr. Armstrong me informa de que escreveu ao Sr. Dr. Salazar, de acordo com a conversa que tínhamos tido há algum tempo, convidando Sua Excelência a contribuir com um artigo para o número de Janeiro da "Foreign Affairs" sobre a situação económica e financeira em Portugal.

[25] Luis Araquistáin, cit., p. 51.

[26] ANTÓNIO OLIVEIRA SALAZAR, «The Economical and Financial Reconstruction of Portugal». Arquivo cit.

Penso que Sua Excelência ficará satisfeito de responder a este convite, sendo a "Foreign Affairs" a mais conhecida revista americana no domínio dos assuntos internacionais e contando entre os seus colaboradores com alguns dos mais importantes homens de Estado europeus. Reparo, por exemplo, que o Sr. Poincaré colaborou com um artigo no último número, determinando de forma autorizada o ponto de vista francês sobre certas questões de interesse internacional»[27].

Volvido mais de um mês, o Fonsecas Santos & Vianna responde ao Citi, não suspeitando ainda do que se seguiria:

«Recebi pontualmente a vossa estimada carta de 15 de Outubro de 1929, cujo conteúdo li com interesse e comuniquei em tempo oportuno a Sua Excelência o Dr. Salazar.

Sua Excelência informou-me de que tinha, entretanto, recebido do Chefe de Redacção do "Foreign Affairs" o convite para colaborar com a referida revista através de um artigo sobre o tema referido na carta supra mencionada.

Não respondi mais cedo à sua carta por só agora Sua Excelência o Ministro me ter informado de ter já preparado e neste momento enviado à "Foreign Affairs", em tradução inglesa devidamente revista, o artigo em questão, para publicação»[28].

A este propósito, importa também pôr em relevo o artigo de Salazar publicado no jornal *As Novidades*, de 03/01/1928:

«Poincaré — faz uma ditadura financeira com as câmaras abertas, à volta dum equilíbrio orçamental em que não deixa tocar, obtido com algumas economias e com um esforço fiscal que denota coragem no público e firmeza no ministro»[29].

Quanto ao artigo de Salazar para o *Foreign Affairs*[30], Weeks havia aconselhado para a tradução alguém qualificado:

[27] Carta do National City Company ao Fonsecas, Santos & Vianna em 15 de Outubro de 1929. Veja-se o documento n.º 57. Arquivo cit.

[28] Cópia da carta do Fonsecas, Santos & Vianna ao National City Bank em 29 de Novembro de 1929.

[29] OLIVEIRA SALAZAR, *O Empréstimo Externo*, Novidades, 3 de Janeiro de 1928.

[30] Carta do National City Company ao Fonsecas, Santos & Vianna em 15 de Outubro de 1929. Arquivo cit.

«Vejo que o Chefe de redacção indicou urgência em receber o artigo em português ou em francês. Neste sentido, não me parece dispiciendo afirmar que, de acordo com a minha própria experiência, um artigo tratando questões técnicas pode sofrer seriamente se traduzido literalmente por alguém que pode não estar apto a compreender total e exactamente o pensamento do autor. Por esta razão, se o Sr. Dr. Salazar preferir preparar o artigo em português, enviando-o ao nosso representante, Sr. A. M. Travers, para tradução, eu ficaria muito satisfeito de encarregar um dos nossos peritos da revisão da tradução, para lhe conferir exactamente a fraseologia destinada a permitir ao leitor americano a compreensão dos pontos elaborados por Sua Excelência. Neste caso, ficaríamos certamente encantados por enviar a Sua Excelência a nossa tradução em inglês para ele poder revê-la antes de a enviar para a *Foreign Affairs*»[31].

Mas, como vimos, Salazar descartou essa possibilidade.

Todavia, as opções adoptadas por Salazar, que iniciava com um discurso histórico que remontava ao século XV e que evoluía lentamente até ao cerne do artigo — a reestruturação económica e financeira de 1928/29 — e uma «tradução caseira», não agradaram ao editor da *Foreign Affairs*, que não se coibiu de o referir de forma directa e algo abrupta ao ministro das Finanças, em carta datada de 27 de Novembro de 1929.

Apesar de dizer ter lido com gosto e proveito o texto que Salazar lhe havia remetido, Armstrong apresenta, então, algumas sugestões a respeito do mesmo, cuja revisão integral recomendava nos seguintes termos:

«Em primeiro lugar, se me é permitir dizer isto, parece-me que a sua tentativa de cobrir tantas matérias, provocará uma certa confusão nas pessoas que não estão profundamente familiarizadas com os assuntos Portugueses. Em vez de discutir assuntos históricos antes da guerra, penso que seria bom começar com a situação que os responsáveis políticos e financeiros portugueses enfrentaram no final da guerra. Dessa forma, o seu artigo ganharia a unidade que lhe falta. Presentemente parece-me que o texto <u>não valoriza adequadamente o seu trabalho.</u> Eu omitiria a maioria dos detalhes de matérias como a população, a área das diferentes colónias portuguesas, e especialmente a descrição de matérias técnicas como as taxas de câmbio antes da guerra, a circulação fiduciária antes da guerra, etc... Isto permitir-lhe-á dedicar mais espaço ao seu trabalho com a criação de um verdadeiro sistema orçamental e com a centralização no Ministério das Finanças de todas as propostas

[31] *Ibid.*

com impacto financeiro, na redução dos excedentes de funcionários, na criação de um serviço estatístico de informação financeira – todas elas matérias nas quais percebo que teve um envolvimento particularmente activo. Evitando demasiados detalhes estatísticos, talvez possa adicionar qualquer coisa sobre o fundamento da política económica e filosófica. Por outras palavras, dedicaria o artigo a uma explicação dos problemas que afligiam Portugal no pós-guerra, as dificuldades em defrontá-los, os problemas com que deparou quando assumiu o cargo, a forma como tem tratado deles e as razões para encarar o futuro optimistamente. Ao apresentar esse tipo de artigo ao público americano, estou certo de que prestaria um grande serviço ao seu país, e ao mesmo tempo entregar-nos-ia um artigo que nos daria muita alegria publicar nas nossas páginas.

Em conclusão, permito-me dizer que uma vez que não fala inglês pessoalmente, é provavelmente difícil para si rever a tradução que um dos seus assistentes lhe apresenta. Portanto, sugiro que prepare o artigo em francês e nos deixe traduzi-lo aqui em *New York*. Francamente, a versão inglesa do artigo que nos enviou não está capaz para publicação, mas se nos fizer chegar uma versão francesa, podemos facilmente proceder aqui a uma tradução competente.

Espero que me perdoe a franqueza destas sugestões e acredite que sou levado apenas pelo desejo de que as suas opiniões sejam apresentadas da forma mais eficiente e eloquente possíveis nas nossas páginas. Esperando que possa proceder aos ajustamentos que sugeri e que possamos receber de volta o seu manuscrito revisto, muito em breve, subscrevo-me com os melhores cumprimentos»[32].

Em face disso, especulará o leitor sobre o que terá acontecido. Como terá reagido Salazar? Interna e externamente? Franco Nogueira, na sua biografia de Salazar, afirma que o artigo — «A Reestruturação Económica e Financeira» — foi publicado, mas sem citar o número da revista em que teria sido dado à estampa. Compulsados os vários exemplares da *Foreign Affairs* de finais de 1929 e dos anos subsequentes (desde logo, 1930), verificamos que o artigo não viu a luz do dia.

Na Torre do Tombo, acabam por se encontrar duas versões inglesas do mesmo artigo (duas diferentes traduções sem data)[33], sem indicação da que terá sido remetida a Armstrong. Por seu turno, o texto em português aparece corrigido pelo próprio punho do Ministro[34].

[32] Arquivo Salazar, Torre do Tombo, AOS/CO/PC – 1 – 4.ª subdivisões, pp. 111 e 112.

[33] Ambas as traduções se encontram em anexo ao texto.

[34] Cfr. *fac simile* do original em anexo.

Não há referências de cartas ou notas de Salazar para o Fonsecas, Santos & Vianna ou para o Citi. Apenas as duas traduções.

E, decorrido o período de nojo sobre a recepção da citada missiva, Salazar agradecia, em 3 de Fevereiro de 1930, de forma cordata e sóbria, invocando que só agora lhe era possível responder. São suas palavras textuais:

> «– Agradeço a V. Exa. reconhecido as observações e indicações que fez o favor de fazer ao artigo que dedicara à *Foreign Affairs* sobre a reconstrução económica e financeira de Portugal e lamento não ter compreendido bem os pontos de vista de V. Exa. quando me pediu para escrever o artigo. Teria tentado adaptar-me a eles quando possível, para de algum modo satisfazer os desejos de V. Exa. e poder aproveitar o ensejo de prestar um serviço interessante ao meu país. Ignoro se o muito trabalho a meu cargo me permitirá agora remodelar o trabalho, segundo as orientações indicadas por V. Exa., ainda que com muitas dúvidas sobre se será possível, [*o que duvido fortemente* (expressão que só consta na tradução francesa da carta e que terá sido acrescentada na versão final da mesma aquando da tradução)], satisfazer o seu *desideratum* ...
>
> Seja como for, é meu dever agradecer a V. Exa. a boa vontade com que pôs ao meu dispor as páginas da sua revista e as indicações que me dá sobre a forma de com a maior eeficiência apresentar o assunto ao público americano, bem como o oferecimento de tomar o encargo da tradução para inglês»[35].

Esta corrida estava feita. O ministro, e não o professor, terminava assim este último «acto» (que fica para a história pelo «O artigo que o não foi») e a «peça» que decorreu junto da prestigiada revista *Foreign Affairs* e que havia sido desencadeada pelo artigo de Araquistáin em Outubro de 1928, poucos meses após Salazar ter tomado posse. O empréstimo externo não só não era já uma prioridade, como não era provável que pudesse vir a ser negociado e realizado a curto prazo. A opinião pública internacional que tão importante era em meados de 1928, quando Salazar assumira a pasta, estava agora ocupada com problemas bem maiores e o Governo Português, entretanto, já dera provas da sua capacidade de resolver o problema a curto e médio prazo.

O próprio artigo de Araquistáin estava praticamente «enterrado» ou soterrado na obra que Salazar e o Governo entretanto realizaram. De facto, o ministro das Finanças não se limitou a escrever em 1929 o estudo: «The Economical and Financial Reconstruction of Portugal» para o *Foreign Affairs*. Basta apenas

[35] Arquivo Salazar, Torre do Tombo, AOS/CO/CP – 1 – 4.ª subdivisões, pp. 165–171.

citar a legislação (grande parte da sua lavra) e outros escritos relativos à reorganização financeira do País. Assim, temos por ordem cronológica os seguintes:

1. O equilíbrio das contas e o seu saldo provável[36]
   (De uma entrevista ao jornal *As Novidades* de 01/01/1929)
2. Equilíbrio financeiro e fomento económico[37]
   (Da exposição ao *Diário de Notícias* de 02/02/1929)
3. A política de economias e os inimigos do equilíbrio e da unidade financeira[38]
   (Da exposição feita no Conselho de Ministros, resumo dos jornais de 05/03/1929)
4. A situação financeira (*ibid.*)[39]
5. A nova arrumação das despesas públicas e a criação da Intendência Geral do Orçamento[40]
   (Relatório do Decreto n.º 16:670 de 27/03/1929)
6. O novo sistema tributário[41]
   (Relatório do Decreto n.º 16:731 de 13/04/1929)
7. Reorganização do Contencioso das Contribuições e Impostos[42]
   (Relatório do Decreto n.º 16:733 de 13/04/1929)
8. Um ano de finanças[43]
   (Exposição do ministro das Finanças de 26/04/1929)
9. Algumas objecções ao novo regime tributário[44]
   (Entrevista ao jornal *As Novidades* de 01/05/1929)
10. Defesa do novo regime tributário[45]
    (Nota oficiosa do Ministério das Finanças de 06/05/1929)
11. Normalização do pagamento da dívida pública nas praças estrangeiras[46]
    (Relatório do Decreto n.º 16:817 de 07/05/1929)

[36] *A reorganização financeira – Dois anos no Ministério das Finanças, 1928–1930*, Coimbra Editora Lda., 1930, p. 377.

[37] Ob. cit., p. 392.

[38] Ob. cit., p. 21.

[39] Ob. cit., p. 404.

[40] Ob. cit., p. 76.

[41] Ob. cit., p. 100.

[42] Ob. cit., p. 139.

[43] Ob. cit., p. 415.

[44] Ob. cit., p. 145.

[45] Ob. cit., p. 164.

[46] Ob. cit., p. 433.

12. A lavoura e o crédito[47]
(Entrevista ao Século de 24/05/1929)
13. Crédito Agrícola — Facilidades na sua concessão[48]
(Relatório do Decreto n.º 16:890 de 27/05/1929)
14. Extinção da dívida flutuante externa[49]
(Nota oficiosa do Ministério das Finanças de 26/06/1929)
15. A consolidação do equilíbrio orçamental, o saneamento financeiro e as bases da reorganização económica[50]
(Relatório do orçamento para 1929–1930, Decreto n.º 17:047 de 29/06/1929)
16. Regulamento da Caixa Nacional de Crédito[51]
(Relatório do Decreto n.º 17:215 de 10/08/1929)
17. A gerência de 1928-29 — A análise das contas relativas a esse período[52]
(Exposição do Ministério das Finanças de 24/08/1929)
18. Ainda o crédito agrícola — Financiamento do Douro[53]
(Relatório do Decreto n.º 17:292 de 02/09/1929)
19. Crédito agrícola mútuo e crédito individual[54]
(Nota oficiosa do Ministério das Finanças de 20/09/1929)
20. Ainda a questão do crédito agrícola mútuo[55]
(Nota oficiosa do Ministério das Finanças de 22/09/1929)
21. As contas da gerência e as despesas de anos económicos anteriores[56]
(Nota oficiosa do Ministério das Finanças de 24/09/1929)
22. Os resultados da reforma tributária[57]
(Nota oficiosa do Ministério das Finanças de 12/10/1929)
23. Política de Verdade — Política de sacrifício — Política nacional[58]
(Discurso de agradecimento às Câmaras Municipais, em 21/10/1929)

[47] Ob. cit., p. 261.
[48] Ob. cit., p. 267.
[49] Ob. cit., p. 437.
[50] Ob. cit., p. 79.
[51] Ob. cit., p. 258.
[52] Ob. cit., p. 439.
[53] Ob. cit., p. 276.
[54] Ob. cit., p. 272.
[55] Ob. cit., p. 275.
[56] Ob. cit., p. 470.
[57] Ob. cit., p. 177.
[58] Ob. cit., p. 35.

24. Algumas objecções ao regime da Indústria seguradora[59]
(Nota oficiosa do Ministério das Finanças de 31/10/1929)
25. A indústria de seguros[60]
(Relatório do Decreto n.º 17:555 de 05/11/1929)
26. A questão das conservas e o regime pautal dos azeites e óleos[61]
(Relatório do Decreto n.º 17:735 de 10/12/1929)

O tempo também demonstraria que nenhuma das previsões de Araquistáin se viria a concretizar. E, em particular, aquela que mais consequências teve para a nossa história: «*[i]n any event, it is probable that the Portuguese dictatorship will not last long. [...] Dictatorships have been short-lived in Portugal and have usually had a tragic end*»[62].

Entretanto, as medidas legislativas, bem como a política económica e financeira adoptadas nesse primeiro período (1928–1929), associadas ao papel da Banca nacional (em particular o Fonsecas, Santos & Vianna), acabaram por permitir que o saneamento financeiro fosse possível realizar sem o recurso ao empréstimo externo, o qual, em meados de 1928, parecia absolutamente indispensável para evitar o colapso financeiro.

Dispensado o concurso da Sociedade das Nações, como intermediária, por brigar o seu eventual controlo com o sentimento nacional, coube a uma instituição bancária portuguesa o auxílio inquestionável e o incitamento indispensável ao saneamento financeiro do País, sem qualquer auxílio externo em dinheiro, simplesmente com a «prata da casa».

Salazar, em carta ao presidente do Fonsecas, Santos & Vianna, declarava, a respeito de Mário Luís de Souza: «[f]oi um dos constantes colaboradores da restauração financeira e eu não posso esquecer nem o seu trabalho nem a sua dedicação»[63].

E, se foi Mário Luís de Souza o grande colaborador do ministro das Finanças nas diligências para a alternativa ao empréstimo da Sociedade das Nações, foi Álvaro Pedro de Souza[64], presidente do Fonsecas, Santos

[59] Ob. cit., p. 337.
[60] Ob. cit., p. 331.
[61] Ob. cit., p. 202.
[62] Luis Araquistáin, cit., pág. 52.
[63] JOÃO DE SOUSA DA CÂMARA, *História do Banco Fonsecas & Burnay*, Braga, 1985, p. 99.
[64] Banco de Portugal, *Relatório do Conselho de Administração*, Gerência de 1960, Lisboa, 1961, p. 122: «Por Portaria do Ministério das Finanças, do 23 de Julho de 1960, foi aprovado, a seu pedido, de Vice-Governador, por parte do Estado, o Senhor Eng.º Álvaro Pedro de Souza, lugar para que

& Vianna, o vice-governador que o ministro das Finanças chamou e nele depositou a sua confiança para fazer do Banco de Portugal um dos primeiros bancos centrais do mundo[65]. Foi ele quem conseguiu, em plena guerra, graças às suas relações pessoais nos meios financeiros da Grã-Bretanha, lograr no acordo com o Banco de Inglaterra a garantia do valor-oiro para os saldos acumulados em libras pertencentes ao Banco de Portugal[66]. Um resultado excepcional e ímpar na história da Instituição, só possível pela determinação, diplomacia e talento do negociador[67].

fora nomeado por Decreto de 29 de Junho de 1931, tendo sido reconduzido sucessivamente por portarias de 30 de Junho de 1936, 30 de Junho de 1941, 28 de Junho de 1946, 28 de Junho de 1951 e 20 de Junho de 1956.

Foi de larga envergadura a participação do Senhor Álvaro Luís de Souza nos trabalhos do Banco de Portugal realizados nos últimos trinta anos. Nomeado seu Vice-Governador, em seguida à celebração do Contrato de 1931, entrava este seu novo dirigente para o Banco Emissor com a comprovada fama de um perito experimentado no estudo dos problemas financeiros e nas realizações da técnica bancária; para mais, havia proficientemente cooperado na estabilização de facto que precedeu a estabilização legal da nossa moeda. Pode afoitamente dizer-se que a sua estádia nesta casa foi a plena confirmação da expectativa criada por esses honrosos antecedentes; Se nas três últimas décadas se operou no Banco de Portugal a mais transcendente evolução da sua história, o Senhor Álvaro de Souza foi, sem dúvida, um dos seus categorizados obreiros: nesta conformidade tomou vulto, por exemplo, a sua oportuna intervenção nas sucessivas providências que houveram de ser tomadas em emergências difíceis nomeadamente durante a última grande guerra e nos incertos tempos que se lhe seguiram.

Espírito de feição especulativa, mas sem perder o sentido das realidades sabendo prever com justeza e actuar com ponderada decisão, dotado de uma forte noção do interesse público, sempre nele presente, – foram, na verdade, notáveis os serviços que nos prestou e cujos benefícios, pela própria posição do lugar onde essa actividade foi exercida, se tornaram extensivos à vida financeira e monetária do País.

Faz falta ao Banco – um tão prestante cooperador. E deixa-nos a recordação inestimável dos primores, do seu convívio onde a uma descrição notória sempre vimos aliar-se um aprumo e lealdade perfeitos?».

[65] Ocupava o Banco Central o sexto ou sétimo lugar no mundo, quanto a reservas, nas vésperas da recomendada implementação da velha Democracia.

[66] FERNANDO EMYGDIO DA SILVA, "O perfil de um homem", *Diário de Notícias*, 13 de Novembro de 1966.

[67] Quando 30 anos mais tarde deixou o Banco de Portugal, Salazar escreveu-lhe o seguinte: "[r]etirando-se da administração do Banco de Portugal, priva-me da última ligação que ainda mantinha com os problemas mais importantes do crédito e da moeda. [...] Resta-me agradecer-lhe a preciosa colaboração que me deu tanto no Banco de Portugal como no Fonsecas, Santos & Vianna e os serviços reais por intermédio deles prestados ao País». JOÃO DE SOUSA DA CÂMARA, *História do Banco Fonsecas & Burnay*, Braga, 1985, p. 100.

No plano financeiro, em apenas dois anos, a situação doméstica — tal como a internacional, por razões totalmente diversas — havia-se alterado radicalmente, mostrando ser possível prosseguir de uma outra forma. Assim, em finais de 1929, e já depois de ter equilibrado dois orçamentos consecutivos, Salazar concluía a sua avaliação dos meses precedentes, conjecturando:

> «Reúne o país todas as condições para vencer as dificuldades presentes e preparar um futuro próspero em cumprimento do seu destino histórico. Há que não desperdiçá-las, e seguir com tenacidade — que o triunfo é certo — o áspero caminho da reabilitação e da reconstrução económica»[68].

[68] Conclusão do artigo inédito "A reconstrução económica e financeira de Portugal", Nov. 1929, assinado por Salazar, como «Professor de Finanças na Universidade de Coimbra e Ministro das Finanças» — em anexo ao presente trabalho. Este artigo é também extremamente interessante, posto que, pondo em contexto histórico o seu pensamento sobre a reestruturação financeira em curso, justifica também, em discurso directo, a «extrema necessidade de uma ditadura apoiada no exército», as razões por que rejeitou o empréstimo da Sociedade das Nações e os resultados obtidos nos primeiros meses em que assumiu o cargo de ministro das Finanças e, em particular, nos primeiros dois orçamentos.

NOTA FINAL

Como se terão apercebido os leitores, pelos diversos e sucessivos avisos tanto do autor como do prefaciador, a obra agora trazida à luz estava adormecida havia várias décadas. Circunstâncias e vicissitudes várias, a que não eram alheios os tempos e a atmosfera que ainda se vivia nos anos oitenta, tinham votado à gaveta este trabalho e análise histórico-financeira.

Apesar de não ser historiador nem financeiro, o tema de que ouvi falar, quando dava os meus primeiros passos no estudo das reformas tributárias do século passado e nas quais se incluía a importante e significativa reforma de 1929, ganhava redobrado sabor pelo desejo de conhecer melhor a forma como tinha agido Salazar – o ministro e professor – para tentar obter fundos, conseguir de imediato equilibrar o orçamento e dominar as finanças.

O livro encerrava dezenas de documentos inéditos e deixava entrever mil pequenos episódios, nos bastidores da alta finança e da política nacional e internacional, que se viveram num ambiente relativamente fechado em Lisboa e nos dois grandes centros financeiros de Londres e Nova York. E, porém, jazia hibernado numa gaveta havia já três décadas... Até que o autor, meu Pai, porventura por ver tantos invernos passar, deu sinais de que chegara a hora de o resgatar desse desterro dando-o ao público; para que o mesmo possa ter oportunidade para conhecer e avaliar essas cartas e telegramas que esconderam, tantas vezes em cifra, os segredos do empréstimo externo que se negociou mas gorou. Tal como "o artigo que o não foi", em que Salazar faz o balanço dos seus primeiros dois anos como ministro das Finanças e que destinava à *Foreign Affairs*.

Tive a felicidade, como destinatário daquela mensagem, de auxiliar e pôr em movimento o circuito que a publicação do livro exigia. Acompanhei o autor em pesquisas finais à Torre do Tombo para rever detalhes e obter um ou outro precioso documento (incluindo o citado "artigo" ilustrando as revisões finais do professor e ministro) e servi como núncio na aproximação ao prefaciador, amigo e profundo conhecedor destas matérias por via académica e por experiência política, e a quem agradeço o enriquecedor contributo, pondo o tema em contexto macro e dando largas aos conhecimentos experienciados pela vida financeira nacional neste último século.

Finalmente coube-me apenas procurar a editora e assistir nessa parte final, para o que contei com a generosidade e profissionalismo de duas excelentes colaboradoras, Cláudia Baptista e Sandra Gonçalves, que em horas vagas e privando-se do merecido repouso, auxiliaram na revisão das provas.

Quiseram prefaciador e autor que deixasse qualquer explicação deste meu andar, pelo que não me pude furtar a iluminar os leitores da forma como se deu à luz este trabalho concebido nos anos oitenta do século passado.

Francisco S. C.
Estoril, 28 de Agosto de 2019

ANEXOS

Ministério presidido por Vicente de Freitas, em 1928; na fotografia constam, entre outros, o Primeiro-ministro, o Ministro das Finanças, o Ministro do Comércio e Comunicações e o Presidente da República (fotografia do Arquivo Municipal de Lisboa - PT/AMLSB/EFC/000414).

Primeira reunião da Sociedade das Nações, em Genebra, na Suíça, entre Gustav Stresemann (Ministro dos Negócios Estrangeiros alemão, Chanceler e Prémio Nobel da Paz em 1926), Sir Austen Chamberlain (Ministro dos Negócios Estrangeiros britânico e Prémio Nobel da Paz em 1925), Aristide Briand (Primeiro-ministro e Ministro dos Negócios Estrangeiros francês e Prémio Nobel da Paz em 1926) e Carl von Schubert (Secretário de Estado no Ministério dos Negócios Estrangeiros alemão e Embaixador em Itália).

John Baring (2.º Barão Revelstoke), Cecile Baring (3.º Lorde Revelstoke), Gaspar Farrer e Alfred Mildmay, membros da Administração do Baring Brothers.

Mário Luís de Souza, gerente da Casa Bancária Fonsecas, Santos & Vianna, e, mais tarde, Director-Geral do Banco Fonsecas, Santos & Vianna. O banqueiro que apoiou Salazar na negociação do empréstimo externo assim que aquele assumiu a pasta das Finanças.

Mário Luís de Souza, no Bussaco. Em carta dirigida ao seu irmão mais velho, Álvaro Pedro de Souza, Salazar declarava a respeito de Mário: «foi um dos constantes colaboradores da restauração financeira e eu não posso esquecer nem o seu trabalho nem a sua dedicação».

Mário Luís de Souza e a mulher, Maria do Carmo Ferreira do Amaral, em Abril de 1949, no Bussaco.

Luis Araquistáin, político e jornalista espanhol, autor do artigo "Dictatorship in Portugal", publicado no número de Outubro de 1928, da *Foreign Affairs*.

Mário de Figueiredo, Professor de Direito Internacional da Universidade de Coimbra, que deu parecer sobre a legitimidade e capacidade do Governo para contrair empréstimos externos. Foi enviado a Londres para defender essa tese (fotografia do Arquivo da Câmara Municipal de Lisboa – PT/AMLSB/EFC/000733).

Hamilton Fish Armstrong, Editor da *Foreign Affairs*. Armstrong convida Salazar a publicar um artigo na revista, recomenda-lhe alterações significativas ao texto submetido e sugere-lhe vivamente a possibilidade de ser a *Foreign Affairs* a fazer a tradução do artigo, da versão portuguesa ou mesmo de versão francesa.

Salazar discursando como Ministro das Finanças, em 1929, com o Ministro da Justiça, Luís Maria Lopes da Fonseca, à sua esquerda, e o Ministro da Guerra, Coronel Amílcar Pinto, à sua direita (fotografia do Arquivo Municipal de Lisboa – PT/AMLSB/EFC/000417).

Álvaro Pedro de Souza, irmão mais velho, foi presidente do Fonsecas, Santos & Vianna e vice-governador do Banco de Portugal. Por ocasião da sua saída desta última instituição, Salazar escreve-lhe: «resta-me agradecer-lhe a preciosa colaboração que me deu tanto no Banco de Portugal como no Fonsecas, Santos & Vianna e os serviços reais por intermédio deles prestados ao País».

Banquete com todo o pessoal no centenário do Banco Fonsecas, Santos & Vianna, em 1961. Da esquerda para a direita, Carvalho Netto, Maciel Alves, Fausto Figueiredo, Irene e Álvaro Pedro de Souza. Fausto Figueiredo é sobrinho, por afinidade, dos dois banqueiros Souzas, pois, o pai, Fausto Cardoso Figueiredo, era casado com Clotilde Ferreira do Amaral, irmã de Irene (mulher de Álvaro) e de Maria do Carmo (mulher de Mário). Nenhum dos banqueiros Souzas deixou descendentes e Fausto Figueiredo vem a ser presidente da instituição ainda antes da fusão com o Banco Burnay e que deu origem ao Banco Fonsecas & Burnay, do qual também foi presidente do conselho de administração.

ANEXO AO PREFÁCIO

EXTRACTOS DE *A DÍVIDA EXTERNA PORTUGUESA*[*]

* Este anexo detalha duas das operações de crédito externo introduzidas no prefácio: as rubricas 1.1 a 1.5 correspondem à secção I "O acesso de Portugal ao mercado internacional de capitais" do capítulo II "Empréstimos nas condições do mercado", pp. 178-201; 2.1 a 2.3. à subsecção II "Euro--emissão de Londres" da secção III "Obrigações em dólares", pp. 269-286. Além de renumerar sequencialmente as notas mantidas, suprimiram-se ambas *tombstones*, quadros, referências bibliográficas ou remissões julgadas irrelevantes para o presente propósito. Também se uniformizaram citações, retirando os títulos dos autores portugueses e as citações ao trabalho conexo intitulado "O Mercado das Euro-Emissões", *Revista Bancária*, Janeiro de 1970.

1. Dillon, Read e a primeira emissão

1.1. O problema do acesso ao mercado

O carácter "negocial" do empréstimo internacional explica e justifica que, para um Estado, interessado em obter fundos nas praças externas, encontre credores confiantes na sua solvabilidade, seja necessário ter dado mostras de um mínimo de estabilidade financeira num passado mais ou menos recente.

Daí a gravidade da situação dos países tipicamente subdesenvolvidos cujo único meio de obter capitais externos é solicitar a ajuda dos países mais ricos, com os compromissos de vária ordem que essa solicitação acarreta, ainda antes até de ser satisfeita.

Já no caso do empréstimo internacional fica intacta a soberania do Estado a quem foi reconhecido crédito, e as cláusulas do contrato, por mais severas que sejam para o devedor, estão no domínio da autonomia da vontade. O mesmo se diga em relação ao credor, e o caso não é tão pouco frequente que se não deva mencionar[1].

[1] O caso típico e o da desvalorização da moeda em que os títulos estão denominados. Assim o caso do franco francês (embora os títulos tenham subido, ao contrário dos alemães que caíram logo

Esbatem-se, na verdade, as diferenças entre as condições de acesso ao mercado de capitais do Estado e das empresas. Não só a solvabilidade destas últimas se não pode considerar inferior, como era critério tradicional de distinção entre crédito público e privado[2], mas ainda se nota que as obrigações, sobretudo convertíveis, das empresas conseguem colocar-se a rendimento inferior. Esta preferência do investidor internacional pelos títulos privados explica-se pela reputação mundial das empresas que conseguem aceder ao mercado, comparada com Estados de muito menor importância[3] e também pela atracção da obrigações convertíveis, vedada a estes, que permitem ao investidor ter capital nas mais prestigiadas empresas internacionais defendendo-se, assim, contra a inflação, certas desvalorizações, etc. Importa, comparar os rendimentos de obrigações «clássicas» e entidades públicas e de empresas para determinar as referências do investidor visto que na escolha entre estas e as obrigações convertíveis entram considerações de ordem diversa mas sempre com o predomínio do «nome» o mutuário.

O mercado internacional de capitais, portanto, está aberto aos Estados em situação intermédia de desenvolvimento e às suas autarquias locais e institucionais. Os Estados industrializados dispõem de recursos financeiros suficientes no mercado interno e limitam-se em certos casos a financiar externamente algumas das suas entidades públicas menores. Quanto aos países subdesenvolvidos não oferecem, por via e regra condições para garantir ao investidor o cumprimento pontual. Por outro lado as altas taxas que se têm desenvolvido no mercado tornam-no demasiado oneroso para o financiamento das infra-estruturas necessárias ao desenvolvimento. Daí que, apesar dos protestos dos países subdesenvolvidos, se não tenham verificado euro-emissões em que figurem como devedores[4].

depois da revalorização e até Março de 1970), e da libra (nos casos raríssimos em que não houve opção de câmbio). Outros se podem apontar como a alta dos juros a longo e mesmo a curto prazo, com a inerente perda de capital na realização do valor do título antes do vencimento.

[2] Analisa o «*noeud de la psychologie*» nesta matéria Laufenburger, *Théorie Économique et Psychologique des Finances Publiques*, I, 5ª edição, 1956, 297-300.

[3] Assim, pode lembrar-se, ao jeito de *Monopoly Capital* (por Paul Baran e Paul Sweezy, 1966 citado DEP, p. 53) que o activo da General Motors em fins de 1968 era de $14 biliões enquanto as reservas portuguesas, anormalmente elevadas para o tamanho e riqueza, atingiam §1,36 biliões. Mais impressivamente, as vendas dessa companhia foram nesse ano quatro vezes maiores do que o PNB aos preços de mercado português.

[4] Nesse sentido, ver Einzig, *Foreign Dollar Loans in Europe*, 1965, p. 140 e com mais insistência na 2ª edição, intitulada *The Euro-Bond Market*, 1969, p. 197 (citado p. 24 DEP). Sobre este ponto cfr., em

1.2. A situação de Portugal

O referido aspecto da solvabilidade das entidades públicas é fundamental na história da dívida externa do nosso país.

Sem remontar aos embaraços financeiros da época dos descobrimentos[5], desde o princípio do século XIX que Portugal se debatia em dificuldades dessa ordem, agravadas pela guerra peninsular, pelas lutas civis e pela política económica da Regeneração.

Além do exemplo de escola que é o repúdio do empréstimo D. Miguel[6] evocam-se as frequentes concordatas e moratórias com credores assustados que culminaram na convenção de 1902[7]. Só a abundante oferta de capitais privados, característica da banca internacional do século passado, bem como os interesses coloniais e a exploração das rivalidades inerentes explicam que, apesar de tudo, tivéssemos conseguido alguma coisa[8].

Depois da convenção de 1902, Portugal evitou ou não conseguiu fundos externos[9]. A Grande Guerra, porém, sangrou de tal modo o país que o governo republicano tentou obter um empréstimo Londres. Dirigiu-se para esse efeito aos antigos banqueiros da Coroa, Baring Brothers. Estes formaram com duas casas amigas, a N. M. Rothschild & Sons e a J. H. Schroder, um sindicato que estava disposto a conseguir esses fundos.

A Revolução de 1926 interrompeu as negociações e, posteriormente, Salazar considerou inviável o pagamento pontual e preferiu, consequentemente, não recorrer a praças externas. Este aspecto da filosofia financeira

especial o livro de Hang-Sheng Cheng, *International Bond Issues of the Less-Developed Countries*, 1969 que considera a situação susceptível de ser resolvida através de avales (*certification*) do Banco Mundial.

[5] Sobre a história da nossa dívida pública cfr. Emídio da Silva, *Ciência das Finanças*, Lições Calvet de Magalhães, 1938, p. 158; sobre a dívida do sec. XVI também Lúcio de Azevedo, *Elementos para a história económica de Portugal* (secs. XII a XVII), ed. ISCEF, 1967, pp. 111 e segs. Sobre a dívida externa desde os meados do século XVIII aos finais do século XIX, por último o notável apanhado de S. Sideri, *Trade and Power, Informal Colonialism in Anglo-Portuguese Relations*, Roterdão, 1970, p. 161.

[6] Cfr. Martinez, *Finanças*, III, lições 1967/68, p. 445; esse empréstimo de 40 milhões de francos foi oferecido a 70%, sendo o juro pago de uns 10% (contra 5% nominal), segundo Sideri, cit., 161 e Livermore, *A New History of Portugal*, 1966, p. 279.

[7] Cfr. o Relatório da conversão da dívida externa de 1902 apresentado ao Governo pela Junta de Crédito Público e a revista *Portugal-Brasil*, Rio, 1903: "A origem da Junta e a grande conversão de 1902" (crítica à conversão).

[8] Depois de 1885 os fundos eram vendidos a 50%, tendo os bancos ingleses pago 40% ao Estado! Sideri, cp. cit., 162 e Hammond, *Portugal and Africa 1815-1910*, 1966, pp. 31 e 205.

[9] Cfr. Afonso Costa, *Les Finances Portugaises*, 1913, p. 63.

de Salazar já foi várias vezes apontado e teve na verdade a maior repercussão, sobre o modo como, mais tarde, Portugal «regressou» a mercado externo.

Antes da década de sessenta, na verdade, o nosso país teve apenas uma aparência fugaz na conversão semi-forçada de 1939, que, por efeito da guerra e da «nacionalização»[10] dos títulos de 1902 teve reduzido impacto no mercado internacional. Esse mercado, aliás, estava profundamente destroçado pela crise dos anos trinta[11].

A partir do regresso dos principais países europeus à convertibilidade externa das suas moedas, em 1958, desenvolveram-se as emissões internacionais, com particular realce para as emitidas no mercado de capitais americano. Certos bancos europeus, contudo, lançam euro-emissões «*avant le mot*» a partir de 1957[12]. Assim, em Fevereiro de 1961, a Kredietbank S. A. Luxembourgeoise lança o primeiro empréstimo denominado em unidades de conta europeias[13], no valor de $5 milhões, por conta da Sacor. Idêntica operação é repetida, para o mesmo mutuário, em Março do ano seguinte[14]. As emissões fizeram-se sem aval (apesar de o Estado possuir 31,7% do capital daquela companhia) mas, mesmo assim, o seu sucesso[15] terá tido influência psicológica no restabelecimento do crédito público externo.

Sessenta anos depois do último acto importante praticado como devedor internacional, Portugal reaparece no mercado, nessa qualidade.

No dia 6 de Julho de 1962, com efeito, apareceu, no *Financial Times*, no *New York Times* e no *International Herald Tribune* (Paris), um anúncio (*tombstone*) que referia terem sido colocadas, por Dillon, Read & Co. Inc., junto de certos bancos americanos, promissórias «Republic of Portugal» no valor de $12 milhões.

[10] Sobre a nacionalização da dívida externa antiga, cfr. Salazar, *Discursos*, III, p. 225.

[11] Sobre este ponto, Cheng, cit., 20.

[12] A origem do mercado das euro-emissães é hoje convencionalnente referida à entrada em vigor da IET, em Julho de 1963. O empréstimo referido no texto é o da Petrofina, gerido pela Société Générale de Banque e pela Banque Lambert SCS.

[13] Cfr. F. Collin, "Une nouvelle méthode de financement international", *Revista da Faculdade de Direito de Lisboa*, XIX, 1965. p. 225.

[14] Eram obrigações com cupões de 5 3/4% oferecidas a 99% e de 16 a 17 anos de prazo de amortização.

[15] Tais títulos cotavam 95 em princípios de 1967 (*Bulletin Financier de la Kredietbank S. A. Luxembourgeoise* de 12 de Janeiro) e estão regularmente em 98 a 99 (assim no primeiro semestre de 1970), tendo conseguido manter-se acima do par até meados de 1969. Essas cotações, para empréstimos tão antigos, são excepcionalíssimas.

Embora os jornais portugueses tivessem calado o acontecimento, este teve repercussão financeira e política desejada: demonstrava que o antigo insolvente tinha capacidade para cumprir os seus compromissos numa altura de redobradas despesas militares[16], ou, pelo menos, que importantes firmas americanas acreditavam nessa capacidade. Um empréstimo bancário está menos sujeito às oscilações da opinião pública financeira mundial do que uma emissão pública. Portuga acedera ao mercado internacional pela porta pequena: era completamente inviável em 1962 tentar vender títulos do Estado português, por isso se procedeu em duas etapas.

A segunda etapa foi vencida dois anos depois, em 6 de Julho de 1964[17]. A página inteira no Financial Times dessa data aparecia a reprodução do prospecto "Republic of Portugal U. S. $20,000 5³/₄ % Bonds 1979/84", isto é da primeira emissão pública de euro-obrigações feita pelo nosso país. Nessa data já os títulos haviam sido colocados por seis bancos de seis países europeus, Suíça, Holanda, Suécia, Alemanha, Bélgica e França. O chefe de fila dessa operação era Baring Brothers, também desta vez secundado por N. M. Rothschild e Schroder Wagg.

Apesar das razões que levaram o governo a dirigir-se aos Baring Bros. para a primeira euro-emissão, sem consultar Dillon, Read, o papel deste como consultor do governo na década de sessenta é de molde a justificar que se lhe dedique esta secção preliminar.

1.3. Dillon, Read & Co. Inc.

O banco de investimento Dillon, Read & Co. Inc., com sede em Nova York colocou os quatro empréstimos bancários portugueses, chefiou o sindicato de duas das 4 emissões públicas de obrigações em dólares e co-chefiou outra, num total de $100 milhões (quase três milhões de contos). Incluindo os empréstimos bancários para a Companhia Mineira do Lobito, com aval do Estado, esse total ascende a $154,5 milhões.

As origens da casa remontam a 1830, data em que foi fundado em Nova York o banco de investimento William A. Read & Co.. Em 1920 entrou nessa

[16] Geralmente consideradas não reprodutivas ou "reais", embora isso seja discutível: cfr. Brochier--Tabatoni, Économie *Financière*, 1963 (cit. DEP p. 23), e entre nós, Martínez, *Esboço de uma teoria das despesas públicas*, CEF, 1967, p. 33 nota (1).

[17] Em 18 de Novembro de 1963 foi lançado um empréstimo de $13 milhões em unidades de conta para o Banco de Fomento Nacional, com aval do Estado.

firma um certo Dillon, que, seis ano mais tarde, a comprou e mudou a denominação para a actual. Seu filho, Douglas Dillon, ascendeu a presidente e deu o impulso decisivo ao banco. Com efeito, foi ilustre homem político da era Eisenhower, tendo sido em Embaixador em Roma e Secretário de Estado do Tesouro. Nesse último cargo, no qual se manteve durante a administração Kennedy, deu o seu nome à tese que consistia em favorecer emissões estrangeiras em Nova York por conta dos países europeus, enquanto os seus mercados internos não estivessem perfeitos. Essa tese, claro, é anterior à IET mas Henry Fowler, continuador de Dillon no Tesouro americano acrescentou-lhe o seu nome e, assim, tese ficou sendo conhecida por Dillon-Fowler[18]. Por fim, refira-se que Douglas Dillon fez parte da célebre Comissão Pearson, cujo relatório foi apresentado na reunião de 1969 do BIRD.

Na verdade, o destaque que Dillon, Read ocupa na City desde o fim da 2ª Guerra está em desproporção com o seu tamanho quase «artesanal» (apenas 25 «officers», isto é pessoal de direcção contra 200 e mais para a Merill Lynch por exemplo). A explição não está só no cuidado com que escolhe os seus clientes mas também na tremenda capacidade de «lobbying» que lhe valem as suas tradicionais relações com Washington. Assim o filho de Douglas, diplomado por Harvard, escreveu uma tese sobre as casas com maior influência política em Wall Street e concluiu, claro, que Dillon, Read vinha em 1º lugar, seguido dos seus consultores jurídicos Shearman Sterling e Cahill, Gordon Reindel & Ohl (estes últimos serviram nos empréstimos portugueses).

A vocação internacional da casa afirmou-se com nitidez pelo menos desde o fim da guerra. Nesses termos, criou em 1961 uma agência em Paris que cedo personalizou por razões sobretudo fiscais. Com efeito, só muito recentemente é que a Dillon, Read Overseas Corporation aparece, como tal, a tomar firme euro-emissões[19]. A sede, por outro lado, adaptou-se às novas exigências e deixou de exigir que o seu nome figurasse sempre no sindicato de chefia.

Como acontece geralmente nas operações internacionais, e mais ainda em relação a firmas prestigiosas e um tanto aristocráticas, a matéria publicada sobre as suas actividades é restrita quando não inexistente e sempre para uso interno.

[18] Sobre a acção de Dillon no Tesouro, Alberto Xavier, *Política Orçamental e Economia de Mercado*, 1970, pp. 75 e 134.

[19] Curioso notar a política, oposta, da Morgan, Stanley que aparece sempre através da sua "*holding*" Morgan & Cie International.

Nestes termos, a única fonte disponível da responsabilidade da própria Dillon, Read é um pequeno folheto impresso, datado de Outubro de 1966, quando da tentativa, falhada, de constituir um «banco asiático de desenvolvimento» para qual ela se dispunha a arranjar fundos. Esse folheto pode ser completado por outro, copiografado, aparecido em 1968.

Actividade

A actividade principal de Dillon, Read é gerir (*manage*) ofertas de títulos de crédito no sentido de fornecer capital a longo prazo aos emitentes através da venda dos títulos no mercado público e privado de capitais.

Dillon, Read especializou-se na assistência a emitentes no desenvolvimento e desígnio de planos financeiros para nova emissão de título e na gestão e direcção da tomada firme e subsequente distribuição dos títulos.

Operações financeiras internacionais

Dillon, Read manipulou mais de $500 milhões de títulos estrangeiros durante o período entre as duas guerras mundiais. Desde 1945 Dillon, Read manipulou financiamentos internacionais para emitentes estrangeiros ou com sede nos Estados Unido no montante de 1700 milhões de dólares.

Em relação ao quadro dos clientes internacionais da Dillon, Read cumpre referir que apenas em quatro operações ela deixou de ser chefe de fila, figurando assim a seguir a outra firma na lista do sindicato gestor: são elas a emissão da *Bankers International* (em que o chefe era Lehman Bros.), o *Japan Development Bank* (chefe de fila First Boston Corporation) a *Republic of Portugal* de 1967 (onde o chefe de fila era a Banque de Paris et des Pays Bas) e a ENEL, empréstimo de Março de 1970 em "ital-dólares" (em que o chefe de fila era a *Banca Commerciale Italiana*). Num total de mais de um bilião e meio de dólares esses 325 milhões representam a prova do cuidado com que Dillon, Read rodeia as suas emissões[20].

«Dillon, Read conseguiu financiamentos para mutuários na Austria, Alemanha, Itália, Japão, Noruega, Portugal, Africa do Sul e Venezuela». Governos propriamente ditos clientes da Dillon, Read são, além do nosso, e (salvo os casos especiais da Rodésia e Congo Belga, hoje independentes) a Africa do Sul, em relação à qual Dillon, Read já obteve quase $400 milhões. As relações começaram em 1955, tendo sido feitos dois empréstimos em

[20] A emissão Studebaker, em marcos, foi, como é regra, dirigida por um banco alemão, a Deutsche--Girozentrale.

1958. Pouco depois foi conseguido junto de certos bancos de Nova York um acordo de crédito renovável do tipo *"stand-by"* na importância de $40 milhões, embora a Africa do Sul nunca tenha utilizado tais fundos.

A Noruega não é considerada cliente, pois a operação, de montante reduzido, não se integrou num esquema de relações mais vasto[21].

Recentemente, dentro da ideia de financiar países da periferia europeia, concedeu-se um empréstimo bancário à Grécia.

Também se referem as operações em que Dillon, Read financiou entidades públicas americanas dentro do esquema geralmente adoptado nesse país para os grandes trabalhos públicos, em especial os auto-estradas, que consiste em, sempre que possível preferir às taxas (designadamente portagens[22]) impostos ou empréstimos públicos emitidos pelo Estado. Constitui-se assim uma empresa pública encarregada de administrar os fundos fornecidos por bancos de investimento como este. O volume destes financiamentos foi de mais de dois biliões de dólares a que crescem operações de consultor financeiro no valor de perto de três biliões.

Finalmente, no campo de financiamento de empresas Dillon Read manipulou desde 1945 mais de nove biliões de dólares com 22 operações acima de cem milhões, e doze acima de duzentos. As quatro mais importantes são Texas Eastern Transmission Corp., Reynolds Metals Company, C. I. T. Financial Corporation e Trans World Airlines, Inc.

Refira-se por fim que o Senhor Peter M. Flanigan, vice presidente da Dillon, Read e que se havia ocupado dos empréstimos portugueses, foi nomeado para a Casa Branca pelo Presidente Nixon.

1.4. Dillon, Read no panorama geral de Wall Street

É bastante difícil dar uma ideia dos lugares relativos dos 150 bancos de investimento de New York City, sobretudo quando se chega aos vinte mais conhecidos. É matéria em que as casas são muito ciosas da sua posição e como tal discordam dos critérios estatísticos que as colocam em lugar inferior àquele que pensam merecer. Na verdade, há muito de válido nessas dúvidas acerca dos critérios usuais de ganhos, número de emissões, etc. Não se pode pensar que pelo facto de certo banco estar relativamente afastado

[21] «Deal more than relationship» nas palavras de um funcionário da casa.

[22] Sobre este ponto, ver J F Due, *Government Finance*, 4ª Ed., 1968, cit., p. 357.

da cabeça em matéria de lucros por exemplo isso revela má gestão, ou menor peso em Wall Street. É certo que denota menos agressividade mas reconhece-se geralmente que as casas que procuram um lugar cimeiro é que têm uma política agressiva de tomadas firmes e de distribuição de dividendos (não estão relacionadas, é evidente). O que se disse acerca de Dillon, Read inculca que, na realidade, essa firma não procura um volume de negócios tanto quanto procura assegurar a qualidade do cliente e o consequente êxito da emissão.

Por isso é que funcionários responsáveis dessa firma referem o seguinte escalonamento: Um grupo destacado (*special bracket*) de tomadores que, a aceitarem uma emissão comum, vêm por ordem alfabética[23]:

Dillon, Read & Co. Inc.
The First Boston Corporation.
Kuhn, Loeb & Co.
Morgan, Stanley & Co.[24]

Um grupo de dez tomadores mais conhecido (majors):

White, Weld & Co.
Smith, Barney & Co. Inc.
Glore, Forgan, Wm R. Staats.
Merrill, Lynch, Pierce, enner & Smith, Inc.
Paine, Webber, Jackson & Curtis
Goldman, Sachs & Co.
Lehman Bros.
Loeb, Rhoades & Co.
Drexel, Harriman Ripley, Inc.

Esta classificação pode com utilidade comparar-se à que toma por critério a importância das emissões efectuadas no ano de 1968[25].

Das vinte firmas mais activas em matéria de tomadas firme, apenas duas (Halsey Stuart e Dean Witter, de escassíssimo relevo internacional) estão

[23] Por isso Dillon, Read se felicita em começar por D.

[24] Apesar das relações desta firma com o nosso país serem quase nulas, o seu firme grande prestígio interno e internacional justifica algumas indicações.

[25] O quadro, não reproduzido, tem como fonte *Investment Banker-Broker Almanac* 1969.

fora de New York City[26]. Também se refere a importância das emissões (que serve de critério de classificação), o número delas e o número, de entre essas emissões, negociado pela firma. Com efeito, é muito importante ver o tipo de participação em certo empréstimo. Embora juridicamente todos os tomadores estejam em pé de igualdade é abismal a diferença entre aquele que gere o empréstimo e aqueles que, por sugestão deste, vêm tomar parcelas, em regra não muito importantes, dos mesmos.

Também se refere a posição quanto aos lucros líquidos do exercício de 1968. Exercício difícil que pôs muitas casas em dificuldade pela alta dos preços, embora, neste ponto, o exercício de 1969 fosse muito pior[27].

Adiantou-se também alguma coisa sobre os tomadores dos nossos empréstimos já que a razão de ser desta exposição é saber em que situação estão estes.

Nota-se desde logo que a maior parte dos nomes coincide nestas duas listas embora as posições relativas estejam muito alteradas. Concentremo-nos no "*special bracket*": vê-se a First Boston Corp., tomadora de dois dos nossos empréstimos, em primeiro lugar quanto ao montante de emissões e quanto à importância negociada também (2,015 biliões) mas já se encontra em 23º lugar quanto a lucros ($33 milhões) tendo 3 milhões de «falhas de 30 dias ou mais», isto é incapacidade em completar as transacções. A Morgan Stanley, que nunca tomou qualquer dos nossos empréstimos por ser norma da casa nunca aparecer em segundo lugar, coloca-se em 5º quanto a montante de emissões, notando-se aí que o número de operações geridas (20) é quase igual ao total (27) e a diferença é apenas de 400 milhões de dólares (compara-se com Merrill, Lynch por exemplo que foi a que teve maior lucro em 1968 e vê-se 76 para 34 com uma diferença de quase dois biliões). Em matéria de lucros vem em 127º lugar com 7 milhões e meio e com 235 mil de falhas (Merrill, Lynch tem 254 milhões de lucros e 5 milhões de falhas).

Kuhn, Loeb com um montante muito semelhante ao de Dillon, Read denota também elevada percentagem entre emissões geridas e o total tomado (16 para 18 com uma diferença de 36 milhões) e coloca-se em 90º lugar quanto a lucros, com 10 milhões (e apenas 292 mil de falhas).

[26] Nem isso depois da anunciada fusão entre a Dean Witter e a Paine, Webber. A Halsey Stuart, tal como a Continental Bank, têm sede em Chicago.

[27] H. Budge, presidente a SEC, declarou em Junho de 1970 que mais de 35 casas haviam falido nos últimos dois anos. A situação tornou-se alarmante em 1970 e está-se a estudar a criação do Broker-Dealer Insurance Corp, correspondente a FDIC, para proteger o investidor.

Dillon, Read é o último dos quatro quanto a montante de emissões e lucros (nestes está em 138º lugar com 6,682 milhões) mas nota-se a diferença na gestão: o número de empréstimos geridos é igual ao número total, o que é raríssimo. Também as falhas são das mais reduzidas: 9,8 mil dólares. Além desta, só casas pequenas de muito menor renome mostram não ter falhas. A sua *ratio* entre o número e montante das emissões é a mais elevada dos vinte primeiros bancos.

Dillon, Read tem alguns tomadores no seu círculo de actividade embora recorra eles com certa variedade. Pode desde já dizer-se que tomaram, pelo menos uma vez, empréstimos portuguese de investimento 36 de entre os cem bancos de NYC que em 1968 se classificaram nos 150 primeiros quanto ao lucro (já vimos, porem, que não é critério decisivo). Dos vinte referidos acima podem apontar-se quinze como nossos tomadores, sendo certo que nem todos se interessam igualmente pelo estrangeiro (assim Salomon Bros. & Huzler, que, em 1969, fez as primeiras tentativas)[28].

1.5. As relações da Dillon, Read com Portugal

Num mercado tão requintado como o mercado internacional de capitais a fluidez não se põe nos mesmos termos do que nos mercados internos, sobretudo, tratando-se de potenciais compradores públicos.

Compreende-se que aquela firma que se constitui credora de estados soberanos tenha métodos de trabalho diferentes da entidade que só financia empresas privadas. Além disso são sempre de ponderar, por parte do Estado que decide recorrer ao capital externo, considerações de ordem política geral, mesmo no caso de capital negociado em termos de mercado.

Como é usual no mundo da banca entram aqui em conta aspectos de crédito pessoal, não só do Estado interessado como do seu representante para o efeito, em especial do Governo.

Daí que não seja de estranhar que no encetar negociações com esta ou aquela firma entrem considerações pessoais dos responsáveis pela direcção tanto do Estado potencial cliente como do banco financiador.

É esta a regra nas operações deste género embora, como é natural, não entre no âmbito deste trabalho a indagação, aliás difícil, das motivações

[28] Este banco mudou em fins de Julho para Salomon Brothers apenas.

concretas do Governo português ao escolher Dillon, Read bem como a descrição dos preliminares dos empréstimos tomados por esta. Pode, quando muito, dizer-se que normalmente são funcionários autorizados de firmas internacionais que tomam a iniciativa de propôr aos Governos operações em certas condições, quando estão interessados em que esses Governos figurem no número dos seus clientes.

Tudo leva a crer que assim tenha sucedido em relação a Dillon, Read, que Portugal tomou como seu consultor financeiro no ano de 1961.

Assim, antes de entabular negociações com os bancos americanos Dillon, Read efectuou, em conjunto com economistas portugueses um estudo sobre a economia portuguesa, com especial relevo para as condições de estabilidade financeira da mesma, chave da solvabilidade necessária para aceder ao mercado internacional em condições normais.

Esse estudo viria a ser revisto e actualizado antes de cada nova operação, estando patentes alguns dos seus aspectos nos "prospectos" das emissões internacionais de 1965, 1966 e mesmo de 1967.

Como se disse, em 1962, Dillon, Read reuniu representantes de doze dos bancos mais célebres e activos da City de Nova York discutindo com eles as condições do futuro empréstimo. Sabe-que três de entre eles abandonaram o negócio por não as considerarem satisfatórias. Não deve daí inferir-se que o empréstimo de 1962 fugiu às condições do mercado já que Dillon, Read cobrou uma comissão e por isso o juro pago pelo nosso país não corresponde (é maior) do que o juro recebido pelos bancos.

Uma vez aprovada essa primeira operação, estava assegurada a presença portuguesa no mercado internacional, e por isso se renovou sem dificuldade no ano seguinte o mesmo empréstimo, tendo-se dilatado os prazos de vencimento.

Também em 1966 e 1967 se contraíram empréstimos com esse consórcio, não tendo o Governo português desejado a renovação deles, quando em Dezembro de 1968, Dillon, Read lha ofereceu, a taxa inferior à "*prime rate*"[29].

Em 1965, Dillon, Read lançou na Bolsa de Nova York um empréstimo publicament emitido, seguindo assim os passos que se propusera n sentido de restabelecer o crédito português no mercado internacional.

[29] Essa taxa inacessível à grande maioria das companhias americanas, mesmo gigantes, é raríssima num empréstimo internacional. É certo que o nosso fora acordado antes da subida da "*prime rate*" para 6,75%. Mesmo assim era negócio, nem que fosse para aplicar a curto prazo (o euro-dólar a 3 meses rendia 7,06).

Em 1966 Dillon, Read chefiou o sindicato de bancos americanos e europeus que tomaram firme o empréstimo do Luxemburgo e no ano seguinte foi ainda co-chefe de fila, embora em posição minoritária.

A partir de 1967, porém, viu diminuído o seu destaque. O abrandamento da dívida externa em 1968 não lhe deu novas ocasiões de intervir, embora se saiba que participou num dos grupos interessados no projecto de Cabora-Bassa.

Continuam, aliás, a manter-se relações entre o Governo e certos funcionários desta casa (quanto mais não seja para actualização dos "*dossiers*" sobre o nosso país junto da Securities and Exchange Commission). O futuro das relações financeiras de Portugal com Dillon, Read – ou qualquer outro banco estrangeiro – depende, como é óbvio, de considerações em que o aspecto estritamente financeiro nem sempre é predominante. Daí que se não possa prever.

2. Baring Brothers e o sindicato da última euro-emissão

2.1. Londres e o mercado das euro-emissões

«O imposto para a perequação do juro, lançado em 1964 mas tornado retroactivo desde meados de 1963, era uma tentativa para estancar a crescente saída de dólares. Na realidade deixou o empréstimo estrangeiro a curto prazo por parte dos bancos americanos e de outras fontes. Atingiu duramente a compra de títulos estrangeiros a longo prazo, pois o imposto resulta num gravâme de mais ou menos 1%. Uma obrigação oferecida para render 5% vem a render apenas 4% depois do imposto, o que, para um americano pode não ser uma boa compra.

O lançamento do imposto desmantelou o negócio dos tomadores de Nova York. As suas actividades enquanto chefes de fila de emissões estrangeiras sofreram forte quebra e, de facto, arrastaram-se durante a maior parte do ano de 1964. A perda de Nova York mostrou ser o ganho de Londres, ao menos temporariamente. Firmas como Hambros Bank, N. M. Rotschild & Sons, e S. G. Warburg[30] entraram no jogo e lançaram toda uma série de novas emissões para *Autostrade* (uma empresa pública italiana de construção de autoestradas), a República da Austria, a cidade de Copenhaga e muitos

[30] Essas três firmas tomaram empréstimos portugueses, como se viu.

mutuários japoneses[31]. Embora negociadas em Londres, muitas delas eram denominadas em dólares. A compra proveio primariamente do Continente e parte substancial pela via da Suíça. O sucesso das emissões excitou os espíritos dos tomadores britânicos e estimulou o apetite dos seus competidores americanos. O que as emissões britânicas demonstraram foi, com efeito, que existia um mercado substancial para esses títulos internacionais, mesmo sem os compradores americanos»[32].

A resposta rápida dos banqueiros não é para admirar. A City de Londres foi durante mais de um século o centro financeiro do mundo e só as tremendas dificuldades que seguiram a II Guerra Mundial a destituíram em proveito dos Estados Unidos, abarrotar em ouro. Com as dificuldades americanas a importância de Londres, então isolado da Europa dos Seis, reapareceu, sendo o centro do mercado (monetário) das euro-divisas. Logo em 1962 se fala do negócio de «entreposto de capital»[33] que a City, com vantagem para todos, poderia vir a desempenhar de novo. Quando Nova York abandonou as suas pretensões a único centro financeiro internacional, esse projecto pôde tornar-se realidade sem afectar demasiadamente as periclitantes reservas britânicas graças à técnica das emissões em moeda diferente da corrente no local de emissão, a euro-emissão, que não agravava a balança de pagamentos e permitia um uso remunerado para as disponibilidades continentais em dólares.

[31] Nesse sentido *Capital Markets in Europe, A study of markets in Belgium, West Germany, The Netherlands and The United Kingdom*, 1966 estudo levado a cabo pelo Amsterdam-Rotterdam Bank, Deutsche Bank, Midland Bank e Société Général de Banque (todas firmas tomadoras dos nossas empréstimos salvo a Midland junto da qual o Tesouro mantém conta desde 1945) a pp. 83 que acrescenta: "In 1963 London houses and brokers, usually acting in cooperation with overseas banks, were involved in six foreign currency issues amounting in total to the equivalent of approximately $90 million. In 1964 there were 28 issues raising the equivalent of $350 million and 13 issues equivalent to over $250 million were made in 1965. Most of the issues have been for subscriptions in US dollars although some were in Deutschemarks and one issue, for the city of Copenhagen in October 1963, in Swiss francs».

[32] *Fortune*, Maio 1966, 145; *Relatório do BPI*, 1963-64, p. 55.

[33] Palavras de Lord Cromer, Governador do Banco de Inglaterra no jantar anual oferecido pelo Mayor aos banqueiros da City; citado em Paul Einzig, *Foreign Dollar Loans*, cit., 42; sobre o papel de Londres antes da guerra, id., 25 e segs.

2.2. Carácter paradoxal desta operação, tendo em conta as relações com Dillon, Read

O cuidadoso trabalho de preparação do mercado para a emissão pública que reporia definitivamente o nome de Portugal como devedor seguro, a que, desde 1962, e por incumbência do Governo português, a firma americana Dillon, Read se vinha dedicando, foi interrompido pela emissão, em Londres, de obrigações em dólares, levada a cabo por um sindicato em que se nota a ausência de qualquer firma americana, nomeadamente do nosso consultor financeiro.

O facto de a emissão, no conjunto, ter sido bem sucedida e de actualmente, no mercado secundário, estar regra geral mais cotada do que a prevista emissão de Dillon, Read, efectuada no ano seguinte em Nova York, não dispensa que se diga alguma coisa sobre o processo que levou a quebrar a lógica da nossa entrada no mercado.

Como já se referiu a escolha de tomador para a emissão de um empréstimo público entra dentro das atribuições do Governo da Nação que se vai constituir devedora, como tal, está dentro da competência soberana deste. As motivações, isto é, estão sempre envolvidas numa certa vaguidade e as explicações mais plausíveis, que são apresentadas na comunidade financeira internacional, nomeadamente pelos banqueiros do Estado em causa, constituem meras hipóteses, como tal sendo apresentadas.

Para se entender a plausibilidade da explicação sugerida é conveniente ter em conta a conjuntura britânica no ano de 1964, nomeadamente no que diz respeito às relações do Reino Unido com os restantes membros da EFTA, em particular Portugal.

Os primeiros meses foram marcados por um crescimento, que se considerou demasiado rápido, da actividade económica, iniciado aliás na recuperação da primavera de 1963. Dentro dos cânone da política de *stop-go*[34], tomaram-se medidas restritivas que se revelaram, como habitualmente, demasiadas e/ou desfasadas, porque, uma vez limitado o crescimento da

[34] Sobre a famigerada política stop-go veja-se, por último, Paul Einzig, *Foreign Exchange Crises*, 1967, 136 e segs.; Russel J. Clark, do National Westminster Bank, "Economic policy and growth in Britain", comunicação apresentada em 7 de Julho de 1969 no *Symposium sobre politica monetária* organizado pelo Banco Português do Atlântico; F. Collin, "Stop-go", no *Bulletin Hebdomadaire de la Kredietbank*, 20-6-69; "Is Stop go Inevitable?" no *National Westminster Bank Quarterly Review*, Novembro 1969.

produção industrial, se não tiveram em conta os consideráveis aumentos de salários entretanto concedidos[35], aumentos esses que alimentaram uma procura apenas satisfeita por um substancial acréscimo do valor das importações. Esse acréscimo tinha nefastas consequências para a balança de pagamentos e para as reservas britânicas, estas ainda mal compostas da drenagem de 1961, por isso tentou-se atrair capitais, sobretudo a curto prazo (*hot money*) subindo a taxa de desconto do Banco de Inglaterra de 4 para 5% em Fevereiro e de 5 para 7% em Novembro[36]. Por outro lado criou-se uma taxa de 15% sobre as importações, isto contra a letra do tratado da EFTA, cujos membros não foram isentos[37].

As consequências de um empréstimo em dólares seriam sempre relativamente restritas já que o comprador será basicamente o não-residente[38]. Também se pode alegar que, tendo em conta a incerteza em relação à origem dos fundos, a taxa de câmbio dólar-esterlino pode ser afectada por uma súbita procura de dólares, para, por hipótese, financiar uma emissão em dólares. O problema torna-se mais complexo por efeito da política do Banco central (*rectius* do Exchange Equalization Account)[39] de suportar oficialmente essa importante taxa no mercado a prazo, o que sobrevalorizando o esterlino nesse mercado, no caso cada vez menos frequente de se acreditar nessa manobra psicológica esquecendo a fraqueza presente (*spot*) da moeda britânica, torna vantajoso trocá-la (*swap*) por dólares, aumentando assim a procura de euro-dólares. Assim se passou, na realidade a crise de 1964 (*sterling scare*): motivada pela influência da procura especulativa continental de eurodólares (que fez subir as taxas destes, dada a sua conhecida maleabilidade) que, por defesa, fez subir a taxa do esterlino entre bancos centrais e, finalmente, a própria taxa de juro interna britânica, sem embargo da ineficácia, hoje geralmente reconhecida, da alta da taxa de desconto em condições de dificuldade[40].

[35] Imputando essa complacência ao partido trabalhista Einzig, *Foreign Exchange Crises*, cit., 139 e *Monetary Policy, Ends and Means*, 1967.

[36] Elementos colhidos no Rel. 64 do Banco de Portugal, pp. 45, 47 e 62.

[37] O que provocou protestos unânimes mas inúteis.

[38] «O mercado das obrigações internacionais expressas em certa moeda desempenha, claro, papel marginal em relação ao mercado nacional» diz, nesse sentido, o *Relatório do BPI*, 1968-69, p. 70.

[39] É esse o sistema inglês, como se sabe, sobre o mecanismo Sayers, *Modern Banking*, 7nd Ed., p. 144.

[40] A hipótese da influência dos eurodólares no "*sterling scare*" é devida a Paul Einzig, *The Euro--Dollar System*, 2nd Ed., cit., 101; sobre a eficácia da subida da taxa de desconto diz o mesmo no

Está-se a ver que, nestes termos, pouca ou nenhuma influencia teria, por si, uma emissão pública em dólares, desde que, claro, não fosse comprada por residentes.

Em Maio de 1963 o mercado de Londres foi aberto aos membros da EFTA em igualdade de condições com os países da Commonwealth[41]. Este gesto generoso mas insustentável iria durar dezoito meses, sem aliás ser aproveitado. O governo britânico foi tomando consciência da gravidade da situação da balança de pagamentos e por isso recusou os pedidos de acesso nos termos da autorização previamente concedida.

Portugal, porém, decidiu aproveitar-se da vantagem que a pertença à EFTA lhe concedia e recorrer à praça em que tradicionalmente negociava os seus empréstimos. Já escorado com o êxito de um empréstimo bancário renovado poderia tentar a emissão pública no próprio lugar onde antes fora notória a sua incapacidade financeira.

Daí que um representante do ministro das Finanças se tivesse dirigido à casa Baring, banqueiro tradicional da Coroa de quem o Tesouro era cliente desde 1945, para sondar as possibilidades de uma emissão em Londres. Naturalmente estava no espírito de ambos a modalidade então mais corrente, ao menos nos Estados Unidos, isto é o empréstimo em moeda do local de emissão. Essa possibilidade foi no entanto recusada pelo Governo britânico, por razões de balança de pagamentos. A ter havido a autorização, de qualquer modo, parece que a especulação contra o esterlino teria impedido a colocação dos títulos, tornando o proveito para Portugal nulo, ou onerosíssimos os termos do contrato de tomada firme, por natural prudência dos banqueiros do sindicato.

Foi então perguntado ao Governo se via inconveniente numa emissão em dólares. Quer por recear as consequências desse aparente insucesso (ou falta de autorização) como pretendem uns, quer por entender que era igual ou melhor dispor de dólares, caso o sindicato os arranjasse, como pretendem outros, a verdade é que o Governo aceitou.

Baring Brothers havia obtido a aprovação portuguesa para o sindicato com que habitualmente trabalha, N. M. Rothschild & Sons e J. Henry

Foreign Exchange Crises, 15 «*even measures adopted in defense of the exchange – such as an increase of the Bank rate, for instance – are interpreted as panic-measures or as the Government's last throw before submitting to the inevitable necessity to devalue*»; também referido ao caso inglês, Aubrey Jones no *Economic Journal* de Dezembro 1968. Exemplo recente é o da mal-fadada subida da taxa de redesconto do Banco de França em Novembro de 1968.

[41] Martin Barrett, no *Federal Reserve Bank of New York Monthly Review*, Agosto de 1968, p. 170.

Schroder Wagg & Co. Ltd.[42], e começou a escolher o grupo de venda dos títulos, tentando diversificar o mais possível as suas nacionalidades e escolher banco com alguma prática no negócio o que, na altura, era difícil. Arranjou assim 6 bancos: Crédit Lyonnais (solicitado pelo governo português), Nederlandsche Handel-Maatshappij (hoje Algemene Bank Nederland), Société Belge de Banque (hoje Société Générale de Banque), Stockholms Enskilda Bank – que ficaram fiéis às emissões portuguesas – e Crédit Suisse, cuja presença em 1964 pode considerar-se notável êxito para o sindicato de chefia, tendo em conta as restrições drásticas então impostas pelo banco central suíço relativamente à tomada firme de euro-emissões. Apesar de certa liberalização, ocorrida a partir de 1966, os bancos suíços – com especial realce para o Crédit Suisse (Bahamas) – só em 1969 conseguiram intervir activamente na tomada firme e chefia de euro-emissões, através de sucursais "*off-shore*"[43]. Isto não obsta a que seja através da Suíça que se escoam a maior parte dos títulos.

O que se disse na Subsecção I (DEP, pp. 241-268) acerca da importância desses bancos na finança internacional europeia mostra bem que a escolha foi hábil. A ausência de casas americanas não parece estar só em razões de concorrência, embora estas fossem então predominantes, mas também na desorientação que a IET causara em Wall Street.

Importa referir que só 15 dos $20 milhões foram colocados pelo sindicato, já que a Fundação Calouste Gulbenkian comprou privadamente $5 milhões ao preço de oferta, comprometendo-se a não os revender antes de decorridos seis meses, isto para não deprimir as cotações no momento imediatamente posterior à emissão.

No rigor dos princípios a dívida à Fundação não é externa. Não se pode, porém, entrar em conta com esse aspecto por duas razões. A primeira é que os títulos ao portador comprados pela Fundação podem ter sido vendidos, embora a experiência diga que isso não é provável ou habitual, ao menos nas instituições que aceitam títulos privadamente colocados. Pode

[42] Há quem pretenda que, não conseguindo escoar os títulos por si, Baring Bros teria feito apelo de emergência a N. M. Rothschild, bastante mais poderoso no mercado das euro-emissões, constituindo só então o sindicato. Nos termos da prática internacional isso é possível pois antes de tomar firme sonda-se o mercado; permanece no entanto duvidoso tendo em conta as antigas relações das duas casas.

[43] D. Williams, "Foreign Currency Issues in the European Securities Markets," *IMF Staff Papers*, Setembro 1966, p. 77, considera esta emissão como «*taken directly by the Swiss banks*».

até haver, para além do compromisso de não vender feito ao Baring Bros., um *"gentlemen's agreement"* com o Estado no sentido de manter os títulos até ao vencimento. A segunda é que a experiência diz que os capitais evadidos de Portugal se dirigem por vezes para os títulos portugueses e que, portanto, a dívida se encontra muito mais «nacionalizada» do que se poderia pensar.

2.3. O sindicato

A. O passado da casa Baring e as suas relações com Portugal

O aparente paradoxo na condução deste empréstimo, a invocação das tradicionais relações pelo Governo para explicar aos concorrentes esse mesmo paradoxo e a notável permanência das relações financeiras de quase duzentos anos entre Portugal e a casa Baring aconselham a que se faça preceder de uma notícia histórica o estudo da posição actual deste[44].

Johann Baring partiu em 1717 da sua cidade natal de Bremen, Alemanha, para a vila industrial inglesa de Exeter, tendo entrado como aprendiz numa manufactura de lã. Cedo ascendeu a sócio e se dedicou a importação e exportação, não só com a Alemanha mas também com a Holanda e Península Ibérica (importava de Portugal vinho e peixe seco). Seus filhos fundaram, ao lado da casa de Exeter, uma filial em Londres, John & Francis Baring & Co., em 1763. Note-se que, embora desde cedo os Baring se tivessem especializado em financiamento do comércio externo, comissões de importação e exportação e banco de investimento, continuaram muito tempo a usar a designação de "mercadores". Foi o segundo filho de Johann, Francis, quem deu à casa Baring de Londres o impulso decisivo. Em 1784 é nomeado consultor comercial do Governo de Sua Majestade, sendo amigo pessoal de William Pitt. Em 1793 é nomeado barão, mudando, em 1800, a denominação da sua empresa para Sir Francis Baring & Co.

Se as relações comerciais com o nosso país haviam começado pouco depois da chegada de Johann, as relações financeiras com a Coroa portuguesa, logicamente decorrentes da constância daquelas, foram iniciadas, por iniciativa portuguesa, em 1793. Nesse ano um dos Stephens Brothers negociantes em Lisboa, em deslocação a Londres, é encarregado

[44] Ralph W. Hidy, *The House of Baring in American Trade and Finance - English Merchant Bankers at Work 1763-1861*, Harvard University Press, 1949.

pela Coroa de aí negociar com Sir Francis um empréstimo no valor de £1 200 000 garantido por igual valor em brilhantes do Brasil, pela consignação da receita do imposto sobre o rapé e, no caso de estas garantias não serem válidas, pela promessa de "hipoteca" sobre Moçambique. Sir Francis, interessado no negócio, dirigiu-se ao seu amigo Pitt a pedir a necessária autorização, que lhe foi recusada por manifesta inconveniência para o país. O empréstimo só viria a ser efectuado em 1802, quando da acalmia internacional motivada pela paz de Amiens que os meios financeiros ingleses, parece, consideraram potencialmente estável. O empréstimo foi reduzido para £ 700 000[45].

Em Dezembro de 1803 o príncipe regente pediu às casas Baring e Hope & Co. de Amesterdam[46] que lhes concedessem novo empréstimo. Embora o governo inglês tivesse autorizado as condições eram desfavoráveis e o negócio não se realizou.

Em 1804 a firma tom o seu nome actual, Baring Brothers & Co. Ltd. e o seu crescimento desenvolve-se pelo século XIX, tendo sido nomeados agentes financeiros da Coroa em Londres em 1846, tendo em conta a ajuda concedida à causa liberal.

Em 1888 os Baring, entusiasmados pelas perspectivas que lhes ofereciam certos investimentos na América do Sul compraram uma emissão inteira de obrigações do governo argentino[47] apesar de certas dificuldades, que já se faziam sentir, no mercado monetário de Londres. A situação, ao invés, piorou e os Baring não só não puderam colocar os títulos como ainda se viram incapazes de solver os seus compromissos por falta de liquidez. Como é frequente[48], bancos amigos concederam adiantamentos para evitar a falên-

[45] Isto segundo Hidy, cit.; Jèze, *La Technique du Crédit Public*, cit., p. 396 refere um empréstimo britânico a Portugal em 21 de Abril de 1809 no montante de £ 600 000. Não deve ser o mesmo mas antes o empréstimo intergovernamental referido por Sideri, cit., p. 176 nota (85). O recibo do pagamento da 1ª prestação desse empréstimo foi cedido pelos Baring à Fundação Calouste Gulbenkian e encontrava-se exposto, entre outros documentos de interesse, na Canning House, 2, Belgrave Square em Londres.

[46] Desde o início Baring e Hope estavam ligadas convencionalmente. Em 1794, Pierre César Labouchère, amigo de Sir Francis, foi expulso de França por Talleyrand e, refugiado na Holanda, tornou-se sócio da Casa Hope. Viria depois a casar com a filha de Sir Francis, estreitando as relações entre as duas firmas. Sobre as relações de Hope com Portugal, cfr. DEP, p. 258.

[47] Nessa altura com efeito não assegurava a colocação dos títulos antes de os comprar e a tomada firme representava um risco bem maior.

[48] Lembre-se, por todos, o caso da Morgan em relação à Guaranty Trust, DEP, p. 214.

cia que a todos prejudica. Entre estas destacou-se a N. M. Rothschild, com que os Baring trabalhavam há muito. Em 24 de Novembro de 1890 a firma transformou-se numa sociedade anónima, por óbvias razões de segurança. A crise, que ficou a ser conhecida por "crise Baring" alastrou durante alguns anos na finança internacional[49]. Só em 1903, pelo que toca aos Baring em si, eles se apresentaram de novo no mercado em operações desse tipo.

A firma acompanhou o processo que, em Portugal, levou à convenção de 1902. Ficou a ser o agente pagador para os títulos resultantes dessa convenção e por isso a Junta do Crédito Público mantém lá conta desde essa altura, para facilitar o pagamento dos juros e amortizações.

A partir da implantação da República até 1925 não houve qualquer relação conhecida. Nessa altura, recorde-se, foi-lhe solicitado pelo governo português um empréstimo, que não foi por diante por discordância do Prof. Salazar, após a Revolução.

Logo a seguir à guerra, com a abertura de conta depósitos à ordem por parte do Tesouro português encetam-se novas relações.

Em momento mais recente o interesse recíproco entre Baring e o Governo tem aumentado, na sequência da discutida colocação privada Março de 68 de $10 milhões feita pelo mesmo sindicato para os Telefones de Lisboa e Porto. Também se podem referir os dois empréstimos com aval de Estado à Companhia Mineira do Lobito, num total de $12,5 milhões (a 6 3/4 % e 7 1/4 %). Assim a conta do Tesouro que tinha 249,6 mil contos em princípios de 1968, chega aos 1879 mil contos, ao mesmo tempo que se abre uma conta depósito a prazo que tem 86,7 mil contos no fim do ano. Em Novembro de 1969 essas contas atingem, respectivamente, os montantes de 1900 e 86 mil contos. Finalmente os Baring parecem ter clientes interessados em investir no nosso país.

B. A actividade de Baring Brothers no mercado das euro-emissões

A vocação internacional da casa Baring, evidenciada ao longo da sua história, afirmou-se também no euro-mercado. Isto apesar da circunstância, já referida, de, depois da guerra, Londres se ter visto impedida de servir, como servira, para financiar outros países. Os únicos empréstimos em libras emitidos desde então foram-no em condições muito especiais. Em 1946, na verdade, emitiram-se obrigações em esterlino para a Noruega, destinadas a substituir navios destruídos pela invasão, comprando-os ao Reino Unido.

[49] Sobre a repercussão da crise em Portugal, Sideri, cit., 164 e nota 110 que considera, seguindo Young, *Portugal Old and Young*, 1917, de 25% o custo dos empréstimos de £60 milhões que foram posteriormente contraídos.

Do mesmo modo foi feito um empréstimo de £ 2 milhões à Islândia, que pertencia à área do esterlino.

Em Agosto de 1963 o Governo japonês foi autorizado a emitir £ 5 milhões (a 25 anos, com cupão de 6% e preço de oferta 96%) para pagamento de dívidas anteriores (embora o montante emitido tivesse sido ligeiramente superior ao montante em dívida). Esta operação foi confiada à Westminster Bank, tendo como chefes de fila, entre outras, as três casas do nosso sindicato de garantia. Foi a única anterior portuguesa na qual Baring tenha participado em posição de chefia. Dentro das emissões feitas no mercado interno inglês, importa ainda referir duas, co-geridas por Baring: as obrigações a 5 1/2 % 1979/84 no montante de £ 3 milhões para o Banco Inter-americano de Desenvolvimento, anunciadas em Setembro de 1964 e a emissão de £ 16 milhões (com opção em florins) convertíveis a 5 3/4 % 1981/94 para a Philips Finance Ltd. lançada em Junho de 1969[50].

Baring, bem como N. M. Rothschild e Schroder Wagg, tomaram os nossos empréstimos de 1966 e 1967. Quanto ao de 1965 afirmam (e estranham) não ter sido convidados.

C. Os outros dois membros do sindicato, suas relações com Baring Bros.

Ao longo da história da casa Baring já afloraram alguns casos de colaboração mais intensa com outros bancos. Tendo em conta que este sindicato aparece três vezes na história da nossa dívida externa, importa dizer também alguma coisa acerca destas duas firmas.

a) N. M. Rothschild & Sons: A casa Rothschild de Londres remonta a 1798, ano em que Nathan Rothschild, fugido de França, chega com £ 20 000, embora a firma só tivesse sido fundada em 1804[51].

As suas relações com os Estados Unidos revelaram-se desde logo prometedoras e assim em 1835 um membro da família é nomeado consultor do Ministério das Finanças americano. Associados com Baring Bros., N. M. Rothschild participou no financiamento do canal do lago Érié, 1ª operação a que se dedicou a Bank of Commerce, antecessora da actual

[50] Constam do quadro 17, DEP p. 283, as nove euro-emissões geridas ou co-geridas pelos Baring Brothers, sendo que só foi chefe de fila nas emissões portuguesas e de Security and Prosperity Fund, quanto às outras os chefes de fila foram, para a Nova Zelândia, Kidder, Peabody; para Burmah Oil, Kuhn Loeb; para Watney Mann, Banque de Bruxelles; para Redland, Dresdner Bank.

[51] Cfr. Bertrand Gille, *Histoire de la Maison Rothschild, I* (até 1848), Droz, Genebra, 1965, p. 36.

J. P. Morgan & Co. Durante o século passado foi muito activo nas transacções em títulos americanos e foi o primeiro banco europeu no Brasil[52]. No fim do século lançou-se numa operação de $4 milhões em Notas do Tesouro para o México que, por transformação de governo, tiveram de ser convertidas nas obrigações 6% de 1887, com a ajuda da casa americana então muito activa, George (hoje Kidder,) Peabody.

Desde o início do euro-mercado este banco demonstrou notável dinamismo e assim, gerindo 10 emissões, classificou-se em 9º lugar em 1968, com $354 milhões e em 5º lugar no difícil ano de 1969 com $397,5 milhões e 13 emissões (segundo White, Weld). Transformou-se há pouco em sociedade anónima. As suas relações com a Banque Rothschild, de Paris, limitam-se a alguns membros da família serem administradores comuns. Internacionalmente diz-se que trabalha com a Morgan Cie International.

b) J. Henry Schroder Wagg & Co. Ltd.: A família Schröder, de origem alemã, também veio para Inglaterra nos finais do século XVIII fundando em 1804 a casa J. Henry Schroder & Co Ltd. que em 1959 adquiriu a maioria do capital de Herbert Wagg Holding Ltd. e em 1962 o resto, fundindo-se com ele. O capital da firma é de £ 3,880 milhões. É, com o grupo Hill Samuel, o gigante do mercado interno e, internacionalmente, trabalha com a First Boston. O banco é propriedade da holding Schroder Ltd. cujas acções estão cotadas na Bolsa de Londres e que possui também 100% do capital da J. H. Schroder Banking Corporation de Nova York, que fez parte do consórcio bancário de 1962. Recentemente alterou-se a organização e a *holding* tornou-se a Schroders Inc., embora as relações entre as firmas continuem as mesmas. A família Schröder continua com membros na Alemanha, mas o banco que esse ramo possui em Frankfurt não tem ligações financeiras com o ramo inglês.

[52] Conde Caesar Corti, *The Rise of the House of Rothschild 1770-1830*, NY, 1928 cit. Hidy, 488. Sobre Brasil, Hidy, 500; sobre relações com Rothschild, 79, 170, 183, 239, 276 (ajuda de 1890) e *maxime* p. 85.

ANEXO 1 AO TEXTO

ARTIGO "A RECONSTITUIÇÃO ECONÓMICA E FINANCEIRA DE PORTUGAL"*

* Versão em português de texto de artigo destinado a ser publicado na *Foreign Affairs*, com as correcções manuscritas do autor que, ao tempo (1929), assinava Dr. António de Oliveira Salazar, Professor de Finanças na Universidade de Coimbra e Ministro das Finanças. Texto que revela o "processo de criação" com modificações, eliminações e aditamentos, bem como opções e omissões deliberadas, e que merece, só por isso, ser estudado autonomamente.

Foreign Affairs Set.º 1928 113

~~A RECONSTITUIÇÃO DE PORTUGAL~~

A reconstituição económica e financeira de Portugal

~~Portugal tem um lugar entre os países da Europa que se esforçam pela sua reconstituição; havendo-se estabelecido para êsse fim o regime transitório da Ditadura.~~

Portugal exerceu nos séculos XV e XVI uma alta missão histórica no Atlântico, no Índico e no Pacífico, ~~alargando a sua influência e~~ soberania na África, na Ásia, na Oceania e na América, em proveito da Europa e da humanidade. ~~O seu en~~fraquecimento ~~veio depressa,~~ já pela desproporção entre as suas fôrças e o seu campo de actividade, já principalmente pelas conseqüências da sua sujeição ao domínio de Espanha desde 1580 a 1640, em virtude de uma crise dinástica. As guerras da independência no século XVII, as invasões Napoleónicas, a emancipação da sua grande colónia do Brazil, as lutas civis que em seguida encheram o período de 1820 a 1850 na implantação da monarquia liberal foram outras adversidades graves, ~~na sua~~ evolução. De 1850 por diante, ~~Portugal~~ reagiu ~~consideravelmente~~ contra os seus males orgânicos, por forma que na segunda década do século XX a sua posição era de suficiente equilíbrio e desenvolvimento. A conflagração europeia ~~veio depois determinar, transitòriamente,~~ grandes perturbações e ruínas. ~~em Portugal. Seria porém mais~~ mais fácil do que em outros pontos realizar ~~aqui a restauração e a prosperidade, quando fôssem por fim empregados os meios possíveis.~~

~~Duas situações, que em parte são~~ excepcionais no continente europeu, estabelecem garantias fundamentais do destino financeiro, económico e internacional dêste país. A primeira ~~é constituída~~

E.F. - 2 - 114

~~pelo facto de ter~~ Portugal o mesmo território que possuia na Europa ao terminar no século XIII a reconquista aos Árabes e Mouros, o que não sucedeu a nenhum outro Estado, salvo a Espanha desde o século XVI. A segunda é ~~representada pela circunstância de ter a sua~~ população em crescimento constante e seguro, embora mais lento do que ~~noutras nações~~ em certos períodos. ~~Estas~~ vantagens, garantidas pela geografia e pela história, ~~oferecem ainda a probabilidade extrema de continuarem nos tempos futuros como no passado.~~ Portugal parece estar fôra das contingências ~~graves~~ a que estão sujeitos na sua própria ~~ou nos~~ seus limites, em geral, os estados da Europa de além Pirineus.

O território de Portugal tem 2.171.525 quilómetros quadrados de superfície, concorrendo com 91.948 a Metrópole e com 2.079.577 as Colónias. Na primeira parcela entram 88.740 do continente europeu, 2.393 das ilhas dos Açores e 815 do arquipélago da Madeira. Na segunda figuram 3.928 de Cabo Verde, 36.125 da Guiné, 944 de S. Tomé e Príncipe e Ajudá, 1.255.775 de Angola, 760.000 de Moçambique, 3.806 da Índia, 10 de Macau e 18.989 de Timor. O quinhão peninsular de Portugal, ~~assegura-lhe pois sòmente um património de pequena potência. Mas o seu domínio em todo o mundo garante-lhe uma considerável situação~~ posição ~~geográfica~~, política, e económica no concêrto das Nações civilizadas. ~~e expansivas.~~

A população de Portugal na península Ibérica era de 2.931.930 almas em 1801 e de 5.621.977 em 1920. Na Metrópole, que abrange também os Açores e a Madeira, os censos sucessivos registaram ~~a de~~ 3.737.103 indivíduos em 1841, 3.844.119 em 1854, 3.923.410 em 1858, 4.035.330 em 1861, 4.188.410 em 1864, 4.550.699 em 1878, 5.049.729 em 1890,

- 3 -

115

5.960.056 em 1911 e 6.032.991 em 1920. Hoje deve orçar por 6.400.000. Calcula-se que nas Colónias haja 9.500.000 habitantes.

A densidade da população de Portugal na Europa é ~~ainda é~~ fraca: apenas ~~de~~ cêrca de 63 pessoas por quilómetro quadrado. Apezar disso, Portugal é um país de emigração ~~constante e progressiva~~ avultada. Esta, compreendida também a clandestina, orçava anualmente por 90.000 indivíduos antes da Guerra. Se hoje não passa de ~~40.000~~ 60 ou 70.000 é pela quási impossibilidade de entrar na América do Norte e pela dificuldade ~~cada vez maior da sua derivação segura para o Bra-~~ Brazil, ~~que eram os~~ pontos tradicionais de atracção para o emigrante português.

A anomalia dêste éxodo resulta principalmente de ser muito povoado o norte ~~de Portugal~~ do país e de se não poder desviar de aí uma boa parte das ~~famílias ex-cessivas~~ populações para os latifúndios ~~áridos e lumínosos~~ do sul, ~~sem se fazer,~~ antes de se operar, nêste uma transformação/no regime importante da propriedade e da exploração, ~~em concorrência com notáveis obras hidráulicas e hidro-eléctricas. Ain-da assim, em tôdas as hipóteses~~, é positivo que Portugal precisa de Colónias para estabelecimento livre e garantido de muitos milhares de ~~emigrantes~~ indivíduos, em continuação da sua história ultramarina. As que ~~ela tem~~ tem na África prestam-se em grande parte a isso, embora situadas nas zonas tropicais, uma vez que se façam as preparações indispensáveis ~~a essa~~.

~~Todo~~ O território ~~português da Europa~~ europeu de Portugal, fazendo-se as grandes reformas ~~trabalhos e melhoramentos~~ e obras de fomento necessárias, poderá produzir não só ~~todos~~ os cereais, legumes e gados para a subsistência de uma população superior ao dôbro da actual, mas também ~~abundantes~~ frutas de exportação, ~~laranjas, uvas, maçãs e muitas outras~~, sem prejuizo da ~~quantidade dos seus vinhos, azeites e cortiças. Ao mesmo tempo há toda a possibilidade~~ de ligar ~~actualmente com-~~

Há ao mesmo tempo possibilidade

- 4 -

116

~~todo êsse~~ ao desenvolvimento rural a expansão de indústrias adequadas ao país, ~~uma vez que~~ visto o valor hidro-electrico dos rios de Portugal exceder 500.000 Kw. por dez horas diárias, havendo ~~também~~ antracites e lenhites ~~copiosas~~ para as centrais térmicas suplementares. Finalmente as colónias africanas, ~~são susceptíveis de~~ grandes ~~produções~~ mineiras, florestais e agrícolas, ~~e~~ podem alimentar ~~já~~ ~~grandes~~ centros de civilização e de progresso e assegurar à mãe-pátria um comércio florescente em proveito da sua lavoira e das suas fábricas.

~~Portugal tem pois tudo o que é preciso para conseguir pelo esfôrço do seu Govêrno e dos seus habitantes uma posição muito mais avançada entre as nações da terra.~~

A nova actividade que Portugal veio ~~exercendo para êsse fim~~ desde meados do século XIX foi prejudicada por duas crises, uma desencadeada em 1891 e outra desde 1914. ~~Mas a reacção contra elas, vencendo os obstáculos e as dificuldades, deixa sempre abertos os horizontes do progresso.~~

A primeira destas crises foi provocada pelas que então se haviam declarado na Europa, ~~donde já não podiam vir~~ mais empréstimos para as novas obras públicas de Portugal, e muito especialmente pela que havia surgido no Brazil, donde ~~os~~ emigrantes portuguêses ~~já não poderiam durante algum tempo enviar capitais abundantes,~~ em virtude da desvalorização ~~monetária~~ daquêle país. As consequências foram importantes. Estabeleceu-se e vigorou desde então o curso forçado das notas do Banco de Portugal, ~~donde~~ o Tesouro teve de ir buscar dinheiro para uma parte das suas necessidades. ~~com a simples cessão de títulos da dívida pública.~~ Impuzeram-se grandes sacrifícios a todos os funcionários do Estado e/a todos os seus credores internos e externos,

- 5 -

vindo a fazer-se com êstes uma convenção amigável em 1902, pela qual o serviço ~~dos encargos diplomáticos~~ foi confiada à Junta do Crédito Público, ~~com~~ um regime de garantias que tem sido ~~cumprido inteiramente~~. Consolidou-se, em condições onerosas, a dívida flutuante externa, que era superior a £ 5.000.000 em 1891, hipotecando-se para isso os rendimentos fiscais dos tabacos e sendo a exploração industrial dêstes entregue a uma Companhia Portuguesa formada pelos grupos que intervieram na operação. No ano de 1891 saía de Portugal a maior parte do ouro existente, para satisfação dos compromissos do Estado e do comércio, ~~dado quási todo o pasto nos seguintes. A sua exportação visível foi de £ 15.300.000 desde 1891 a 1902, contra uma importação de £ 2200.000.~~

A reserva de ouro do Banco de Portugal ficava reduzida a £ 83.000. ~~A desvalorização da moeda~~ precipitava-se naturalmente, de maneira tal que a libra esterlina, valendo ao par 4$50 chegou a ter ~~em Portugal~~ a cotação de 8$50 em 1898, ~~quando~~ as dificuldades se agravaram de novo ~~no Brasil~~.

A depreciação da nota, a saída do ouro, os desequilíbrios cambiais, teriam sido mais assinalados ~~se os~~ males ~~de tôda a espécie~~ não fôssem contrabalançados ~~em grande parte~~ por ~~três classes de~~ factos, sem os quais Portugal teria sido surpreendido pela guerra em condições graves.

Um dêles foi a melhoria dos câmbios brazileiros, que teem sempre uma influência poderosa na vida económica de Portugal. O do Rio de Janeiro sobre Londres que em 1890 estava ao par (27 1/2 pence por mil réis) descera a 16 5/16 em 1891, a 12 1/16 em 1892, a 10 1/16 em 1897 e a 7 em 1898. Começou porém a subir desde 1900, ano em que chegou a atingir o máximo de 13 5/8. Andou mesmo por volta de 18 depois de 1905, facilitando-se as remessas de ouro para Portugal.

~~Mas~~ As circunstâncias melhoraram ainda por virtude do ~~próprio~~ esfôrço realizado na Metrópole e nas Colónias Portuguesas, sob um regime de proteccionismo acentuado da agricultura, da indústria, do comércio e da navegação. ~~Assim~~ De um lado, o aumento ~~considerável~~ da produção agrícola e fabril da Metrópole, apezar de feito à custa de grandes sacrifícios dos consumidores, ~~figurando então as tarifas alfandegárias de Portugal entre as mais elevadas~~, determinou a diminuição ou impediu o crescimento da importação dos produtos respectivos, embora ~~no~~ mesmo ~~tempo se tornasse~~ maior a entrada de maquinismos e matérias primas~~: a tal ponto que no fim quási tôda a população se vestia de tecidos portuguêses e a colheita de cereais chegava quási para todo o consumo~~. De outro lado a intensificação da actividade colonial, desde 1892, trazia a Lisboa, como entreposto, uma quantidade cada vez maior de produtos africanos, especialmente borracha, cacau e café, para serem ~~a seguir~~ reexportados para o norte da Europa, com aumento das disponibilidades de ouro para as necessidades externas do país. Essa reexportação, que era inferior a £ 1.000.000 em 1891, ia orçar por £ 3.000.000 em média, depois de 1910.

A concorrência de todos os factores favoráveis ~~e desfavoráveis~~ tinha conduzido ~~por último Portugal~~ a um ~~regime~~ resultado suficientemente vantajoso, que se caracterizava não só pelas melhorias da situação económica já expostas, mas ainda ~~por outros~~ factos que ~~passamos a~~ resumir.

A circulação fiduciária tinha-se elevado, é certo, de 8000 contos, ou £ 1.900.000 em 1890 a cêrca de 87.000 contos ou £ 16.400.000 nas vésperas da

- 7 -

guerra. ~~Mas~~ o Banco de Portugal aumentava, embora lentamente, a sua reserva de ouro, estando esta já em £ 1.777.000.

Os débitos do Tesouro ao Banco de Portugal, em uso da mesma circulação, haviam subido de 8.000 contos ou £ 1.770.000 em 1890 a cêrca de 72.000 contos ou £ 13.580.000., ~~no mesmo período.~~ o Estado achava-se no fim com uma receita normal de £ 13.511.000 e com a despesa ordinária e extraordinária de £ 12.923.000, ~~tendo assim~~ um superávit de £ 588.000.

O valor médio anual da libra esterlina chegara, ao máximo de 7$11 em 1898. Mas desde 1902 fôra sempre inferior a 6$00, vindo até 4$55 em 1906, voltando depois ~~a passar até~~ 5$20 em 1913, tendências para baixar até perto da paridade.

Assim, de ~~tôdas as maneiras de vê~~ que Portugal atravez de tôdas as dificuldades reagia contra as suas crises financeiras e económicas, pela abundância dos seus recursos naturais na Metrópole e nas Colónias e dos ~~frutos cambiais da sua emigração,~~ ~~tendo~~ em 1914 ~~posições seguras para~~ se consolidar e desenvolver.

Apezar de ser absolutamente alheio às origens da Guerra, Portugal foi arrastado ~~por~~ ela, por duas razões fundamentais; ~~que o obrigam a mandar corpos expedicionários a Angola e Moçambique e um também aos campos de batalha da Flandres. Foram elas~~ a necessidade de satisfazer ~~os~~ compromissos da sua antiga aliança com a Inglaterra e a de defender a integridade do seu património colonial.

Os efeitos directos e indirectos da Guerra

120

- 8 -

foram graves, modificando a situação financeira, económica e social que o país tinha em 1914 e determinando uma crise interna para debelar a qual principiou a reagir já há alguns anos e vai realizando agora esforços.

As despesas que Portugal fez na Metrópole, nas Colónias e na França, por causa da Guerra, podem calcular-se, pelos câmbios médios, em £ 70.000.000, compreendendo nesta soma £ 15.000.000, adiantadas pela Inglaterra, juros. Já isto era muito para uma nação nas condições de Portugal. Mas pior ainda, se é possível, foi a desorganização determinada na política, na economia, na administração pública, pela acção reflexa da mesma calamidade. Tinha fatalmente de ser grande num país que, a bem dizer, acabava de passar do regime monárquico para o regime republicano, por meio de uma revolução.

Infelizmente, para fazer face às despesas trazidas pela Guerra e pelas complicações consequentes, 86.559 contos em 1913 e subiram para 1.853.827 contos em 1926. Mas a primeira valia £ 16.400.000 e a de 1926 apenas £ 19.500.000, da desvalorização monetária.

recurso do Tesouro ao Banco para as suas despesas e operações. As cifras do 71.080 contos em 1913 e 1.601.328 contos em 1926. Mas a primeira valia £ 13.580.000 e a segunda apenas £ 16.900.000. ao Banco era e é quási gratuita.

A dívida flutuante interna, constituída pelos Bilhetes do Tesouro vendidos ao pú-

blico

- 9 -

121

blico e pela conta corrente do Estado com a Caixa Geral de Depósitos cresceu principalmente de 1919 por diante. Era então de 160.[illegible]1 contos e subiu a 1.550.000 em 1926. O seu valor era de £ 19.600.000 no primeiro ano e de £ 16.000.000 no segundo. – De 1924 até 1926 o Estado nunca mais recorreu ao Banco de Portugal para as suas despesas. Apenas se serviu das disponibilidades obtidas pelos Bilhetes do Tesouro e pela Caixa Geral de Depósitos e ~~pela~~ ainda da emissão de £ 4.000.000 de obrigações do empréstimo interno, ouro, de 6,5 % de 1923.

A dívida flutuante externa era quási totalmente constituída ~~em 1926~~ pelos débitos de Guerra ao Govêrno Britânico e pelos seus juros, que foram então consolidados, ~~em cêrca de £ 80.000.000.~~

A dívida total do Estado reduzida a milhares de libras esterlinas, pelos câmbios médios, era a seguinte antes da Guerra e no fim de 1926:

	Capital	Encargos anuais
1914	127.196	4.253
1926	88.780	2.795

~~Depois de tantas emissões e operações financeiras, através de uma tam grande crise histórica,~~ a dívida pública total ~~era de menos~~ baixou £ 38.416.000 e o seu encargo anual era de menos £ 1.458.000 do que antes da Guerra. Duas causas explicam est~~a singularidade~~. Primeiramente ~~foi~~ a desvalorização monetária que sacrificou os credores internos do Estado, ~~em segundo lugar~~ depois a amortização do ~~amortização do~~ antigo empréstimo dos tabacos, para cujo serviço o Tesouro dispendia £ 619.000.

~~Note-se que a própria dívida externa, computada sempre em ouro, era de £ 37.231.000, com o encargo anual de £ 1.697.000 em 1914 e apenas subira a £ 50.000.000 compreendida a de Guerra em 1926, exigindo o seu serviço fiscal cêrca de £ 1.400.000.~~

~~O pior de tudo era a situação do orçamento.~~

- 10 -

Ao mesmo tempo que as despesas públicas iam crescendo um largo progresso, as receitas dos monopólios e impostos do Estado apenas tiveram desenvolvimentos frouxos até 1922. Só desde o fim dêsse ano principiou a reacção para consegui-las em muito maior escala. Actualizaram-se para isso as taxas, as tarifas e também alguns dos impostos mais importantes ... ao passo que a despesa total do Estado, compreendida a de serviços autónomos (Porto de Lisboa, Correios e Telégrafos, Serviços Florestais)

L.R.M. - 11 - 123

era de £ 19:600.000, no ano económico de 1926-27, ou mais 51% do que a de 1913-14, a receita era ainda só de £ 16:600.000, ou apenas mais 22%. O deficit ~~era~~ portanto ~~de~~ £ 3:000.000, ~~acrescido~~ a circunstância agravante de ~~que~~ não ~~ser êle~~ determinado por despesas de reconstituição nacional: ~~Esta~~ continuava totalmente por fazer.

Uma das mais importantes consequências da guerra ~~fôra~~ o exodo impetuoso do ouro português para o estrangeiro, pela falta de confiança, ~~pelo pânico~~ e pela especulação que houve desde 1916 e principalmente desde 1919 a 1923, ~~sofrendo muito com isso a economia do país.~~ Calcula-se em cêrca de £ 50:000.000 as disponibilidades ~~dos portugueses que foram colocadas fóra de Portugal. Uma pequena~~ parte do ouro saído ~~foi repatriada,~~ desde que os especuladores viram, a ~~contar~~ do verão de 1924, a valorização precipitada da moeda corrente. Mas a ~~quasi totalidade apenas irá~~ regressar ~~sucessivamente~~ pelo tempo adiante. A repatriação ~~far-se-há es~~pecialmente pela compra de títulos da dívida externa portuguesa, quer actual, quer futura. Convém notar que já hoje cêrca de dois terços das obrigações da dívida ~~exterior de Portugal~~ estão nas mãos ~~de~~ portugueses, ~~o~~ mesmo ~~irá~~ acontecer ~~sucessivamente~~ com as de empréstimos que Portugal venha a contrair no estrangeiro, ~~previsão que pode ser feita com segurança pelos grupos financeiros que os venham a emitir.~~

~~Os câmbios de Portugal.~~ Enquanto ~~foi mantido~~ o regime geral de assistência entre os Aliados para a sustentação das suas divisas, ~~sofreram depressões consideráveis, mas não gravíssimas. Depois, a contar de 1919 houve neles~~ uma verdadeira derrocada, ~~que se filia na desorganização fiduciária, financeira e económica.~~ O valor médio anual da li-

- 12 -

bra esterlina foi sucessivamente o seguinte em cada um dos anos de 1913 a 1926: 5$23, 5$56, 6$75, 7$03, 7$73, 7$90, 8$20, 18$33, 39$40, 65$10, 109$71, 133$95, 97$38 e 94$77. A mais baixa cotação do escudo foi na primeira metade de 1924, tendo a libra chegado a 157$00 em Julho dêsse ano. O Govêrno interveio então mais eficazmente no mercado do ouro, pela maior vigilância da Inspecção do Comércio Bancário, pelo contrôle rigoroso de todas as operações de compra e venda de divisas estrangeiras e pela realização de uma grande parte delas por sua conta, ao mesmo tempo que passou, como disse já, a não buscar nas emissões de notas mais recursos para as despesas públicas. Êstes meios, a entrada de mais receitas por efeito da reforma tributária de 1922, o aumento das exportações, a vinda de mais remessas dos portugueses do Brazil e a afluência de uma parte das reservas externas de grande volume de depreciação, determinaram o levantamento ràpido e progressivo do escudo e por fim a sua estabilização. Uma das bases do sistema foi a instituição do fundo de manejo dos câmbios. É constituído pràticamente não só por letras e saques da exportação comercial que o Banco de Portugal recebe, de conta do Tesouro, mediante a entrega de notas emitidas para êsse fim e cujo montante em circulação aumenta ou diminue segundo o movimento das compras e vendas realizadas, mas também pelas disponibilidades que o Estado tem sempre à sua ordem no estrangeiro para quaisquer necessidades correntes. Foram alguns deles grandes as perturbações causadas pela guerra no comércio externo de Portugal. Mas se olharmos para os valores, reduzidos a libras pelos câmbios médios, o resultado no conjunto não pode dizer-se muito grave para a economia nacional. A importação fôra de £ 17:000.000 e a exportação de £ 6:800.000, em 1913, segundo as

- 13 -

estatísticas alfandegárias. Embora sofressem diminuição em 1914 e 1915, tenderam a subir depois, acabando por acusar aumentos de cêrca de 50 e de 30 por cento, respectivamente, maiores na importação do que na exportação, devido à necessidade de entrarem mais materiais para as indústrias e mais [illegible] pela diminuição transitória da cultura cerealífera e aumento do consumo.

Aos valores da importação devem, todavia, acrescentar-se os da reexportação colonial da Metrópole para o estrangeiro, os rendimentos dos portugueses fòra do país, as remessas cambiais dos emigrantes e os capitais deixados em Portugal pelos viajantes e touristes estrangeiros, não emitiu nenhum novo empréstimo externo e todavia fez todos os seus pagamentos no estrangeiro.

A produção de cereais baixou sob a influência da guerra. Mas a reacção fez-se desde 1920, alargando-se outra vez as sementeiras e as colheitas de trigo, centeio, cevada e milho.

Durante a guerra e sobretudo depois dela, cresceu apreciàvelmente a produção de certas indústrias, especialmente a da pesca, das conservas de peixe, de tecidos, de cerâmica e de cimento, diminuição de actividade desde 1925, por causa da valorização do escudo e da crise económica transitória de Angola, mercado de vários produtos da Metrópole.

- 14 -

126

~~Todos~~ Os títulos públicos e particulares expressos em moeda corrente sofreram, ~~naturalmente~~ [como é natural,] depressões enormes ~~pela~~ [com a] desvalorização do escudo, ~~quàsi apenas escapando a leso os da Companhia das Lezírias do Tejo e Sado. Na sua quàsi totalidade enfraqueceu-se em alto grau~~ o capital real das Companhias e Sociedades, ~~ainda~~ [mesmo] quando ~~elas~~ [estas] fizeram todos os esforços por fortalecer as suas reservas. ~~A situação ainda foi para elas, como noutros países, quando veio a~~ revalorização repentina ~~e rápida~~ do escudo. ~~Esta~~ nova crise, que principiou ~~em 1924 e~~ tinha de prolongar-se por algum tempo, ~~determinou~~ a ruína, paralização ou liquidação de ~~muitas das~~ [bastantes] empresas.

Os mesmos efeitos da desvalorização e da revalorização da moeda ~~moveram-se~~ [se fizeram sentir] nos bancos e casas bancárias em geral, ~~Algumas dessas entidades foram obrigadas, especialmente desde 1923, a suspender as suas operações e a entrar em liquidação. Ainda assim o número delas não é inferior ao das que existiam em 1914.~~ ~~Mas apesar de ser~~ [Sendo] muito maior o capital nominal ~~de tais~~ [desses] estabelecimentos no seu conjunto, a soma dêle e dos fundos de reserva, computada em ouro, ~~apenas~~ [mal] se aproximava ~~finalmente~~ de metade da que era. ~~antes da guerra.~~ Como porém cresceram os depósitos e contas correntes, ~~em alto grau,~~ os recursos gerais do crédito, ~~são pelo menos iguais de 1914, quando só~~ considera[-se] a economia nacional em globo, [devem andar pelos de 914, inferiores portanto às necessidades de hoje.]

O custo da vida em moeda corrente na sua ascensão, veio até 30 vezes o de 1914 em 1924. Pouco baixou depois com a revalorização do escudo. Esta porém teve outro grande efeito economico-social: a tendência para o equilíbrio das classes. As próprias greves desapareceram.

As colónias ~~africanas de Portugal~~ [portuguesas de África] são as que

- 15 -

teem relações ~~estreitas~~ com a Metrópole. Como consequência da guerra, ~~estiveram sob a influência de importantes~~ crises financeiras, que absorveram, por adiantamentos, uma parte considerável dos recursos que o Tesouro nacional ia obtendo pela dívida flutuante interna. Mas o comércio, embora, se tivesse ressentido de todas as perturbações e circunstâncias anormais, foi sendo cada vez maior com a Mãe-Pátria, durante o conflito europeu. O seu valor em ouro tornou-se superior ao de 1913.

A obra geral de reconstrução, cujos alicerces deviam ser constituídos pela reorganização financeira, estavam totalmente por ~~fazer~~ em 1926, ~~e a opinião pública em todo o Portugal reconhecia que ela~~ era impossivel com os Govêrnos ligados ao funcionamento anormal das instituições parlamentares. ~~Reclamava que fôsse realizado por uma Ditadura apoiada no Exército. Êste impôz em 28 de Maio daquêle ano, para aquêle fim, êsse regime, que ainda continua e que não representa mais do que uma transição~~ necessária para uma nova ordem constitucional. ~~Foi~~ a Ditadura foi aceita pelos Tribunais do país, pelas potências, pela Sociêdade das Nações e pela banca internacional, ~~como~~ poder legislativo, ~~de Portugal, que por vontade da Nação Portuguesa, obriga tão completamente como as antigas votações das duas Câmaras com a sanção do Presidente da República.~~ A eleição do actual Presidente ~~fez-se para êsse fim~~ por eleição directa dos cidadãos.

~~Depois de~~ consolidada a dívida de guerra entre a Ditadura e o Govêrno Inglês, assumi a gerência da pasta das Finanças em Abril de 1928. ~~Duas~~ depois era publicado o decreto de 14 de Maio com as linhas fundamentais da reforma orçamental. Feita com a rapidez possível a revisão das receitas

- 16 - 128

e despesas públicas, aparecia em seguida o orçamento de 1928-1929. receita global de 1:919.388 contos (£ 19:194.000) e uma despesa total de 1:917.812 contos (£ 1:917.800) ou um superavit de 1.576 contos (£ 16.000). Mas uma rigorosa e vigilante administração, que foi aceita heroicamente pelo país, conduziu a resultados muito mais importantes. O superavit da gerência de 1928-1929, conforme as contas já publicadas, foi de 285.000 contos (£ 2:850.000). De outro lado o orçamento de 1929-30 datado de 29 de Junho último, previu 2:033.433 contos de receitas, 2:024.855 contos de despesas e portanto 8.578 contos ou £ 85.780 de superavit, superavit que será decerto muito maior, pela segurança dos cálculos, embora não possa ir tão longe como o de 1928-1929.

Ao mesmo tempo a dívida flutuante externa (£ 1:500.000) e constituiu-se um depósito, nos banqueiros de Londres, afôra os créditos No Banco de Portugal, tem o Tesouro à sua ordem depósitos à volta de 200 mil contos ou £ 2:000.000. O fundo de de cêrca de £ 2:000.000. As praças teem, apesar disso, sido abastecidas com todo o ouro indispensável para os seus pagamentos externos. O valor da libra, que pela cotação de Londres, chegou a 126$00 em Março de 1928, firmou-se em cêrca de 108$00. As obrigações externas portuguesas de 3 %, I série, subiram de 38% para 44%, recuando pouco, de novo, com os efeitos da crise Anglo-Americana. A taxa de juro dos bilhetes do Tesouro internos, que era de 10 e 11 por cento em 1926, veio para 6 por cento, em que se encontra hoje -

A dívida flutuante interna tinha crescido

- 17 -

sempre, aproximando-se de 2:000.000 de contos ou £ 20:000.000. Está agora em cêrca de 1:400.000 contos ou £ 14:000.000. Uma parte da diferença foi paga a dinheiro, ~~a outra de £ 3:000.000~~ foi consolidada, pela entrega de títulos internos de 6,5 % ouro à Caixa Geral de Depósitos. O Ministério das Finanças, desde Julho último ficou legalmente impedido de levantar em cada exercício mais de 100.000 contos ou £ 1:000:000, por qualquer processo, para ~~despesas~~ da tesouraria; êsses mesmos levantamentos sòmente podem ~~agora~~ ser feitos em representação de receitas que se tenham de cobrar no mesmo exercício.

O deficit ~~anterior, como se viu,~~ era coberto, com os excedentes anuais da economia nacional, que o Tesouro absorvia pela emissão dos seus bilhetes e pelo recurso aos capitais depositados pelo público na Caixa Geral de Depósitos e na Caixa Económica Portuguesa (Saving Bank) que dela faz parte. Essas somas, não inferiores a £ 2:000.000 por ano ~~passam~~ a estar livres para serem aplicadas na própria economia de Portugal e das suas colónias, quer pelos particulares, quer pelo Estado, directa ou indirectamente. O Estado, para promover o que pertence à sua parte de acção neste caminho, criou anexa à Caixa Geral de Depósitos, com a autonomia que esta mesma possui, a Caixa Nacional de Crédito. Esta Caixa, sob a fiscalização superior do Ministro das Finanças, fornecerá capitais, com as devidas garantias, à agricultura, à indústria e às colónias, como já vem fazendo, quer ~~pela emissão~~ de obrigações ouro ~~desse própria, com o aval do Tesouro~~, quer pela ~~absorção~~ de fundos da Caixa Geral de Depósitos.

Fez-se ao mesmo tempo a reforma bancária do Ultramar. O Banco de Angola que foi criado já

- 18 -

130

pela Ditadura em 1926, com o direito exclusivo de emissões em Angola, passou a ter desde 1929 o capital social de 60.000 contos (£ 600.000). O Banco Nacional Ultramarino, que tem o mesmo privilégio nas restantes colónias portuguesas, passou a ter o de 135.000 contos ou £ 1:350.000, com fundos de reserva aproximadamente iguais. Pelos novos estatutos, ambos os bancos estão obrigados a melhorar progressivamente a constituição das suas reservas, constituídas em valores de ouro pelo menos até um terço da importância das circulações fiduciárias.

Dentro das receitas ordinárias do orçamento, sem emissão de empréstimos, estão incluídas cerca de £ 1:300.000, que veem sendo aplicadas a trabalhos de reconstrução, especialmente aos de estradas. É evidente que o Estado para o fazer, com mais intensidade e maior rapidez, poderá destinar essa verba, sem prejuízo do equilíbrio do orçamento, a juros e amortizações de empréstimos internos e externos, consagrados exclusivamente à própria reconstituição financeira, económica e colonial.

acima de tudo a estabilização legal da moeda, a reforma do Banco de Portugal subordinado à defesa daquela e com independência em face do Tesouro, a fundação do Banco do Fomento Colonial, a conclusão das estradas, o desenvolvimento das comunicações terrestres e marítimas, as obras dos portos

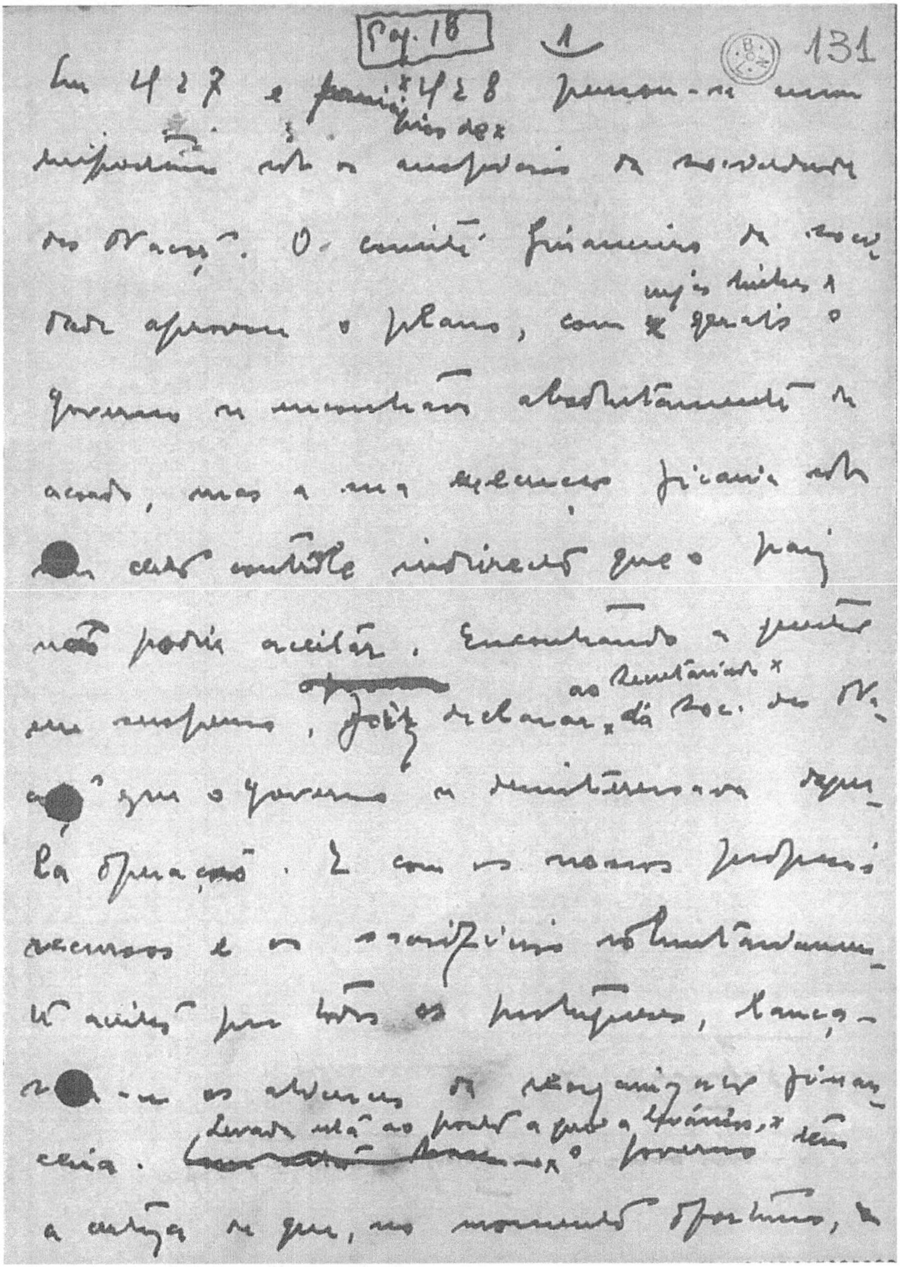
Pag. 18 1 131

Em 427 e princípios de 428 pensou-se num empréstimo sob os auspícios da Sociedade das Nações. O comité financeiro da Soc. das Nações aprovou o plano, com cujas linhas gerais o Governo se mostrou absolutamente de acordo, mas a sua execução ficaria sob um certo controle indirecto que o país não podia aceitar. Encontrando-se o projecto em suspenso, foi declarado ao secretariado da Soc. das Nações que o Governo se desinteressava daquela operação. E com os nossos próprios recursos e os sacrifícios voluntariamente aceites por todos os portugueses, lançaram-se os alicerces da reorganização financeira. Levado então ao poder a que a Finanças, o Governo tinha a certeza de que, no momento oportuno, a

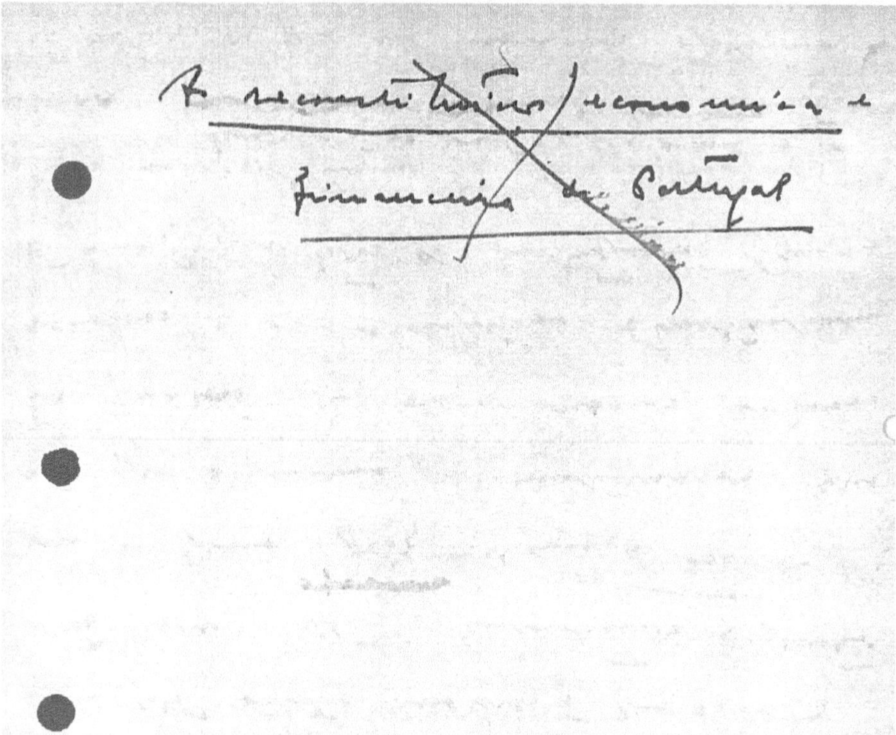

A reconstituição económica e financeira de Portugal

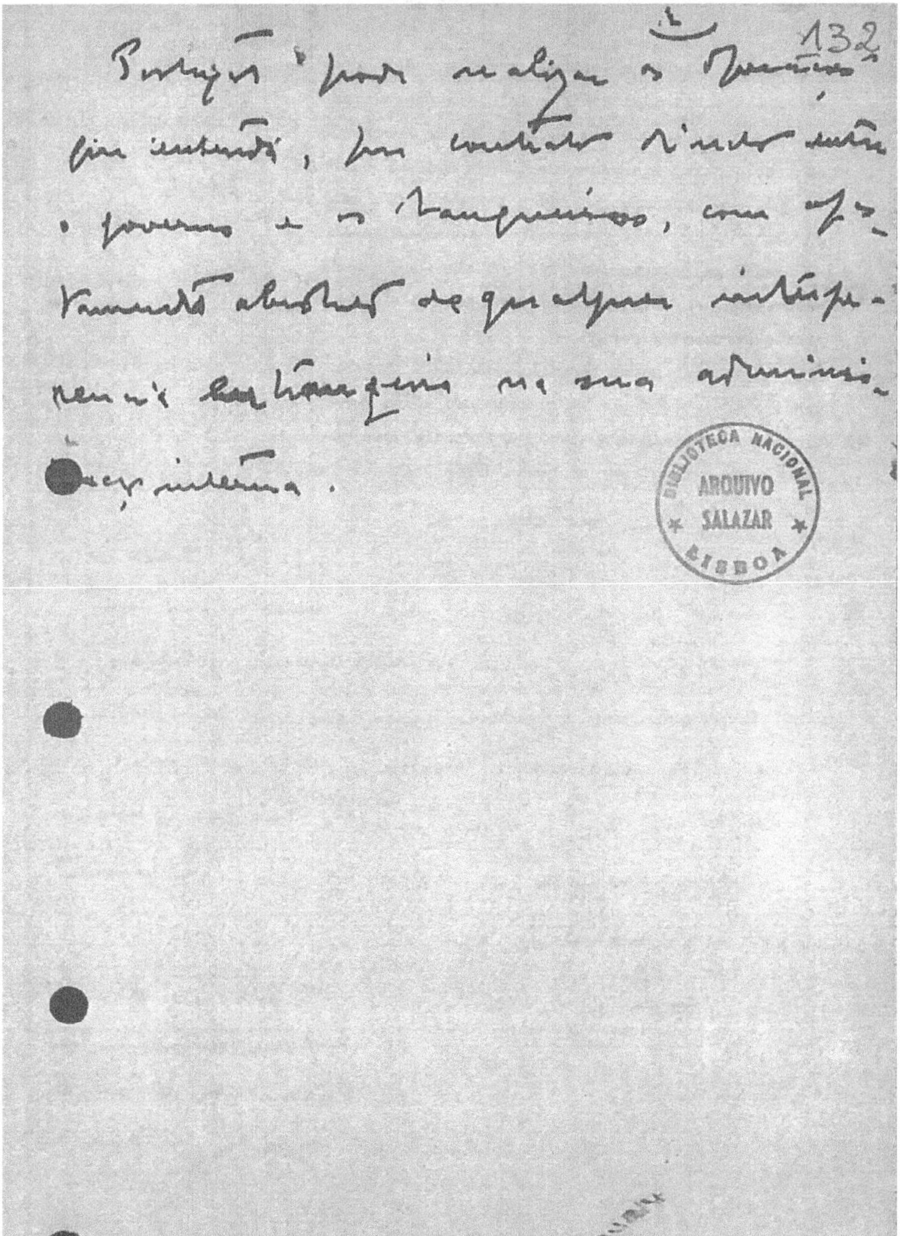
132

Portugal pode realizar o Empréstimo sem intermédio, sem contratos directos entre o governo e os banqueiros, com afastamento absoluto de qualquer interferência estrangeira na sua administração interna.

- 19 -

133

de Leixões, Lisboa e Lobito, em África, as dos grandes aproveitamentos hidro-electricos iniciais das bacias hidrográficas do Douro e do Tejo, as da irrigação em todo o país, e especialmente nas áridas regiões do sul, e a expansão das redes ferro-viárias do continente e de Angola e Moçambique. ~~Todos êste progressos serão naturalmente acompanhados dos que são indispensáveis e convenientes pelos Ministérios de acção política, moral e social.~~

~~Portugal reune todas as condições para se consolidar e prosperar em cumprimento de um destino histórico ainda notável. A Ditadura está empenhada em estabelecer as bases deste engrandecimento possivel.~~ (Uma linha)

Vai a traços largos um pouco do que [illegible] feito e do muito que há ainda a fazer. Reune o país todas as condições para vencer as dificuldades presentes, e preparar um futuro prospero em cumprimento do seu destino histórico. Há que não desesperar [illegible], e seguir com tenacidade o [illegible] que o triunfo é certo [illegible] o áspero caminho da rehabilitação e da reconstrução económica.

Novembro de 1927

Dr. António de Oliveira Salazar,
Professor de Finanças na
Universidade de Coimbra.
Ministro das Finanças

ANEXO 2 AO TEXTO

ARTIGO "THE ECONOMICAL AND FINANCIAL RECONSTRUCTION OF PORTUGAL"*

* Tradução do artigo "Reconstrução Económica e Financeira de Portugal", arquivado na Torre do Tombo, referindo manuscritamente a existência de outra tradução também aí arquivada (AOS//CO/FI – pp. 152-164). Provavelmente esta foi a primeira tradução e, porventura, a enviada à *Foreign Affairs*.

Portugal has exercised in the XV and XVI centuries a high historical mission on the shores of the Atlantic, Indian and Pacific Oceans, exercising a real influence and extending her sovereignty to Africa, Asia, Oceania and America, for the benefit of Europe and humanity. However, her weakness soon appeared owning not only to the disproportion between her strength and her field of activity, but also and mainly to the events arising from her subjection to the domination of Spain from 1580 until 1640, in virtue of a dynastic crisis. The wars of Independence of the XVII century, the Napoleonic invasions, the emancipation of her great colony of Brasil, the civil commotions which lasted from 1820 to 1850 leading to the implantation of the Liberal Monarchy, were also serious troubles which have hindered and were inimical to the normal progress of her development. From 1850 onwards, when internal political peace had been reestablished and under the protection of a parliamentary Monarchy, the Nation strove to overcome her organic troubles and with such success that in the second decade of the XX century her position was sufficiently balanced and developed. The European Conflagration has caused here, as everywhere else, great commotions and ruin. However, our history has taught us that it would be easier here than elsewhere to accomplish the economical and financial reconstruction, as long as the means leading to that object were employed.

Two facts, which we would consider exceptional in the European continent, establish fundamental guarantees of the financial, economic and international destiny of this country. The first is that Portugal has always possessed the same territory which she had in Europe at the end of the XIII century when she recovered it from the Arabs and Moors, and such has not happened to any other country, except Spain, since the XVI century. The second is that Portugal has a population which is steadily and constantly increasing although at a lower rate than some other countries in certain periods. Owing to the advantages which are guaranteed by her geography and history, verified in the past and safely foreseen for the future, Portugal seems to be away from serious contingencies to which the States of Europe beyond the Pyrenees generally subject in their inner life or on their boundaries.

The territory of Portugal has an area of 2.171.525 kilometers, to which the metropolis has 91.948 and the Colonies 2.079.577. The European continent has 88.740 kilometers, the islands of Açores 2.393 for and the archipelago of Madeira 818. Of the Colonies Cape Verde has 3.928 kilometers, Guiné 36.125, S. Tomé and Prince and Ajudá 944, Angola 1.255.755, Mozambique 760.000, India 3.806, Macau 10 and Timor 18.989. Continental Portugal is undoubtedly small, but her peculiar position on the extreme western boundary of Europe, and extending over the Atlantic to the archipelagos of Madeira, Açores and Cape Verde, and her vast dominions throughout the world, assure the Country a commanding political, economical and colonial position in the group of civilized Nations.

The population of Portugal in the Iberian Peninsula was 2.931.930 in 1801 and 5.621.977 in 1920. In the metropolis, which comprises also Azores and Madeira, successive censuses have recorded a population of 3.731.103 in 1841, 3.844.119 in 1854, 3.923.410 in 1858, 4.035.330 in 1861, 4.188.410 in 1864, 4.550.699 in 1878, 5.749.729 in 1890, 5.960.056 in 1911 and 6.032.991 in 1920. At present the population must be about 6.400.000. It is reckoned that the population of the Colonies is 10.000.000.

The density of the population of Portugal in Europe is still only about 63 inhabitants per square kilometer. Nevertheless, Portugal is a country of considerable emigration which, including clandestine, was estimated at 90.000 yearly before the War. If, today, emigration does not exceed 60 or 70,000 this is due to its being almost impossible to enter in North America and to the increasing difficulty of getting an assured situation in Brazil, the traditional point of attraction for the Portuguese emigrant. The anomaly of this exodus arises mainly from the fact that the northern of Portugal is very populous and it is not possible to remove the excess population from there to the great rural district of the South until great change has taken place in the law of property and its improvement, which depends on hydro-electrical progress and irrigation works. Whatever the future policy of the countries which receive our emigrants may be and the possibility of removing them from one part of the country to another, it is certain that Portugal requires Colonies for the free and assured colonization of many thousands of her inhabitants, and in continuation of her overseas history. Those Colonies which we possess in Africa, although situated in tropical zones, are suitable in a great part for that purpose, once the indispensable preparatory works are carried out.

The European territory of Portugal, when the necessary great reforms and development works have been carried out, will be in a position to produce not only cereals, vegetables and cattle for the needs of a population twice the size of the present one, but also a great abundance of vegetables and fruits for export and that without interfering with the production, to be still further increased, of its olive oils, its wines, some of which have no rival, and of cork, of which it is at present the greatest producer.

At the same time there is some facility of connecting the rural development with the expansion of industries suitable to the country, regarding that the hydroelectric power of the rivers of Portugal exceeds 500.000 kw per ten daily hours; and that there is plenty of anthracite and lignite which may be available for supplementary thermic stations (Centrales thermiques supplémentaires). Finally, the African Colonies of Portugal have considerable mining, forest and agricultural possibilities, which can supply important centers of civilization and progress, and assure the mother-country a flourishing trade for the benefit of her husbandry and her factories.

The new activity that Portugal has shown from the middle of the XIX century, has been prejudiced by two crises, one started in 1891 and the other in 1914.

The first of these crises was provoked by those which had then appeared in Europe, where it was found impossible to realize further loans to be applied to new public works in Portugal and especially by that one which occurred in Brazil. The depreciation of the currency of that country caused the scarcity and weakness of remittances of funds from the Portuguese emigrants resident there. The consequences have been important. There was established, and it has been in existence ever since, the forced circulation of notes of the Bank of Portugal, from which the Treasury had to obtain money to meet a part of its requirements. Great sacrifices were imposed on all public functionaries and on all the State's internal and external creditors with whom an amicable agreement was made in 1902, by which the payment of interest and amortization was entrusted to the "*Junta de Crédito Público*", under a system of guarantees which has been strictly observed and put into execution. The External floating debt, which exceeded £5.000.000 in 1891, has been refunded on onerous conditions and on it were mortgaged the fiscal revenue on tobacco and the industrial exploitation of the same was committed to a Portuguese Company formed by the groups which took part in the operation. In the year of 1891 and in the following years the greater part or the existing stock of gold left Portugal to meet the engagements of the State and trade. The gold reserve of the Banco of Portugal was reduced to £83.000. Of course, as the convertibility of the bank note was suspended, the value of the portuguese currency fell, and this in such a way that the pound sterling, whose par value had been 4$50, came to be quoted at 8$50 in 1898, in which year the difficulties of Brazil were increased.

The depreciation of the bank-note, the drainage of gold, the disequilibrium of exchange would have been more evident if these troubles had not been met and counterbalanced by three facts, without which Portugal would have been surprised by the war in a very serious position.

One of these facts was the improvement in the Brazilian exchange, which has always had a strong influence on the economical life of Portugal. That of Rio de Janeiro on London, which was at par (27 ½ pence per mil reis) in 1890 had fallen to 16 5/16 in 1891, 12 1/16 in 1892, 10 1/16 in 1897 and to 7 in 1898. It began to rise, however, from 1900, in which year it reached the maximum of 13 5/8. After 1905, it fluctuated about 18, thus facilitating the remittances of gold to Portugal.

The position has still further improved owing to the efforts made in the Metropolis and in the Portuguese Colonies, under a custom's regime of accentuated protectionism on behalf of agriculture, industry, commerce and navigation. On the one hand, the increase in the agricultural and manufacturing production of the Metropolis, in spite of its having being accomplished at the cost of great sacrifices of the consumers, due to the combined action of the custom's tariff and of the depreciation of the currency, caused the decrease or prevented the importation of the respective products from increasing, although during the same period the import of machinery and raw materials had been larger. On the other hand, the increase of colonial activity, since 1892, brought to Lisbon, as an entrepôt, an increasingly large quantity of African products especially India-rubber, cocoa and coffee to be reexported from here to Northern Europe, together with an increase in gold funds to cover the external needs of the country. That reexport, which was below £1.000.000 in 1891, reached an average of £3.000.000, after 1910.

These factors conjunctly — some favorable, others unfavorable — taken together, have led to a sufficiently favourable result for the Country, which has been characterised not only by the improvement in the economic situation as already stated, but also by the facts, which are resumed, as follows.

The fiduciary circulation had increased, it is true, from 8,000 *contos* or £1.900.000 in 1890, to about 87.000 *contos* or £16.400.000 on the eve of the War. It must not be forgotten, in order that these figures may be understood, that the bank notes have entirely replaced the previous circulation of gold. However, in spite of their inconvertibility, the Bank of Portugal has increased, although slowly, its stock of gold, so that it was at that time about £1.777.000.

The debt of the Treasury to the Bank of Portugal, comprised in the same circulation, had increased from 8.000 *contos* or £1.770.000 in 1890 to about 72.000 *contos* or £13.580.000. But the State had finally the normal revenue of £13.511.000 and the ordinary and extraordinary expenditure of £12.923.000, having consequently a surplus of £580.000.

The average annual value of the pound reached 7$11 in 1898, but after 1902 it was always below 6$00, it fell to 4$55 in 1906, rising again to 5$20 in 1913, with a tendency to fall to par.

It can thus be gathered from an examination of the foregoing circumstances that, in spite of all difficulties, Portugal has surmounted per financial and economic crisis, due to the plenitude of her natural resources in the Metropolis and the Colonies, and to the remittances of gold, the fruits of the labor of her emigrants, and that in 1914 the country was in a condition of complete consolidation and development.

Although Portugal was quite disinterested in the origin of the war, she was drawn into it, in África and in Europe, by two principal reasons: one, the necessity of fulfilling the engagements of her old alliance with Great Britain and the other, of defending the integrity of her colonial patrimony.

The direct and indirect consequences of the War were serious. They prejudiced the financial, economical and social position which the country held in 1914 and caused an internal crises, which for some years the country has striven, with success, to overcome and still continues to do so.

The cost to Portugal, in the Metropolis, in the Colonies and in France, on account of the War, may be estimated, at average rates of exchange, at £70.000.000. This figure includes £15.000.000 advanced by Great Britain, in capital, without the respective interest. This was a great deal for a country situated as Portugal was. But worse still, if that were possible, was the disorganisation created in the policy, in the economy and in the public administration by the repercussion of such a calamity. Such a repercussion was sure to be severely felt in a country which, had just been emerged from the throes of a revolution, where a Monarchical régime had been supplanted by a Republican.

Unfortunately, to meet the expenditure caused by the War and the consequent complications, the various Governments have had recourse to the issue of notes of the Bank of Portugal. These notes represented 85.559 *contos* in 1913 and were increased to 1.853.827 *contos* in 1926. But, the value of thc first was £16.400.000 and those of 1926, only £19.500.000 owing to the currency depreciation.

It is evident that the recourse of the Treasury to the Bank to provide for its current expenses and operations, has followed the same course. The figures of the loans made to the State by the bank of issue amounted to 71.080 *contos* in 1913 and to 1.601.325 *contos* in 1926; but the value of the first figure was £13.580.000 and that of the second only £16.900.000. It must be noted that this debt to the Bank was, and still is, almost gratuitous.

The internal floating debt, constituted by the Treasury Bills sold to the public and by the State's current account with the Caixa Geral de Depositos (General Deposit Department), increased chiefly from 1919 onwards. It amounted then to 160.871 *contos* and increased to 1.550.000 in 1926, but its gold value was £19.600.000 in the first year and £16.000.000 in the second. From 1924 until 1926 the State has never had recourse to the Bank of Portugal to meet its current expenses. It has only utilized the funds proceeding from the Treasury Bills and from the Caixa Geral de Depositos and also from the internal loan issue of £4.000.000 issued in 6,5% gold bonds in 1923.

The whole of the external floating debt was in 1926 almost entirely made up of the war debts to the British Government with and respective interest, which had been then consolidated. This debt will be liquidated by the payment by the Treasury of an annuity of from £350.000 to £400.000, until 15th June 1928.

The total debt of the State converted into thousands of pounds sterling, at the average rates of exchange, before the war and at the end of 1926, was as follows:

	Capital	Annual Charges
1914	127.196	4.253
1926	88.780	2.795

Thus, the total public debt decreased £38.416.000, and the respective annual charge was £1.458.000 less than before the War. This fact, evidently inconsistent with such large issues of notes and such excessive recourse to credit, is explained in two ways: first, by the monetary depreciation by which the internal creditors of the Country have suffered and secondly by the amortization of the old tobacco loan, for which the Treasury disbursed £619.000.

Notwithstanding, the advantages which were taken from this situation, the budget situation was still bad. At the time that the public charges were increasing by leaps and bounds, the revenues from the State's monopolies and taxes were coming in but slowly up to 1922. The reaction to obtain these receipts on a much larger scale set in only at the end of that year. For this reason, the rates, the tariffs, and also some of the more important taxes were actualized by the reform of September of that year. But, in spite of the undoubted efforts made, while the total expenditure of the State, including that of the autonomous services (Port of Lisbon, Post and Telegraph, Forest Services) amounted to £19.600.000 in the economic year 1926-1927, or 51% more than that of 1913-1914, the revenue was still £16.600.000 only, that is to say, only 22% more. The deficit amounted therefore, to about £3.000.000, with the aggravating circumstance that it was not caused by expenses of national reconstruction: it may be said that the whole of this had still to be accomplished.

One of the more serious consequences arising from the war was the heavy drain of Portuguese gold to abroad, partly for want of confidence and partly due to speculation begun in 1916 but principally from 1919 to 1923. The funds which are deposited on behalf of Portuguese, in the London market alone, are estimated at about £50.000.000. It is true that a small part of this gold which left Portugal has returned, as speculators saw, since the summer of 1924, the sudden improvement in the currency. But the greater part can only return by slow degrees, in course of time.

The return of such funds can occur, as has happened at other times, especially by the purchase of Portuguese external debt bonds at present issued or to be issued. It may be noted about 2/3 of the external debt bonds are at present in Portuguese hands, and the same will certainly happen with any loans which Portugal may contract abroad.

While the general regime of assistance between the Allies for the maintenance of their debts lasted, exchange suffered great falls, but the national currency only suffered really a serious fall, since 1919. The average annual price of the pound sterling, in each of the years from 1913 to 1926, has been successively, as follows, 5$23, 5$56, 6$75, 7$03, 7$73, 7$90, 8$20, 18$33 39$40, 65$10, 109$71, 133$95, 97$38 and 94$77. The lowest quotation for the Escudo was in the first half of 1924, when the pound reached 157$00 in July of that year.

The Government intervened then in a more efficacious way in the gold market, by means of a greater vigilance on the part of the *Inspecção do Comercio Bancario*, by a vigorous control over all foreign exchange transactions (purchase and sale), and by the realization of a great part of such transactions for its own account, while, as I have already said, it ceased to have further recourse to the issuing of notes to cover public expenses. These measures, the receipt of further revenues as a result of the fiscal reform of 1922, the increase of exports, the receipt of larger remittances from the Portuguese residents in Brazil, and the great inrush of a part of the external reserves which were running a serious risk of depreciation, caused the rapid and progressive recovery of the escudo and at last its stabilization.

One of the bases of the system was the establishment of the handling fund of exchange. It Is still in operation, end is practically constituted not only by bills and drafts relating to comercial exports, which are received by the Bank of Portugal, for account of the Treasury, against delivery of notes issued to that end and the amount of which in circulation increases or decreases according to the number of purchases and sales realized, but also by the funds that the State has always at its order abroad, to meet any current requirements of the Treasury, and from it now and then disposes in favor of the market.

The troubles caused to the external trade of Portugal by the War were undoubtedly serious. But, if we examine figures, converted into pounds at the average rates of exchange, the result on the whole, cannot be considered as being very serious to the national economy. According to the custom's statistics the imports amounted to £17.000.000 and the exports to £6.800.000, in 1913. Although they have decreased in 1914 and 1915, there was a subsequent tendency to rise, showing eventually an increase of about 50 and 30 per cent respectively, that it is to say, a greater increase in the imports than in the exports, owing to the necessity of there being imported a greater quantity of materials for industry and a larger quantity of cereals on account of the temporary decrease of cereal cultivation and of increased consumption.

There are however to be added to the export figures those of the colonial reexports from the Metropolis to abroad, the revenues of the Portuguese received from abroad, the remittances in foreign currencies from emigrants, and the money spent In Portugal by foreign travelers and tourists: and taking all these figures into consideration, there can be no doubt that the assets of the economical balance more than counteracts the liabilities.

There must have existed the economical equilibrium in Portugal during the years following the crisis of 1891, as, excepting the above mentioned advances from the Government of Great Britain to meet War expenditures, Portugal has not issued any new external loan, and nevertheless, both Government and individuals have discharged all their obligations abroad.

The cereal production decreased under the influence of the War, but a reaction took place in 1920, and since then the sowings and the crops of wheat, rye, barley and maize have again increased.

During the War and chiefly after it, the production of certain industries, mainly those of fish tinning and curing, woven goods, pottery and cement, has appreciably increased. Nevertheless, there has been in some sections a decrease of activity since 1925 owing to the improvement in the Escudo and to the temporary economical crisis of Angola, which is a market for various products from the Metropolis.

The public and private bonds issued in currency sustained, has was natural, enormous depressions due to the depreciation of the Escudo. The paid up capital of Companies and Societies weakened, even when they made every effort to strengthen their reserves. To those losses are to be added those arising from the sudden re-improvement of the Escudo in 1924. The new crisis, which was then at its commencement, was to last some time, bringing in its train the ruin, the paralysation and the liquidation of many enterprises.

The same effets of the depreciation and of the re-improvement in the currency were felt by the banks and banking houses in general. The number of the latter at first increased, many of them afterwards went into liquidation, nevertheless their number is not lower than that existing before the War. The authorized capital of such establishments being much larger on the whole, its amount added to the reserve funds, converted into gold, hardly approximated one half of that previously existing. As, however, the deposits and current accounts have increased, the general resources of credit, taking into account the whole of the national economy, are estimated to be more or less those of 1914, being therefore below the present requirements.

The Portuguese Colonies in Africa are those which are in closer relationship with the Metropolis. As a consequence of the War, they also have sustained serious financial crises, which have absorbed, by means of advances, a considerable portion of the resources which the Treasury was getting from the internal floating debt. But trade, nevertheless, if it has felt the effects of all the troubles and abnormal circumstances under which it has existed, has been more and more attached to the Mother-Country, during the European conflict. Its gold value has been higher than that of 1913.

It may be said that the general work of reconstruction, the foundations of which had to be constituted by financial reorganization, had to be entirely commenced afresh in 1926, and independent public opinion recognized that it was impossible to carry this out with Governments leagued with the truly abnormal working of the parliamentary institutions. Hence the absolute necessity of a Dictatorship, supported by the Army, to carry out the administrative work that was imposed on it and to establish the transition necessary for a new constitutional order of things. After the movement of May 1926, the Dictatorship was accepted by the Courts of the country, by the foreign powers, by the League of Nations and by the international banks, and the Government has undertaken the legislative power, whose decisions, with the sanction of the President of the Republic, and by the wish of the Portuguese Nation, are as legally binding as the votes of the Chambers, according to the constitution of 1911. To that end, the present President has been elected by direct vote of the citizens.

After the War debt had been consolidated by agreement between the Dictatorship and the Government of Great Britain, I took possession of the administration of the portfolio of Finance, in April 1928. A few days afterwards, the decree of the 14th May stating the fundamental lines of the budgetary reform was published. The revision of the public receipts and expenses having been made as rapidly as possible, the budget for 1928-1929 afterwards appeared. Owing to the measures decreed as a whole — fiscal increase, a more active control over the receipts, great reductions in the expenditure — the new budget showed a total revenue of 1.919.388 *contos* (£19.194.000) and an expenditure of 1.917.812 *contos* (£19.178.000), or a surplus of 1.576 *contos* (£16.000). But, a rigorous and vigilant administration, which was heroically accepted by the country, led to much more important results. The surplus of the administration for 1928-1929, as per the accounts already published, amounted to 285.000 *contos* (£2.850.000).

On the other hand, in the budget of 1929-1930 dated from 29th June ult., the receipts were estimated at 2.033.433 *contos* and the expenses at 2.024.855 contos, showing consequently, a surplus of 8.578 *contos* or £85.780, which, as the calculations are correct, will be certainly much larger, although it may not go so far as that of 1928-1929.

While the budget and public accounts were put into healthy condition, the financial administration was being improved on the same lines and in many other directions also. The external floating debt (£1.500.000) has been entirely paid off and a deposit, exceeding at present £1.300.000 has been made with the London bankers, not to speak of the facilities which the latter have granted to the Government but which are not being used. The Treasury has at its order with the Bank of Portugal, which is the State's banker, deposits estimated at about 200 thousand *contos* or £2.000.000. The handling fund of exchange shows an amount of about £2.400.000. Notwithstanding this, the markets have been supplied with all the gold necessary to meet their external payments. The value of the pound, which at London's quotation, reached 126$00 in March 1928, has become steady at about 108$00. The 3% portuguese external bonds, I series, rose from 38% to 44%, having had again a slight relapse, as a result of the recent Anglo-American crisis. The interest allowed on the internal Treasury bills, which was at the rate of 10 and 11 per cent in 1926, has been reduced to 6 per cent, which is the current rate.

The internal floating debt had always increased and amounted to about 2.000.000 *contos* or £20.000.000. It stands now at about 1.400.000 *contos* or £14.000.000. A portion of that difference has been paid in ready money, with the balance of the last administration, and the other portion, amounting to about £3.000.000, has been consolidated by means of the delivery of 6.5% gold internal bonds to the Caixa Geral de Depositos. The Ministry of Finance is legally prevented since July last from withdrawing by any means in each financial year, more than 100.000 *contos* or £1.000.000 to meet the Treasury's requirements. Furthermore, such withdrawals can only be made in anticipation of receipts to be collected during the same financial year, and are to be reimbursed at its end or represented by effective balances in cash. As the consolidation of such debt is at present the greatest problem, not only has the issue of new Treasury bills been suspended and the maximum amount of the current account with the Caixa Geral de Depositos been limited, but also all Treasury bills, which holders do not wish to renew, are being redeemed. In spite of this, it is necessary to carry out larger operations so that such debt may be converted into a long term one.

As above explained, the budgetary deficits were covered by the annual excess of the national economy, which were absorbed by the Treasury by means of the issue of its Bills and by having recourse to funds deposited by the public with the Caixa Geral de Depositos and the *Caixa Economica Portuguesa* (Saving Bank), of which it forms a part. These amounts, which are not less than £2,000.000 per year, were released in order to be applied to the Economic needs of Portugal and of her colonies, whether by individuals or the Government, directly or indirectly. The Government, in order to promote its action in this procedure, established, annexed to the Caixa Geral de Depositos, and having the same independence as the latter, the *Caixa Nacional de Crédito*. This institution will supply with funds, under supervision of the Minister of Finance and against suitable guarantees, agriculture, industry and the Colonies, as hitherto done, either by means of the proceeds of gold bonds issued by itself, or by utilising the funds of the Caixa Geral da Depositos.

At the same time, the Overseas banking reform has been made. The Banco de Angola (Bank of Angola), which was established by the Dictatorship in 1926, with the exclusive right to issue in Angola, has since 1929 am authorized capital of 60.000 *contos* (£600.000). The Banco Nacional Ultramarino, which has the same privilege in the other Portuguese Colonies, has an authorized capital of 135.000 *contos* or £1.350.000, with reserve funds of approximately similar. According to the new statutes both Banks are bound to improve progressively the constitution of their reserves, which are to be formed by gold funds of a value of at least a third of the amount of their respective fiduciary circulations.

In the ordinary revenues of the budget, without the issue of loans, are comprised about £1.300.000, which are being applied to reconstruction works, especially to those of roads, to forest restocking and to the works of the ports. It is evident that the Government to do it more intensely and rapidly, could apply this item, without prejudice to the equilibrium of the budget, to the interest and amortisation of internal and external loans, exclusively devoted to its own financial, economical and colonial reconstruction.

In 1927 and at the beginning of 1928 it was contemplated to contract a loan under the auspices of the League of Nations. The financial committee of the League approved the plan, on the general lines of which the

Government entirely agreed, but its execution had to remain under a certain indirect control, which could not be accepted by the Nation. Having found this matter in suspense, I made known to the Secretaryship of the League of Nations that the Government was not any further interested in the operation. So, with our own resources, and the sacrifices voluntarily accepted by all Portuguese, the foundations of the financial reorganisation have been laid. With such reorganisation carried to its present level, the Government is sure that, at the right moment, Portugal will be in the position of realizing such operations as she may contemplate, by means of direct contract between the Government and the bankers, and being far removed from any foreign intervention in her internal administration.

In the plan of economical reconstruction, in which the Government is engaged, is included, in first place, the legal stabilisation of the Exchange, the reform of the Bank of Portugal subordinated to its protection and acting independently of the Treasury, the establishment of the "Banco do Fomento Colonial", the conclusion of the repair of the roads, the development of land and maritime communications, the works and equipment of the ports, especially of Leixões, Lisbon and Lobito in Africa, the works of the great initial hydro-electrical development of the hydrographical basins of the Douro and Tejo, those of irrigation all over the country, and especially in the southern region, and the expansion of the network of the Railways on the Continent and in Angola and Moçambique.

This shows at some length something of what has been done and of a great deal that has still to be acomplished. The Nation possesses all the qualities sufficient to overcome the present difficulties and to prepare a prosperous future in fulfilment of its historical destiny. These qualities are not to be wasted and as success is sure we must tenaciously pursue the rough road leading to the economical restoration and reconstruction of the Country.

November 1929

Dr. António de Oliveira Salazar
Professor of Finance in the University of
Coimbra and Minister of Finance

ÍNDICE